Müller · Eheglück und Liebesjoch

Ergebnisse der Frauenforschung
Band 14

Herausgegeben im Auftrag des Präsidenten der Freien Universität Berlin von

Prof. Anke Bennholdt-Thomsen, Germanistik
Prof. Marlis Dürkop, Sozialpädagogik
Prof. Ingeborg Falck, Medizin
Prof. Marion Klewitz, Geschichtsdidaktik
Prof. Jutta Limbach, Jura
Prof. Hans Oswald, Pädagogik
Prof. Renate Rott, Soziologie
Dr. Hanna Beate Schöpp-Schilling,
Bundesministerium für Jugend, Familie, Frauen und Gesundheit
Dipl.-Soz. Elisabeth Böhmer,
Zentraleinrichtung zur Förderung von Frauenstudien und Frauenforschung an der Freien Universität Berlin

Koordination: Anita Runge

Eheglück und Liebesjoch

Bilder von Liebe, Ehe und Familie
in der Literatur des 15. und 16. Jahrhunderts

Herausgegeben von Maria E. Müller

Beltz Verlag · Weinheim und Basel 1988

Über die Herausgeberin:

Maria E. Müller, Dr., Jg. 49, ist Hochschulassistentin
an der Freien Universität Berlin.

CIP-Titelaufnahme der Deutschen Bibliothek

Eheglück und Liebesjoch : Bilder von Liebe, Ehe u. Familie in d. Literatur d. 15. u. 16. Jh. / hrsg. von Maria E. Müller. – Weinheim ; Basel : Beltz, 1988
(Ergebnisse der Frauenforschung ; Bd. 14)
ISBN 3-407-58307-9
NE: Müller, Maria E. [Hrsg.]; GT

Satz: Limone, Berlin
Umschlaggestaltung: Atelier Warminski, 6470 Büdingen 8
Printed in Germany

ISBN 3 407 58307 9

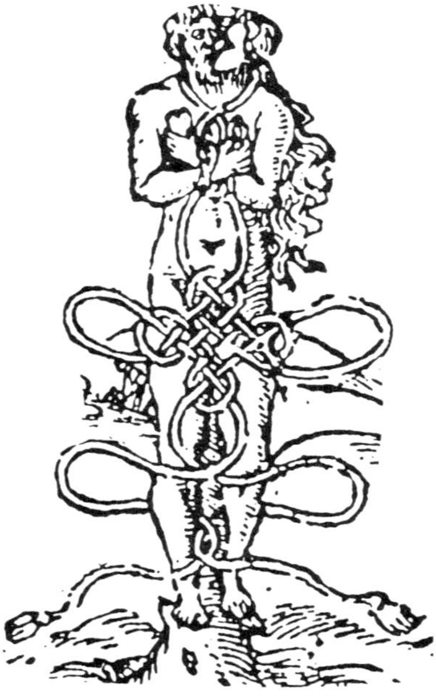

MATRIMONII TYPVS.

CORPORE sit duplicis formae Hermaphroditus in vno
Vnaque sit facies foeminae, et vna viri.
Oscula dein, gemino velut ore reciproca dentur:
Quae blando alternae sunt in amore vices.
Hinc vtrunque Sophos carnem vnam dicat: at inde
(Dum pugnant:) Satyrus rideat esse duos.
Carne quod esse duos cornutus Hebraeus in vna
Iusserit: hoc corpus denotat Androgynon.
At quod non deceant diuisos iurgia sponsos:
Id Satyrus μῶρος qui reprehendat: adest.
Casibus aduersis solatia vtrinque ferendis,
Sintque decussatim brachia iuncta cruce.
Sic vt dactylion dextro super vbere laeua,
Corque sinistro habeat dextra manus latere,
Ille fidem sponsam, viuacem hoc signat amorem.
Vna vt conueniant hinc amor, inde fides.
Tum laqueus cingens (ὃς δεσμὸς ἑκούσιος ἐστὶ)
A capite vsque pedes pendeat implicitus.

Modell der Ehe

In einem Leib vereine der Hermaphrodit zwei Gestalten; ein Gesicht sei weiblich, eines männlich. Küsse mögen dann, wenn der Mund gleichsam verdoppelt ist, hin und her getauscht werden – sie sind die wechselseitige Vergeltung in zärtlicher Liebe. In dieser Hinsicht mag der Weise die beiden ein Fleisch nennen, in jener der Satyr lachend feststellen, sie seien zwei, wenn sie streiten. Weil der gehörnte Hebräer [Moses] gebot, zwei sollten ein Fleisch sein, stellt dieser Körper einen Zwitter dar, und weil kein Streit die Liebenden trennen soll, darum ist der Satyr da, um die Toren zu schelten. Zur Tröstung bei widrigen Schicksalen, die gemeinsam getragen werden sollen, seien die Arme kreuzweis verbunden, so daß die Linke den Ring über der rechten Brust, die Rechte das Herz auf der linken Seite halte – jener bezeichnet die gelobte Treue, dieses die lebendige Liebe, so daß von hier die Liebe, von dort die Treue zusammenkommen. Dann hänge ein umschlingender Strick – es ist die freiwillige Fessel – vom Haupt bis auf die Füße verschlungen hinab – so jedoch, daß er, indem er sich zum Knoten

Sic tamen vt velet nodo coëunte pudenda.
  Et notam sexus non sinat esse notam
Nempe maritalis, nodusque vxorius: ambo
  Dum coëunt: tecto membra pudore ligant.
Folliculusque iugo super impositus caput ornet.
  Tum quia suaue iugum: tum leue quod sit onus.
Porro, frugiferis iuxta stet frondibus arbos:
  In cuius ramis plurima sidat auis.
Rostra insertantes, atque oribus ora columbi.
  Et satis ex vna, Turture Turtur habens.
Proque suo foetu plumis spoliata Palumbis.
  Concordi Cornix in grege semper agens.
Pellicanus item transfigens pectora, vitam
  Qui pullis proprio sanguine restituit.
Arbor stirpe ferens fructum genitalibus aruis,
  Connubium est: pulchro germine prolificum.
Morigerum officium misto notat ore Columbus.
  At Turtur fidi signa pudoris habet.
Inque suos pietas deplume notata palumbe est.
  Concordes cornix signat amicitias.
Tum Pellicanus cor rodens, cura parentum est.
  Qua se pro natis (quos genuere) necant.
Deniqve fit campo procul apparente *πάρεργον*
  Σὺντὲδῦ ἐρχομένω bubsequa bobus arans.
Isque, sit aequalis munus commune laboris.
  Compar et augendae sollicitudo rei.
Haec est coniugij bene conuenientis imago
  Signum in legitimo connubiale thoro.

Emblem des Barptolemaeus Anulus, Lyon 1552

schlingt, die Schamteile verhüllt und das Kennzeichen des Geschlechtes eben kein Kennzeichen sein läßt: denn es ist die Verknotung von Mann und Frau: bei der Vereinigung verbinden sie ihre Glieder und bedecken gegenseitig ihre Scham. Ein leichtes Säckchen, auf ein Joch gelegt, ziere das Haupt – einmal weil das Joch sanft, zum anderen weil die Last leicht ist. Ferner stehe dabei ein Baum mit fruchttragender Krone, in dessen Gezweig sehr viele Vögel sitzen sollen: Tauben, Schnabel in Schnabel senkend, und der Turteltäuberich, der an einer einzigen Turteltaube Genüge findet, und die Holztaube, die sich für ihre Brut ihres Gefieders beraubt hat, und die Krähe, die immer in einträchtiger Schar umherzieht, und ebenso der Pelikan, der sich die Brust durchbohrt und so den Jungen mit seinem eigenen Blute das Leben erneut schenkt. Der Baum, der auf seinem Stamm Frucht trägt auf fruchtbaren Feldern, ist die Ehe, die mit schönen Sprößlingen für Nachkommenschaft sorgt. Die willfährige Liebesbereitschaft zeigt die Taube mit vereinten Schnäbeln, die Turteltaube hat die Bedeutung schamhafter Treue, auf fromme Liebe zu den Kindern weist das zerzauste Gefieder der Holztaube, die Krähe bezeichnet einträchtige Freundschaft, der Pelikan, der das eigene Herz aufreißt, steht für die Fürsorge der Eltern, in der sie sich für ihre Kinder, die sie zeugten, töten. Endlich wird auf dem Felde, im Hintergrund, noch etwas sichtbar: ein Gespannführer, der mit zwei schreitenden Rindern pflügt. Er weise auf die gemeinsame Verrichtung einer Arbeit und die vereinte Sorge um die Mehrung des Besitzes. Das ist das Sinnbild wahrer Ehe, Zeichen der rechten ehelichen Gemeinschaft.

Inhalt

Vorwort

Der vorliegende Band versammelt Vorträge, die im Rahmen eines Symposions gehalten wurden. Es trug den Titel «FRAUENALLTAG UND FRAUENBILDER IM MITTELALTER« und fand vom 13. bis 15. November 1986 in Berlin statt. Eingeladen hatte das Herausgebergremium der Edition »Ergebnisse der Frauenforschung an der Freien Universität Berlin« anläßlich der Vorstellung des Buches von Claudia Opitz: »Frauenalltag im Mittelalter. Biographien des 13. und 14. Jahrhunderts« (Band 5 der Edition »Frauenforschung«).

Die Veranstaltung fand eine große Resonanz beim Publikum. Darin drückt sich ein aktuelles Interesse am Mittelalter ebenso aus wie die Tatsache, daß Frauenforschung derzeit noch immer eine der populärsten Forschungsperspektiven ist, obwohl – oder vielleicht gerade weil – sie nach wie vor innerhalb der akademischen Institutionen eine Randexistenz fristet. Nach wie vor sind Frauen in Forschung und Lehre unterrepräsentiert, kann Frauenforschung nur unter erschwerten finanziellen und personellen Bedingungen betrieben werden.

Die Edition »Ergebnisse der Frauenforschung« ist 1984 als Maßnahme zur Verbesserung der Chancen von Frauen im Wissenschaftsbetrieb begründet worden. Von Anfang an ist mit der Veröffentlichung von Forschungsarbeiten in dieser eigens dafür geschaffenen Reihe das Ziel verfolgt worden, die Autorinnen und die Ergebnisse ihrer Untersuchungen einer breiteren wissenschaftlichen Öffentlichkeit bekanntzumachen und damit zur Anerkennung und Förderung des weiblichen wissenschaftlichen Nachwuchses und zur Förderung sog. frauenbezogener Themen und Fragestellungen beizutragen. Als besonders wichtig wurde es dabei erachtet, durch die Präsentation von Forschungsergebnissen wissenschaftliche Auseinandersetzungen in Gang zu bringen, interdisziplinäre Arbeitskontakte zu stiften, die Kooperation von Frauen (und auch Männern), die an ähnlichen Gegenständen und Problemstellungen arbeiten, nicht nur in Berlin anzuregen und – womöglich – neue Forschungszusammenhänge aufzubauen. Zu diesem Zweck war im Juli 1985 bereits ein erstes Symposion zur Vorstellung der ersten vier Bände der Edition »Ergebnisse der Frauenforschung« veranstaltet worden. Ausgehend von den Forschungsschwerpunkten dieser Arbeiten lag der inhaltliche Akzent damals auf Themen aus dem Bereich Deutsche Literatur der Neuzeit.

Bei dem zweiten Symposion »FRAUENALLTAG UND FRAUENBILDER IM MITTELALTER« wurde im November 1986 der Versuch unternommen, neben der Präsentation einer in der Edition erschienenen Arbeit auch weiteren Forschungsinitiativen und -gruppen Gelegenheit zur Selbstdarstellung und wissenschaftlichen Diskussion zu geben. In die Planung und Vorbereitung der Veranstaltung wurden zwei Forschungsprojekte der Freien Universität Berlin einbezogen: das Projekt »Frauen in Spätantike und Frühmittelalter« (Fachbereich Geschichtswissenschaft) und das Projekt »Bilder von Liebe, Ehe und Familie in der Literatur des 15. und 16. Jahrhunderts« (Fachbereich Germanistik).

Beide Forschungsvorhaben wollen – ebenso wie die Untersuchung von Claudia Opitz – Beiträge zu einer allgemeinen (Sozial- bzw. Literatur-)Geschichte des Mittelalters liefern, die nicht geschlechtsneutral ist, vielmehr beide Geschlechter und ihre Beziehung zueinander in den Blick nimmt. Dabei geht es um die umfassende »Erforschung der historischen Wirkungen weiblicher Existenzformen« (Werner Affeldt), insbesondere der Handlungs- und Widerstandsmöglichkeiten von Frauen im Mittelalter und der Reflexion weiblicher Existenz in fiktionalen und nicht-fiktionalen Texten.

Trotz des in großem Umfang gemeinsamen Forschungsanliegens war jedoch von Anfang an ersichtlich, daß jene grundlegenden Unterschiede des Fragens und Forschens nicht vernachlässigt werden sollten, die in den differierenden Ansätzen der beteiligten Fachdisziplinen, vor allem aber in der unterschiedlichen Quellenlage begründet sind: Während die Untersuchung der »Bilder von Liebe, Ehe und Familie in der Literatur des 15. und 16. Jahrhunderts« sich auf eine Fülle bislang nicht ausgewerteten und nicht edierten Materials stützen kann, sind Zeugnisse von und über »Frauen in Spätantike und Frühmittelalter« nur in geringem Umfang vorhanden; es geht daher häufig darum, bekannte Quellen neu zu deuten. Zu welchen Ergebnissen eine derart veränderte Perspektive führen kann, zeigten Mitarbeiterinnen des Projekts am Beispiel der Reflexion von »Mutterliebe« in frühmittelalterlichen Quellen und an archäologischem Material. (Diese und weitere Ergebnisse der Projektarbeit sind dokumentiert in dem Band 'Interdisziplinäre Studien zur Geschichte der Frauen im Frühmittelalter: Methoden – Probleme – Ergebnisse', hrsg. von Werner Affeldt und Annette Kuhn. Düsseldorf 1986).

Die Auseinandersetzung um den »richtigen« Umgang mit Quellen und Dokumenten zog sich wie ein roter Faden durch die Tagungsdiskussionen. Dabei prallten die unterschiedlichen Herangehensweisen der beteiligten Fachdisziplinen nicht selten hart aufeinander. Die intensiv geführte Debatte um Möglichkeiten und Grenzen der Identifikation weiblicher Realität in überlieferten Texten und um die Zuverlässigkeit einer Deutung von Quellen »aus heutiger Perspektive« dokumentierte, wie spezialisiert und methodisch ausgefeilt der Stand der Erforschung der Frauengeschichte gegenwärtig bereits ist, ohne daß grundlegende Prämissen wie die, daß Frauengeschichte die Geschichte »nicht nur (...) der halben, sondern der ganzen Menschheit« betrifft (Gisela Bock), aufgegeben worden sind.

Es wurde deutlich, daß auf interdisziplinäre und disziplinenübergreifende Zusammenarbeit nicht verzichtet werden kann, daß diese Zusammenarbeit jedoch neuer, dem differenzierten Stand der Forschung angepaßter Begründungen und Kriterien bedarf. Die Zeit globaler Fragestellungen ist vorbei. Daraus ergibt sich, daß es sinnvoll und fruchtbar sein kann, der Entwicklung und Spezifizierung unterschiedlicher hermeneutischer Verfahren Raum zu geben und sie innerhalb der jeweiligen wissenschaftlichen Disziplin innovativ werden zu lassen, um dann auf dieser Grundlage in eine methodisch und sachlich begründete Kooperation einzutreten. Die Vielfalt und der Einfallsreichtum der während des Symposions vorgetragenen Arbeitsergebnisse waren dafür ein lebendiger Beweis.

Interdisziplinäre Frauenforschung darf nicht als »Reparaturphänomen« (Jürgen Mittelstrass) mißbraucht werden, während daneben disziplinäre Engstirnigkeit und Phantasielosigkeit vorherrschen. Neben der Forderung nach Interdisziplinarität der Frauenforschung muß daher weiterhin eindringlich die Forderung nach Integration ihrer Fragestellungen in den Themenkanon der jeweiligen Fachdisziplin erhoben werden. Dieser Forderung muß durch die Präsentation überzeugender Forschungsergebnisse Nachdruck verliehen werden. In diesem Sinne versammelt der vorliegende Band die (überarbeiteten) Vorträge des literaturwissenschaftlichen Forschungsprojekts »Bilder von Liebe, Ehe und Familie in der Literatur des 15. und 16. Jahrhunderts« sowie zwei im Rahmen der Projektarbeit entstandene Aufsätze als Beiträge zu einer nicht geschlechtsneutralen Perspektive auf die Literatur des späten Mittelalters und der frühen Neuzeit mit der Aufforderung zu wissenschaftlicher Kritik und Auseinandersetzung.

Den Referentinnen und Referenten soll an dieser Stelle herzlich für die Erstellung einer um Anmerkungen erweiterten Druckfassung ihrer Vorträge gedankt werden, ebenso aber auch allen übrigen, die durch Vorträge und Diskussionsbeiträge die Veranstaltung mitgetragen haben. Gedankt werden soll nicht zuletzt dem überaus interessierten, zahlreich erschienenen Publikum einschließlich der studierenden Teilnehmer und Teilnehmerinnen, dessen konzentrierte und beharrliche Aufmerksamkeit nicht zuletzt zum Gelingen des Symposions beigetragen hat. Das Tagungsprogramm ist im Anhang des vorliegenden Bandes abgedruckt.

Berlin, im März 1988

Anita Runge
(Betreuerin der Edition
»Ergebnisse der Frauenforschung
an der Freien Universität Berlin«)

Einleitung

Eheglück und Liebesjoch – verkehrt dieses Begriffspaar nicht die Tradition der abendländischen Literatur über Liebe und Ehe, Lust und Last, Eros und Moral? Und doch läßt sich die Eheliteratur des späten Mittelalters und der frühen Neuzeit kaum treffender charakterisieren. Ihre Autoren werten die Ehe nicht nur als Institution, zunehmend sogar als einzig legitime Lebensform auf, sie beschwören sie auch als Liebesgemeinschaft, als Ort des wahren Glücks. Was aber verstehen sie unter Liebe? Auf den ersten Blick kaum etwas anderes als die freiwillige Übernahme des Jochs der traditionellen ehelichen Pflichten. Erst die minuziöse Musterung zeigt, daß es nicht nur um ein Jonglieren mit Begriffen geht[1]. Fast unmerklich vollzieht sich seit dem 15. Jahrhundert ein Wandel, in dessen Verlauf sich schließlich jene Bilder von Liebe, Ehe und Familie herauskristallisieren, die für die geschichtliche Entwicklung prägend geworden sind und trotz radikal veränderter Lebensbedingungen in der Moderne weiterleben.

Das hier vorgestellte Projekt will diese langwierige und keineswegs geradlinige Entwicklung in einer vergleichenden Analyse fiktionaler und pragmatischer Literatur erforschen. Die Arbeit kann sich zunächst auf Ergebnisse der historischen Familienforschung stützen: Im Emanzipationsprozeß von grundherrschaftlichen Abhängigkeitsverhältnissen wird die Ehe im Laufe des Mittelalters bei Kaufleuten, Handwerkern und Bauern zur Voraussetzung für eine selbständige, für den Markt produzierende Familienwirtschaft, deren Kern das Ehepaar als Arbeitspaar darstellt (Heide Wunder). Die Einheit von Familie und Haus unter der Leitung des Hausvaters, des pater familias, weist der Frau über die Versorgung des Haushalts, der Kinder und gegebenenfalls des Gesindes hinaus eine Vielzahl von Aufgaben zu; sei es, daß sie im Rahmen des eigenen Betriebs, durch Produktion unmittelbarer Konsumgüter oder durch andere, teils auch außerhäusliche gewerbliche Arbeiten zur Sicherung des Familieneinkommens beiträgt. Nur in den gehobenen stadtbürgerlichen Kreisen beschränkt sich ihr Tätigkeitsbereich zunehmend auf das Haus, das sich als private Sphäre von der öffentlichen abgrenzt. Als Ehefrau und Mutter wird sie zur Schlüsselfigur einer häuslichen Intimität, die den Ehemann für die aus der Einkommenssicherung erwachsenden Unbilden durch Sanftmut, Zuneigung und liebliche Beiwohnung entschädigen soll. Das Bild dieser Familienidylle, das weder in der frühen Neuzeit noch in der Moderne den Verhältnissen der überwiegenden Mehrheit der Bevölkerung entsprach, wird erstmals, zunächst noch skizzenhaft, in Texten des 15. und 16. Jahrhunderts ausgemalt. Die Reformation greift diese Ansätze auf und trägt durch die Ablehnung klösterlicher

Lebensformen zu ihrer Verallgemeinerung bei, jedoch ist das neue Ehe- und Familienideal weit weniger konfessionsspezifisch ausgeprägt als lange Zeit angenommen.

Zur Klärung der beunruhigenden Frage, wie sich ein so grundlegender Wandel von Normen, Wert- und Wunschvorstellungen gegen die Erfahrungen der Alltagswelt durchsetzen und behaupten kann, vermag die Literaturwissenschaft beizutragen. Die Analyse literarischer Verfahren gibt nicht nur Auskunft über Gattungstraditionen und Überlieferungszusammenhänge. Präskriptive und idealisierende, kritische und komische Redeweisen und Darstellungsformen beleuchten zugleich psychosoziale Dispositionen, Wünsche, Ängste und Projektionen. Literarische Stilisierungen und rhetorische Muster prägen den Entwurf fiktionaler Welten, sie strukturieren aber auch die unmittelbar didaktische Literatur. Eine Lektüre, die diese Texte auf Inhalte reduziert, verfehlt ihre Aussage und Funktion. Freilich sind die Grenzlinien zwischen fiktionaler und pragmatischer Literatur, zwischen einzelnen Gattungen und Genres im 15. und 16. Jahrhundert ohnehin nicht scharf ausgeprägt. Die Expansion des Flugschriften- und Buchmarkts, die mit der Reformationspublizistik ihren ersten Höhepunkt erreicht und die unübersehbare Flut von Eheschriften überhaupt erst ermöglicht, führt zu weiteren Ausgleichsprozessen. 'Aufführungsformen' wie Spiele, Predigten oder Lieder werden für den Druck bearbeitet, bildliche Darstellungen kommentieren und illustrieren die Druckerzeugnisse nun auch für ein breites, vorrangig stadtbürgerliches Publikum.

Während fiktionale oder doch im engeren Sinne literarische Texte, die sich mit Liebe, Ehe und Familie auseinandersetzen, mehr oder weniger leicht greifbar sind, schildert der Beitrag von **Marga Stede** die Probleme, mit denen sich eine Erfassung der pragmatischen Eheliteratur konfrontiert sieht. Zu ihren Autoren zählen namhafte Humanisten wie Albrecht von Eyb, Erasmus von Rotterdam und Juan Luis Vives, Reformatoren wie Luther, Bullinger und Spangenberg ebenso wie zahlreiche, kaum weiter bekannte Juristen und Mediziner, Pastoren und Schulmeister. Viele Schriften sind anonym tradiert. Ihre soziale Gebrauchssituation ist nur schwer zu ermitteln, zumal die intendierte Wirkung mit der faktischen Rezeption keineswegs übereinstimmen muß. Die zahllosen Neudrucke und Bearbeitungen älterer Vorlagen noch im 17. Jahrhundert und oft weit darüber hinaus verweisen auf ein Bedeutungspotential dieser Schriften, das sich in unterschiedlichen Situationen immer wieder aktualisieren läßt und die Fortdauer unbewältigter Grundkonstellationen im Ehe- und Familienleben bezeugt.

Wie sah das Eheleben im 15. und 16. Jahrhundert eigentlich wirklich aus? **Hans-Jürgen Bachorski** geht dieser Frage bei seiner Untersuchung einer Quellengruppe nach, die eine gewisse Realitätsnähe zu versprechen scheint.

Seine Lektüre von sechzehn Autobiographien des späten Mittelalters und der frühen Neuzeit, die aufgrund divergierender Anlässe und Intentionen in unterschiedlicher Weise von ausnahmslos männlichen Autoren abgefaßt worden sind, kommt zu erstaunlichen Ergebnissen. Soweit autobiographische Aufzeichnungen die Familiensituation überhaupt erwähnen, halten sie lediglich die einschneidenden Ereignisse chronikalisch fest: Eheschließung, Geburt, Tod. Einige wenige Texte integrieren in die vorherrschende Perspektive sozialer Identitätsbildung Szenen des Ehe- und Familienlebens, jedoch artikulieren sich nur vereinzelt subjektive Erfahrungen und emotionale Bindungen. Die autobiographischen Selbststilisierungen orientieren sich vorrangig an tradierten Erzählformen und rhetorischen Mustern, assimilieren so unterschiedliche Gattungen wie Totenklage und Schwank, Liebeslied und Picaroroman und erinnern nachdrücklich an die ungeheure Bedeutung literarischer Texte für die Selbst- und Welterfahrung an der Wende zur Neuzeit.

Der Untersuchung genuin literarischer Gattungen und Motive widmen sich die drei folgenden Beiträge. **Kyra Heidemann** untersucht Boccaccios Novelle von der armen leidgeprüften Bauerntochter Griseldis und ihrem tyrannischen Ehemann (Decameron) unter dem Aspekt ihrer ehedidaktischen Rezeption. Während Boccaccio vor allem den männlichen Wunsch, sich auch in der Ehe unbedingte Freiheit zu wahren, im literarischen Spiel ironisch bricht, verwertet der Karthäusermönch Erhart Grosz die Geschichte als Anleitung zur Ehe als asketischer Tugendübung. Andere, durch Petrarca vermittelte deutschsprachige Versionen rücken die Griseldisfigur als Exempel einer mustergültigen Ehefrau in den Vordergrund. Der despotische Ehemann läßt sich in die ehedidaktischen Konzeptionen jedoch nicht integrieren, so daß die durch weibliche Unterwürfigkeit hergestellte Harmonie keine überzeugende literarische Realisierung erfährt und die Vorbildlichkeit der Griseldisfigur selbst als fragwürdig erscheinen läßt.

In die Welt des Schauspiels führt der Beitrag von **Erika Kartschoke**. Ihr Vergleich zweier Dramatisierungen des Tobiasstoffs zeigt, wie verschiedene Gattungstraditionen trotz übereinstimmender Ehe- und Familienauffassungen zu gänzlich unterschiedlichen Inszenierungen führen. Wickrams 'Bürgerspiel', das in zweitägiger Spieldauer mit annähernd hundert Sprecherrollen Welt und Überwelt, den verruchten babylonischen Hof und die vorbildliche Sphäre frommer Familien auf die Bühne bringt, steht in der Tradition des geistlichen Spiels, dessen symbolisch-typologische Vergegenwärtigung des heilsgeschichtlichen Geschehens zum aktualisierenden Nachvollzug aufruft. Ganz anders das für eine Schulaufführung verfaßte Tobias-Drama Rollenhagens. Im Zentrum steht nicht die Bedrohung familiärer Harmonie durch eine feindselige und gottlose Außenwelt, sondern die unmittelbare Anleitung zur Vermeidung innerhäuslicher Konflikte. Es gilt nicht nur, mit Gottes Beistand den Eheteufel zu exorzieren, der als Operationsbasis im Kampf wider die heilige Ordnung der Ehe das Brautlager okkupiert; auch den Umtrieben des Hausteufels muß mit hausväterlicher Strenge und unermüdlicher Wachsamkeit der Ehefrau ein Ende gesetzt werden.

Eheteufel ganz anderer Art präsentiert **Herman Pleij**, der literarische Muster des Ehekampfs in der spätmittelalterlichen Literatur der südlichen Niederlande diskutiert, die insbesondere die eheliche Arbeitsteilung thematisieren. Der Hennen-Taster, der heimlich eine Henne abtastet um festzustellen, ob bereits ein Ei unterwegs ist, karikiert einen Ehemann, der sich auf Frauenarbeit einläßt und dabei selbstverständlich Schiffbruch erleidet. Häufig erscheint er als gebrechlicher Greis, der von seiner jungen vergnügungssüchtigen Frau unterjocht und notfalls mit handgreiflicher Gewalt zur Hausarbeit gezwungen wird. Die Bilder einer verkehrten Ehewelt greifen auch auf die biblische Tradition über und lassen Adam als ersten Pantoffelhelden erscheinen. Selbst der fromme Josef wird zu diesem Schicksal verdammt. In unterschiedlicher Weise reflektieren diese satirischen Darstellungen den ansteigenden Zivilisationsdruck innerhalb der Stadt, insbesondere aber die Transformation der geschlechtsspezifischen Arbeitsteilung in Ehe, Beruf und öffentlichem Leben.

Die übrigen Beiträge thematisieren Aspekte der pragmatischen Eheliteratur und wollen einen Eindruck von deren unterschiedlichen Präsentationsformen und Zielsetzungen vermitteln. Mit Bullingers Ehetraktat stellen **Jutta Eming** und **Ulrike Gaebel** eine Ehelehre vor, die aus pastoraler Sicht alle wesentlichen Fragen erörtert, die mit unterschiedlicher Gewichtung das gesamte Genre charakterisieren. Wenngleich der Reformator die Ehe auch dogmatisch begründet und ihre Heiligkeit durch seine Nuancierung der Vorstellung von der Paradiesesehe betont, gilt sein vorherrschendes Interesse der Normierung des Ehealltags selbst. Nachdrücklich führt er vorbildliches und verwerfliches Verhalten bei Gattenwahl und Eheschließung vor Augen und diskutiert in bilderreicher Sprache Eheführung, Haushalt und Kindererziehung. Sein Ideal einer gemeinschaftlichen Verantwortung und gegenseitiger Rücksichtnahme, das von einer durch Erfahrungswissen erworbenen Sensibilität für konkrete Konflikte und Spannungen zeugt, sucht die herkömmlichen familiären Über- und Unterordnungsverhältnisse zu nivellieren, ohne sie grundsätzlich in Frage zu stellen. Ein heikles Unterfangen!

Die hierin angelegten Widersprüche kulminieren im Ehezuchtbüchlein Fischarts, der neben traditionellen Konzeptionen zugleich für die Erotisierung der Ehe eintritt. Sein Bemühen, verfestigte Bildgehalte zugunsten dieses Ideals umzumünzen, illustriert diese Quadratur des Kreises (Maria E. Müller). **Hubertus Fischer** bündelt Reflexionen zu Fischarts Kontamination von Ehezwang und Liebeslust, die auf ihre Weise ein ebenso beredtes Zeugnis ist für den ansteigenden Druck zur Konditionierung der männlichen Triebnatur wie die Moralpanik protestantischer Pastoren – sozusagen Wutz und Windsor (Fontane). Die überbordende Ordnungsliteratur in der frühen Neuzeit, die auf einen hohen Regelungsbedarf in allen Bereichen des öffentlichen und vermehrt auch des privaten Lebens schließen läßt, begünstigt jedoch zugleich subversive Konterbande. Insistieren die männlichen Autoren der Ehelehren mehr oder weniger sprachgewaltig auf einer asymmetrischen Kommunikation, die der Frau den stummen, hörenden und gehorchenden Part zuweist, so durchkreuzt die Literarisierung der Gesellschaft diese offensichtlich vergeblichen Bemühungen, beflügelt nicht nur die Phantasie der Leserinnen, sondern inspiriert sie auch zu einer Rhetorik der Liebeskunst – oder zu größerer Schlagfertigkeit in Wortgefechten.

Die meisten hier versammelten Beiträge, die erste Ergebnisse des Projekts über 'Bilder von Liebe, Ehe und Familie in der Literatur des 15. und 16. Jahrhunderts' dokumentieren, konnten Ende 1986 im Rahmen einer Vortragsreihe an der FU Berlin einer breiteren Öffentlichkeit vorgestellt werden (s. Vorwort). Die Beiträge von H. Pleij und J. Eming/U. Gaebel entstanden im Zusammenhang eines Hauptseminars im Sommersemester 1987, das der Projektarbeit zugeordnet war. Wir danken dem Herausgebergremium der Edition 'Ergebnisse der Frauenforschung an der FU Berlin' für die Veranstaltung des Symposions und die Aufnahme in ihre Reihe, Anita Runge für die organisatorische und editorische Betreuung, Renate Zutz schließlich für die unverdrossene Herstellung immer wieder neuer Druckvorlagen.

Maria E. Müller

Marga Stede

Die Erfassung der pragmatischen Eheliteratur

Die Arbeit im Projekt läuft zwei- bzw. dreigleisig: Auf der Basis bestehender Arbeitsgebiete und Interessenschwerpunkte beschäftigen sich die Projektmitglieder mit den verschiedensten, sowohl fiktionalen wie pragmatischen Texten; Ausschnitte aus dieser Arbeit sind in den Aufsätzen dieses Bandes dokumentiert.

Der andere Schwerpunkt der Arbeit liegt in der Aufarbeitung des umfangreichen, von der Forschung des 20. Jahrhunderts weitgehend vernachlässigten Bereichs der pragmatischen Eheliteratur. Hier geht es zum einen darum, diese Texte, die zum ganz überwiegenden Teil nicht ediert sind, zunächst einmal aufzuspüren und bibliographisch zu erfassen; zum anderen müssen die Texte gesichtet und bearbeitet werden, um sie für eine kommentierte Bibliographie beschreiben zu können und um darüberhinaus einschlägige Texte herauszufiltern, die für eine Edition in Frage kommen.

Die erste Phase des Bibliographierens erfordert eine möglichst breite Erfassung der Texte, deren Titel darauf schließen läßt, daß sie sich im weitesten Sinne mit den Institutionen Ehe und Familie, einschließlich Aspekten wie Hauswesen und Kindererziehung, sowie dem Bereich der Liebe – insbesondere der Ehepartner, dann auch der Eltern, Kinder – beschäftigen. Für die Frühzeit der Inkunabeldrucke ist das mit Hilfe der vorhandenen Bibliographien in relativer Vollständigkeit zu leisten; schwieriger stellt sich dies für die Folgezeit dar, zumal mit einem gewissen Anteil an unselbständig erschienenen Schriften zu rechnen ist.

In Auseinandersetzung mit bereits ermittelten Texten wurde ein Bearbeitungsraster erstellt, mit dessen Hilfe die einzelnen Texte systematisch erfaßt werden. In diesem Zusammenhang wird eine genaue Titelaufnahme angefertigt, sodann werden Standort und Signatur, ggf. genannte Widmungsempfänger sowie die Namen von evtl. vorhandenen Beiträgern zu der Schrift und die Art ihres Beitrages – häufig eine Vorrede – vermerkt. Die Titelaufnahmen sollen so vollständig wie möglich die vorhandenen Drucke eines Textes erfassen, da ihre Zahl sowie das jeweilige Druckjahr und der Druckort Rückschlüsse auf die Verbreitung und Wirkung eines Textes zulassen. Ebenso ist gesondert zu vermerken, wenn ein Text in mehreren Bearbeitungen verschiedener Autoren vorliegt oder in Verbindung mit anderen (neu) gedruckt wird, wie dies z.B. für Hieronymus Emsers *Eyn deutsche Satyra vnd straffe des Eebruchs* (1505) gilt, die unter dem Titel *Von dem Ehlichen stadt* in der von Adelphus besorgten Ausgabe der *Mörin* von Hermann von Sachsenheim (1512) als Anhang erscheint und von dort in den Wormser *Freidanck* von 1538 und 1539 als selbständiges Kapitel übernommen wurde. Sodann wird der Textinhalt mit Hilfe eines hierfür entwickelten Themenregisters stichwortartig erfaßt. Da sich unter ähnlich klingenden Titeln häufig ganz unterschiedliche Textinhalte finden, soll das Themenregister es dem Benutzer erleichtern, die für eine bestimmte Fragestellung relevanten Quellentexte aufzufinden.

Schließlich wird ein Textkommentar erstellt, der über den Inhalt des Textes hinaus Hinweise geben soll auf das angesprochene Publikum, auf den Standort des Verfassers sowie den von ihm intendierten Verwendungszweck des Textes, und der – auf der Basis der offenen Zitate im Text – Auskunft geben soll über Bezüge zur Hl. Schrift, zur klassischen oder zeitgenössischen Literatur. – Alle so erstellten Angaben zu den einzelnen Texten werden mit einem computergestützten Literaturdokumentationssystem erfaßt.

Die bisherige Sichtung der Texte hat eine breit gefächerte Palette an Texten ergeben, die erstens unterschiedliche Schwerpunkte setzen: theologische, rechtliche, medizinische, usw. – soweit sich diese in den einzelnen Texten überhaupt voneinander trennen lassen; die zweitens an unterschiedliche Adressaten gerichtet sind: Laien, Theologen, heiratswillige Frauen und Männer, Eheleute, Eltern, Kinder, ...; die drittens unterschiedlichen Textsorten zuzurechnen sind: Traktate, Spruchgedichte bzw. -reden, Predigten, usf. – Texte, deren Gemeinsamkeit neben der thematischen Ausrichtung zunächst einmal nur in ihrem Charakter liegt, handlungs- und zweckorientierte Gebrauchsliteratur zu sein, die Anleitung geben will für eine 'rechte', gottgefällige Ordnung in Ehe und Familie.

Aus dem breiten Material gilt es diejenigen Texte herauszusuchen, die für unseren Problemzusammenhang von Bedeutung sind. Dazu waren zunächst einmal die relevanten Themenbereiche etwas näher abzustecken: Ehe, Heirat, Hochzeit, Familie, Haus, Rolle der Frau / des Mannes, Kindererziehung, Schule, wobei der zentrale Bezugspunkt für die Entscheidung über die Relevanz eines Textes für den Gegenstand des Projektes – etwa auch im Hinblick auf eine geplante Edition – die Aspekte Ehe und Familie sind. Dies ist insbesondere bei den Aspekten Kindererziehung und Schule im Auge zu behalten: Sie bilden einerseits einen eigenen Themenkomplex, da hier bestimmte Voraussetzungen, v.a. die Frage nach Kindheit als gesonderter Lebensphase in der spätmittelalterlichen Gesellschaft, berücksichtigt werden müssen – ein Bereich, zu dem in den vergangenen Jahren bereits eine Reihe von Untersuchungen und Texteditionen erschienen sind; andererseits ist der Bereich Kindererziehung im Sinne der damit gedachten und formulierten Aufgabenzuweisungen an die Frau bzw. den Mann unmittelbar mit geschlechtsspezifischen

Rollenvorstellungen und Verhaltensnormierungen verbunden. Der Bereich Schule ist insofern von Interesse, als die Familie einen Funktionsverlust erleidet, da Erziehungsaufgaben aus der Familie heraus auf die Instanzen Schule bzw. Lehrer verlagert werden. Dazu kommen eine Anzahl weiterer, auf den ersten Blick nicht unmittelbar einzuordnender Texte wie Büchlein für schwangere Frauen, Trostbüchlein für hinterbliebene Ehefrauen oder Mütter verstorbener Kinder – hier ist jeweils im Einzelfall zu entscheiden, ob der Text über Bilder von Liebe, Ehe und Familie, über Denkformen und Verhaltensnormierungen in diesen Bereichen etwas aussagt.

Innerhalb der o.g. Themenbereiche sind wiederum verschiedene Textgruppen zu unterscheiden, wie z.B. Ehespiegel und Ehezuchten, Ehepredigten, Ehetraktate, usf. – Gruppierungen, die sich aus der jeweiligen zeitgenössischen Gebrauchsfunktion der Texte ergeben. Ein zentraler Aspekt der Beschäftigung mit diesen Texten liegt in der Rekonstruktion ihrer Gebrauchssituation, wobei man allerdings davon ausgehen muß, daß sich für die Drucke – anders als bei den handschriftlich abgefaßten Texten – die tatsächliche Gebrauchssituation in der Regel kaum definitiv bestimmen läßt, da sich deren Produktion an den Regeln des entstehenden literarischen Marktes zu orientieren beginnt und das Publikum, auf das ein Text zielt, zunehmend anonymer wird. Herausgearbeitet werden kann folglich weniger die reale als vielmehr die – häufig in einer Vorrede explizierte – vom Verfasser entworfene Gebrauchssituation: zu rekonstruieren ist das Publikum, das er sich für seinen Text vorstellt sowie die Wirkung, die er erzielen will und die Art, wie seine Leser die impliziten oder expliziten Handlungsanweisungen des Textes in ihre alltägliche Lebenspraxis umsetzen sollen. Dabei ist zu prüfen, inwieweit Vorrede und Text, intendierte und von uns analysierte Gebrauchsfunktion übereinstimmen oder aber auseinandertreten.

Analytisch sind die Texte schließlich durch den Schreibgestus des Verfassers voneinander zu unterscheiden, der sich an der Argumentationsweise und an der Art des Zitierens von 'Autoritäten' ablesen läßt. Dabei kann sich die Analyse nicht darin erschöpfen festzustellen, daß sich die Verfasser auf bestimmte Lehrtraditionen stützen; entscheidend ist vielmehr herauszuarbeiten, mit welcher Intention und wie sie es tun – welches der leitende pragmatische Konnex für das Zitieren einer Autorität ist und ob etwa das Zitat der Quelle nurmehr Belegfunktion innerhalb einer einsinnigen Didaxe hat oder aber zur Erörterung der Fürs und Widers eines Problemzusammenhanges dient.

Darüberhinaus handelt es sich bei der pragmatischen Eheliteratur auch in dem Sinne um eine rezeptiv ausgerichtete Literatur, als den Autoren vielfach andere Texte als Vorlage dienten, die sie übersetzt und/oder bearbeitet haben; als Beispiel sei hier die Übersetzung von Vives' *De institutione feminae christianae* (1523) durch Christopher Bruno: *Von vnderweysung ayner Christlichen*

Frauwen (1544) genannt. In noch anderer Weise rezeptiv ist ein Text wie *Ein Dialogus / dem Ehestand zu ehren geschrieben* (1545) von Johann Freder, der sich als Auseinandersetzung mit einem anderen Text, der Sprichwörtersammlung von Sebastian Franck aus dem Jahre 1541 ausgibt bzw. als 'Widerlegung' des darin vermittelten Frauenbildes. Bei einer intensiveren Beschäftigung mit diesen Texten ist es notwendig, nicht nur die vom Verfasser in Vorrede, Nachwort oder Widmung explizierten Bezüge wiederzugeben, sondern die Texte selbst sind miteinander zu vergleichen, um so die Art und Weise der Bearbeitung, ihre spezifische 'Tendenz' gegenüber der Vorlage herauszuarbeiten. Für die im Rahmen unserer Bibliographie erstellten Kommentare gilt, daß die jeweilige Textvorlage erwähnt und der literarische Bezug in angemessenem Maße deutlich gemacht wird.

Hans-Jürgen Bachorski

Der selektive Blick. Zur Reflexion von Liebe und Ehe in Autobiographien des Spätmittelalters

Ich wibet. (Thomas Platter)

Anno 1512, im 33. jar meines alters bin ich ehrlich mit Hansen Imhoffs tochter beygelegen.
(Christoph Fürer d.Ä.)

1. In der literarischen Kommunikation des 15. und 16. Jahrhunderts findet sich eine Fülle von verschiedenen Texten, in denen das (eheliche) Zusammenleben von Mann und Frau verhandelt wird, vor allem in der Kleinepik, was den Bereich der fiktionalen Texte betrifft, und in unzähligen pragmatischen Texten wie Ehezuchtbüchlein und Hausväterliteratur. Doch stellt sich das Thema in den beiden Textsorten auf höchst unterschiedliche Weise dar: So werden auf der einen Seite die Normen und Modalitäten des Ehelebens entwickelt, Fragen von Keuschheit oder von der Unterlegenheit der Frau und vom alltäglichen Umgang der Ehegatten miteinander erörtert, auf der anderen dagegen wird die Ehe als Konfliktfeld vorgeführt, werden erbitterte Auseinandersetzungen voller Gewalt oder List um die Herrschaft geführt (in denen häufig die Frauen siegreich bleiben), werden die Normen des ehekonformen Verhaltens durchgesetzt oder – so das erschreckend-erheiternde Resultat – sexuelle und ökonomische Treuebindungen gänzlich gesprengt.

Die Widersprüchlichkeit des so entstehenden Bildes überrascht, scheinen beide Textgruppen doch von völlig verschiedenen Realitäten zu sprechen, scheint ihnen nichts gemeinsam zu sein als das Interesse an einer eindringlichen Thematisierung von Ehe und Liebe. Von daher liegt es nahe, neben didaktischen Traktaten und komischen Kurzerzählungen eine weitere Gattung heranzuziehen, eine, »die dem unmittelbaren Gefühl besonders geeignet scheint, das Problem der Individualität zu spiegeln«[1], eine, deren modus dicendi gemeinhin dazu führt, sie umstandslos als »kulturgeschichtliche Quelle«[2] zu nutzen: die Autobiographie.[3] Gerade die spätmittelalterliche Autobiographie mag mit besonders gutem Grund dafür herangezogen werden, gilt doch für sie, daß »das dargestellte Ich eher durch seine Partizipation an äußeren Begebenheiten als durch die subjektive Brechung[4] des Geschehens« definiert ist. Die Frage an die Autobiographien des 15. und 16. Jahrhunderts sollte demnach eine doppelte sein: Zum einen die nach ihrem Informationsgehalt für die Praxis von Eheanbahnung und Eheschließung, von alltäglichem Eheleben und Liebeswonnen. Zum anderen geht es um den Status der literarischen Zeugnisse, sei es der fiktionalen, sei es der pragmatischen, als Quelle. So könnte die Autobiographie aufgrund ihrer größeren Realitätsnähe und ihres geringeren fiktionalen Anspruchs nicht nur Ergänzung, sondern auch Korrektiv des widersprüchlichen Bildes sein, das sich in den anderen Texten bietet.

2. Ich habe mit dieser Fragestellung eine Auswahl von Autobiographien aus dem späten Mittelalter gelesen, und die Ergebnisse dieser Lektüre sollen im folgenden vorgestellt werden. Es handelt sich um 16 Autoren, von denen der erste 1329 geboren, der letzte 1616 gestorben ist, d.h., die Belege verteilen sich auf knapp 300 Jahre. Die Standeszugehörigkeit bietet ein breites Spektrum innerhalb der überhaupt literaten Gruppen: Adlige und Ritter, Groß- und Mittelbürgertum, Ärzte und Intellektuelle. Der Umfang der einzelnen Texte schwankt zwischen 30 (Druck-)Seiten und monströsen 2000 Seiten in mehreren Bänden[5]; ebenso unterschiedlich stellen sich der jeweilige Schreibanlaß und das Umfeld der Autobiographie dar.[6] Während es sich zum Teil um Einschübe in Geschäftsbücher, Reiseberichte und Stadtchroniken handelt, schreiben andere Autoren explizit Erfahrungen für ihre Nachkommen auf, versuchen eine öffentliche Rechtfertigung ihres politischen und sozialen Wirkens oder legen sich selbst Rechenschaft über ihr Leben und Erleben ab. Dieser Querschnitt aus 16 – männlichen – Autoren mag eine gewisse Repräsentativität bezüglich des in den Autobiographien geführten Diskurses über Ehe und Liebe beanspruchen.[7]

3. Diese 16 Autobiographien nun lassen sich hinsichtlich ihrer Präsentation von Liebe und Ehe in vier Gruppen einteilen. Die erste enthält drei Autoren, die sich dadurch auszeichnen, daß sie in ihrer Autobiographie mit keinem einzigen Wort auf ihre Frau und ihr familiäres Leben eingehen, obwohl aus anderen Quellen immerhin bekannt ist, daß sie verheiratet waren, und obwohl die Texte auch sonst nicht vor Details aus dem Privaten – wenn diese Kategorie hier schon erlaubt ist – zurückschrecken.[8] Es handelt sich um den Grafen und Reichsritter Georg von Ehingen (1428 – 1508), den Höfling und kaiserlichen Hauptmann Christoph von Thein (1453 – ca. 1525) und den Raubritter Götz von Berlichingen (1480 – 1562). Offenbar gehört zur »Manifestation des Individuellen«[9], zur »biographischen Selbstkonstituierung des spätmittelalterlichen Ich«[10] – zumindest in diesen Fällen – nicht die Darstellung und Reflexion des eigenen familiären Lebens, der Ehefrau und der Kinder, sind häusliche Konflikte und Freuden schlichtweg nicht erfaßt vom ansonsten »überschießenden Darstellungsbedürfnis«[11] der Individuen.

4. Dieser Gedanke wird verstärkt durch den Modus der Reflexion über Ehe und Familie, wie er sich bei der zweiten Gruppe findet. Es handelt sich hier um folgende Autoren: den Fernhandelskaufmann Ulman Stromer (1329 – 1407), die Ritter Wilwolt von Schaumburg (1446 – 1510) und Michel von Ehenheim (1463 – 1518), die Patrizier Christoph Fürer d. Ä. (1479 – 1573) und Lucas Rem (1481 – 1542), den zu Grundbesitz gekommenen Landsknecht Sebastian Schertlin von Burtenbach (1496 – 1577), den Notar und Bürgermeister Bartholomäus Sastrow (1520 – 1603) und den Hofmarschall Hans von Schweinichen (1552 – 1616). Verheiratung, Geburt und Tod der Kinder, Tod der Ehefrau und Wiederverheiratung: Solche Ereignisse erscheinen in diesen Autobiographien in einem rein chronikalischen Stil, als auf ihre Faktizität reduzierte Eintragung in Annalen. Bei Ulman Stromer heißt es etwa:

Ich Ulman Stromeir nam zu der e junkfrawen Anna, dez Ulreich Hegneins tochter, am suntag vor vasnaht anno domini 1358. do bey het ich ain sun, hiess Ulreich, der starb anno domini 1361 an aller heiligen tag, und ein tochter, hiess Anna, di het zu der e den Sebot Vorchtel.
Mein wirtin fraw Anna starb, der got genedig sey, an der 11,000 mayd abent anno domini 1365 jar, und war begraben in dem newen spital.
Anno domini 1366 jar nach ostern 14 tag, do nam ich Ulman Stromeir zu der e junkfrawen Angnesen, dez Ulreich Grolantz tochter, und sliff bey am eritag von sant Jorgen tag.[12]

In Mitteilungen dieser Art erschöpft sich die Darstellung des Familienlebens bei Stromer. Frauen und Kinder werden erwähnt, doch über ihre namentliche Nennung hinaus erhalten sie keine individuelle Kontur, gibt es außer ihrer Existenz selbst nichts Besonderes an ihnen, das erzählbar wäre, und auch kein Gefühl des schreibenden Subjekts, das sich in dem Bericht niederschlägt.

Die Abfolge von Eheschließungen, Geburten und Sterbefällen kann bei diesem Typus von Autobiographie nur quantitativ ausgedehnt werden. Michel von Ehenheim führt folgendes Register:

Als man zalt nach Christi unsers herrn geburt dausent funfhundert und zwei jare, am suntag vor Tiburc zu nacht han ich Michel von Ehenheim riter mit Margaretha geboren von Kollenn elichen beigeschlafen zu Kitzingen, und morgens frue mit ir zu kirchen gangen mit meinen herrn und gueten freunden (...). Funfzehenhundert und drei jar ward unser beder dochter Anna geboren (...). Mer haben wir bede eheleut mit einander gehapt ein sone, hat Sebastian gehaissen (...), der hat 10 stund gelebt. Item mer haben mit einander gehabt ein dochter mit namen Katherina (...); die hat 13 dag gelebt. Anno 1500 und im 6. jar do ward unser beder dochter Barbara geboren (...). Anno 1500 und 7 jar wart unser beder sun mit namen Jeringuß geborn (...). Anno 1500 und 11. jar wart unser dochter geboren mit namen Bertha, die (...) lebt ein jar. Anno 1500 und 13. jar do ward unser dochter die ander Bertha geboren.

(…) Anno im 1500 und im 11. jar haben wir ein dochter erobert mit namen Anastasia;
(…) lebet ein jar.
Also haben wir miteinander erobert und geboren von unser beder leib zwen sune und sechs dochter, und ist ein sun und drei dochter gestorben und lebet ein sun und drei dochter der zeit, got geb lang![13]

Recht lakonisch werden hier die Fakten des Familienlebens notiert, ohne daß eine innere Beteiligung an den referierten Vorgängen erkennbar wird. Die Texte gehen an dieser Stelle in einer »Abspiegelung des äußeren Lebens« – wie Georg Misch als Kennzeichen der Autobiographie des späten Mittelalters formuliert hat[14] – gänzlich auf, ohne dieses äußere Leben zu kommentieren oder es in Beziehung zu inneren Reflexionen oder individuellem Erleben zu setzen. Und so lesen sich diese Autobiographien wie ein äußerst »buntes Gemenge« von »Aufzeichnungen über Geschäftsvorgänge, Vermögenslage, Familienvorfälle, stadt- oder territorialgeschichtliche Begebenheiten, Naturereignisse, Anekdoten und anderes mehr«.[15] Über die Wahrnehmung und individuelle Verarbeitung von zwischenmenschlichen Beziehungen aber geben diese Quellen keine Auskunft. Vor allem für die adligen Autoren scheint das Eheleben kein relevanter Baustein in der Geschichte des eigenen Lebens zu sein, und auch bei den bürgerlichen Autoren stehen allein die Fakten wie Merkposten im Hauptbuch.[16]

Lugowski interpretiert diese Art der Selbstwahrnehmung als »völlig formelhafte Jahresbilanzen, die aus dem Tagebuch eines an Debet und Kredit orientierten Haushalters stammen.«[17] Für die eingangs gestellte Frage nach der Reflexion von Liebe und Ehe in der Gattung Autobiographie aber bleiben diese Texte stumm.

Doch auch das Schweigen ist natürlich sprechend. Immer gilt für die Autobiographie – wie für jedes Selbstbild –, daß keine Widerspiegelung der »Totalität des gelebten Lebens« möglich ist, sondern daß »eine Selektion aus der Faktizität meines Erlebens und Handelns« vorgenommen werden muß.[18] Diese Selektion von bestimmten Momenten aus der Totalität des Lebens folgt dann dem je individuellen Bewußtsein, aber nicht nur ihm: »Das Selbstbild als Resultat von zurechnungsfähigen Selbstäußerungen ist stets durch einen bestimmten Aufbau charakterisiert, einen Zusammenhang, in den Wertvorstellungen, Wirklichkeitsauffassungen, Richtigkeits- und Wichtigkeitskriterien der umgebenden Gesellschaft eingehen.«[19] Insofern wäre auch die jeweilige Selektion selbst schon als Ausdruck des gesellschaftlichen Bewußtseins zu interpretieren. Das Weltbild, das von den zitierten Autoren entworfen wird, präsentiert das jeweilige Ich als unproblematische Existenz in seiner Welt, in der Welt des Patriziats, des niederen Rittertums etc. Trotz der teilweise recht heftigen Bewegtheit des Lebenslaufes, der etwa von geographischer oder sozialer Mobilität geprägt ist, lassen sich die Biographien[20] offenbar nach durchaus konventionellen Mustern gestalten; die Besonderheit des Lebens artikuliert sich allein im Aufschreiben selbst, wenig jedoch in der Reflexion dessen, was mit diesem Ich geschieht, das auf diese Weise in der »objektiven Welt«[21] verschwindet.

Zudem scheint die soziale Existenz für die bisher aufgeführten Autoren noch nicht dem Ausdifferenzierungsprozeß unterworfen zu sein, den van Dülmen als charakteristisch für die Herausbildung der modernen Gesellschaft beschreibt.[22] Die Entstehung unterschiedlicher Teilsysteme – wie öffentliche und private Existenz des Individuums – mit je eigenen Handlungslogiken und Sinnstrukturen (auch wenn diese dann noch zum Teil in enger Analogie gedacht werden) stellt ja erst die Voraussetzung dafür dar, das Familienleben als eigenständigen Sektor des Erlebens wahrzunehmen und so auch in der Biographie als Bereich von besonderen »erworbenen Gewohnheiten, Dispositionen, Erfahrungen«[23] darzustellen oder ihn gar als erzählerischen Projektionsraum zu nutzen, in dem Alternativen zu den öffentlichen Formen des Handelns und Fühlens imaginiert werden.

5. Einige wenige Texte bleiben, in denen nun tatsächlich ein positiver Befund zu verzeichnen ist. Eine erste Gruppe möchte ich bilden aus den Aufzeichnungen des Burkhard Zink (1396-1474), Thomas Platter (1499-1582) und Ludwig von Diesbach (1452-1527).

Burkhard Zinks Autobiographie stellt eine Mischform dar. Auch er präsentiert sein Leben über weite Strecken in der Form einer »kalendarischen Aufreihung von Familiennachrichten«, die kaum durch erzählerische Passagen aufgelockert wird. Doch gleichzeitig bietet er eine »elaborierte Selbstdarstellung«[24] mit ausführlichen, durch wörtliche Rede lebendig gemachten Schilderungen seiner Jugend, seiner Reisen, seiner Ehe[25], seines sozialen Aufstiegs. Nachdem er sich als fahrender Schüler mehr schlecht als recht durchgeschlagen hat, wird er 1419 in Augsburg Handelsgehilfe und hat daraufhin nichts besseres zu tun, als die Magd seines Herrn ohne dessen Einwilligung zu heiraten. Sie ist so arm wie er, aber Zink ist guter Dinge, durch seine Arbeit die Familie ernähren zu können. Jedoch sein Herr entläßt ihn wegen der Unbotmäßigkeit, die er in der eigenmächtigen Verheiratung sieht:

und als wir nun hochzeit mit ainander hetten gehapt, da west ich sicher nit, was ich tuen solt, dann ich hett nichts, so hett ich meins herrn huld gar nit und hett die huld verlorn, dann es was im laid, daß ich mein weib genommen hett und in darumb nit ratgefragt, und wolt mir weder ratten noch helfen. also west ich nit, was ich anfahen solt.[26]

Mit diesem Moment der Krise im gelebten Leben, dem Aussetzen der Normalität und der gesicherten Existenz, eröffnet sich für Zink plötzlich eine Möglichkeit, seine Frau wahrzunehmen und sein Verhältnis zu ihr zu reflektieren. War die unerlaubte Heirat der Grund für die existenzbedrohende Verstoßung durch den Arbeitgeber, so muß dieser soziale Negativeffekt der Ehe in der Erinnerung aufgewogen werden durch eine emotionale Qualität – *lieb* und *hold* nennt Zink die gegenseitigen Gefühle. Aber die Konstruktion von Sinn im Rückblick geht weiter, kann doch die Ehe trotzdem definiert werden als Grundlage eines wirtschaftlichen Aufschwungs.

doch was mir das weib lieb und was gern bei ir, und bedacht mich mit meiner hausfrawen, die was mir auch hold und trost mich und sprach«: »mein Burkhart, gehab dich wol und verzag nit, laß uns ainander helfen, wir wöllen wol auskommen; ich will an dem rad spinnen und will all wuchen wol 4 pfund woll aufspinnen, das ist 32 dn.«. und da die fraw als tröstlich was, da erkecket ich auch und gedacht: nun kan ich doch ein wenig schreiben, ich will besehen, ob ich müg ainen pfaffen haben, der mir zu schreiben geb; wie wenig du dann verdienst so gewint dein weib 32 dn., so ist doch wolfail, villeicht geit got zu, daß wir wol außkoment.[27]

Die soziale Identitätsfindung und der ökonomische Aufstieg, den Zink hier in seiner ersten Phase beschreibt, setzt die Kooperation von Mann und Frau, die Addition ihrer Arbeitskraft voraus, kann doch soziale Mobilität »nicht dem einzelnen oder der einzelnen gelingen, sondern nur dem Ehe- und Arbeitspaar«.[28] So entsteht ein Genrebild vom armen, aber glücklichen Paar: »Eine starke Gefühlsbindung als Ausdruck und Konsequenz der gemeinsamen Arbeit wird hier ebenso erkennbar wie (...) die Konstituierung eines Innen- resp. eines Außenraumes«.[29]

Nach wieder eher nüchterner Aufzählung, in der der ökonomische Aufstieg verknüpft ist mit der Verbuchung von zehn geborenen und fünf schon bald wieder gestorbenen Kindern, resümiert Zink 20 Ehejahre, indem er die häusliche Gebärtätigkeit seiner Frau mit seinen eigenen Handelsreisen parallelisiert[30]:

Item es ist zu wißen, daß in der zeit, als hievor geschriben stat, in der mein hausfraw also gekindet hett, daß ich dieweil fast arbaitet und rait gen Venedig und traib kaufmanschaft und füert pallen von Venedig herauß und richtet meinem herrn also sein gewerb auß und tett gesellschaft mit im und gieng mir wol. ich hett auf dasmal mer 1000 fl., gott von himl sei gedankt.[31]

Im Vergleich zum Beginn der ehelichen Kooperation ist nun ein anderer Aspekt der weiblichen Arbeitsfähigkeit – das »Kinden« – zentral geworden. Als seine Frau 1440 stirbt, bilanziert Zink zurückblickend:

also han ich meine liebe hausfraw gehapt 20 jar in rechter freuntschaft, und haben tugentlich und freuntlich mit ainander gelept und er und guet gewonnen.[32]

Ehre und Tüchtigkeit geben das »Fundament der Ehe und des gemeinsamen Erfolgs der Eheleute ab«, wobei die »generative Arbeit (...) zur Fortsetzung des Generationenverbandes«[33] von Burkhard Zink als ebenso wichtig beschrieben wird wie seine eigenen, außerhäuslichen wirtschaftlichen Tätigkeiten.

Acht Monate später heiratet er die Witwe Dorothea Kuelinbeckin, deren Qualitäten wohl hauptsächlich in der pfleglichen Verwaltung seines mittlerweile erworbenen Wohlstands zu liegen scheinen. Er hatte gehört,

sie wär ain schöne gerade fraw, so frum und so tugenthaft, daß man irs gleichen kam finden mocht. also ward ich bewegt in barmhertzigkait von ir schön und frumkait und tugend wegen und schickt nach ir (...). also kam sie zu fueß als eine arme fraw, und als ich sie sach da geviel sie mir wol und redet mit ir, ob sie mich wolt nemen. des wart sie von hertzen fro und sprach, sie wolt mich gern haben und wolt alles das tuen, das ich wolt, und wolt mir undertenig und gehorsam sein und nichts von mir begeren, dann was mein freier und gueter will wär (...).[34]

Während diese zweite Ehe ebenso wie später die dritte und vierte[35] als nüchterne Zweckgemeinschaft zur Versorgung seiner und ihrer Kinder erscheint, wird der 53jährige nach dem Tode seiner zweiten Frau noch einmal verwegen, auch wenn es sich in der Rückschau eher zerknirscht anhört:

ich (...) hett mich ains torenden freulins understanden, das was mir sicher lieb, daran ich doch nit vil gewan, sie tett mir schier mer schaden dann guets etc., als villeicht oft ainem toreten man noch beschicht. also bedacht ich mich, daß ich so ellendclich lebent und in sünden und niemant mir trew was noch nicht ze guet tett dann umb das mein. und das freulin was mir gar gefärlich und stal mir das mein, wa sie mocht; das verdroß mich und wolt sein nit mehr.[36]

Auch hier denkt Zink offenkundig wieder – wie in den Ausführungen über seine erste Ehe – den Wert der persönlichen Beziehung und die ökonomischen Konsequenzen dieser Beziehung zusammen. Der Schaden, den das *freulin* anrichtet, steht für ihn in keinem einsichtigen Verhältnis dazu, daß sie ihm *sicher lieb* war. Vollends verschiebt sich das Problem der sozialen oder auch emotionalen Beziehung gegen Ende des Zusammenlebens in das der Ökonomie.[37] Als Zink ihrer überdrüssig ist, läßt Margret Segesser sich nicht umstandslos von ihm wegschicken, sondern bringt ihn vor ein kirchliches Gericht:

es erdacht sich aines sinns und maint, es wolt mir gelt abschrecken und lued mich auf das korgericht und klagt mich an umb die ee, daran sie mir doch warlich unrecht tett (...).[38]

Aber aufgrund seiner besseren Beziehungen zur Obrigkeit schafft Zink es – trotz des vierjährigen Zusammenlebens und der zwei aus dieser Winkelehe hervorgegangenen Kinder[39] –, vom Gericht eine Bestätigung zu erwirken, die ihren Anspruch für nichtig erklärt:

also ward ich von ir ledig one gelt, des han ich ain brief von dem korgericht.[40]

Die Situationen, in denen Zink über die Beziehung zu seiner jeweiligen Frau intensiver reflektiert, sind also doppelt bestimmt: Zum einen handelt es sich um Momente, in denen es um eine markante Etappe in der eigenen Biographie geht, die er wesentlich als die Biographie eines geglückten sozialen Aufstiegs wahrnimmt und präsentiert: So das Ritardando im langsamen Aufstieg anläßlich des Grolls seines Herrn und die dadurch bewirkte Mobilisierung von Leistungsbewußtsein, worauf durch gemeinsame Arbeit und nüchternes Kalkül die Grundlagen für den Aufstieg gelegt werden;[41] ähnlich anläßlich des Todes der ersten Frau, der Gelegenheit bietet, die erste Etappe des Aufstiegs mit Hauskauf und Kapitalbildung zu resümieren: *haben (...) mit ainander (...) er und guet gewonnen.* Zum anderen stellt sich ihm Brautwahl oder auch Trennung immer in aller Eindringlichkeit als Problem des Gelderwerbs oder des Verlusts von Gut und Geld.

Vergleichbar mit Zink in der konsequenten Unterwerfung der Eheschilderung unter den Versuch, den eigenen sozialen Aufstieg plastisch zu machen, zeigt sich Thomas Platter. Vom Ziegenhirt zum Rektor der Lateinschule in Basel führt ihn seine Karriere, und um die Schritte von der Armut bis zur gesicherten Bürgerexistenz zu illustrieren, entwirft er jeweils kleine Momentaufnahmen der häuslichen Umstände. So heißt es etwa anläßlich seiner Verheiratung mit der Magd seines Herrn (hier allerdings auf dessen Anraten):

(...) huolten uns dhochzyt mit sölichem pracht, das lüt by uns am tisch waren, die wußten nit, das ein hochzyt was.[42]

Auch sie spinnt dann, während er als Schulmeister arbeitet. Danach, schon etwas arrivierter, aber immer noch in Geldnöten, zeigt ein Dialog zwischen den Eheleuten das gemeinsame Bestreben, Ökonomie walten zu lassen, dokumentiert aber auch sinnfällig die eheliche Arbeitsteilung:

Ich gieng uff den markt, koufft ein klein väßlin mit win (...). Den win trunken ich und min wib mit manchem zank. (...) Ich sprach: »Drink du; du muoßt säügen.« So sprach min fraw: »Drink du; du muoßt studieren und in der schuoll übell zyt han«.[43]

Die Verheiratung seines Sohnes Felix schließlich bietet vor allem Gelegenheit, den Grad der Integration in die Baseler Oberschicht auszustellen – eine Sichtweise, die in der Autobiographie eben dieses Sohnes noch viel stärker ausgeprägt ist, wie das Räsonnement über die Händel um die Mitgift, die Beschreibung der Aussteuer, die Gästeliste und die Speisenfolge beim Hochzeitsfest zeigt.[44]

Die Verheiratung des Sohnes gestaltet sich als »nicht ganz einfache diplomatische Familienangelegenheit«[45] und erscheint – hier wie bei anderen Autoren, etwa Sastrow – als »ernste Angelegenheit der beiderseitigen ökonomisch denkenden Sippen«, während »individuelles Lieben und Geliebtsein« nur marginale Bedeutung haben.[46] In diesem bei Platter genau ausgestellten »Kontrakt zweier Familien«[47] vollzieht sich gemäß den Normen der städtischen Oberschicht ein Stück sozialer Vernetzung. Er ist somit Ausdruck der sozialen und ökonomischen Position der Beteiligten. Die Eheschließung bedeutet für Thomas den Abschluß seines Weges aus »der wilden Bergnatur in das städtische Bürgerleben«[48], für Felix dagegen fixiert die ausführliche Beschreibung seiner Hochzeit die Basis, von der aus er dann seine Karriere beginnt. Eine spezifische emotionale Bindung zwischen den Ehegatten hat in dieser Konstruktion keinen logischen Ort und tritt demzufolge weit zurück.

Aber auch wenn nun bei Zink und Platter – anders als in der ersten zitierten Gruppe von Autobiographien – Szenen aus dem Eheleben einen größeren Stellenwert einnehmen, bleiben sie doch konsequent auf die Identität des jeweiligen Ich bezogen. Der Unterschied liegt allerdings in der Konstitution der sozialen Identität des Subjekts. Erschien sie zuvor als unproblematisch a priori feststehende und im Ablauf des eigenen Lebens bruchlos realisierte Existenz in einem Stand, der nicht verlassen wurde, gestalten Zink und Platter ihre Biographie in der Rückschau nach der prozeßhaften Logik einer selbstproduzierten Identität, die ihre Besonderheit aus der extremen Differenz im sozialen Status am Anfang und am Ende des Lebenslaufs erhält. Insofern markiert der Unterschied zwischen den Autoren zugleich den zwischen zwei verschiedenen »Sinnbildungsstilen«: »Während Sinn im hohen Mittelalter, als in einer kosmologischen Ordnung vorgegebener, vom Subjekt sozusagen 'entgegengenommen' wurde, (...) erfährt es sich in der frühen Neuzeit mehr und mehr selbst als eine Instanz der Sinngebung.«[49] Für ein anderes Textkorpus als das hier untersuchte stellt Gumbrecht fest: »In dem Maß, wie aus dem Mittelalter tradierte Institutionen an Selbstverständlichkeit und Verbindlichkeit verlieren, sind Lebensläufe immer weniger durch die Geburt in einen jeweiligen Stand prädeterminiert, und die Biographie des Subjekts kann von ihrem Anfang aus offen und von ihrem Ende her kontingent erscheinen.«[50] Zwar finden wir bei unseren Autoren den Verlust einer »prädeterminierten Existenz«, doch die Kontingenz aus der Perspektive des Endes gilt für die hier zitierten Texte nicht. In viel stärkerem Maße läßt sie sich einerseits bei biographischen Romanen etwa vom Typus des 'Fortunatus' konstatieren, in dem die Frage nach dem zu erlangenden sozialen Status bis zum Ende offenbleibt und letztlich als Resultat von Glücksfällen erscheint; andererseits in Romanen vom Typus des 'Liebes- und Abenteuerromans'[51] (etwa Warbecks 'Magelone'), in denen gerade die Unsicherheit, Zufälligkeit und Beliebigkeit der Schicksalsfälle akzentuiert werden, die die Helden auf der Suche nach ihrer Identität erleiden müssen, während die biographische Zeit über weite Strecken ausgesetzt wird und erst wieder laufen kann, wenn die entworfene Identität des Anfangs am Ende schließlich in ihr Recht gesetzt worden ist.

In den Autobiographien dagegen führt die »selektive Vergegenwärtigung« vom Standpunkt des gelebten Lebens zum Entwurf einer eindeutigen Sinnstruktur, nämlich der des geglückten sozialen Aufstiegs. Aus der Perspektive des Resultats, der gesicherten öffentlichen Existenz, lassen sich dann gerade die Momente des Lebenslaufs in der Biographie hervorheben, die das »langsame Hineinwachsen des Helden in diesen einzig legitimen Zustand« [52] illustrieren. Zu den auf diese Weise ausschließlich »ichzentrierten Gebärden«[53] gehören dann auch bestimmte Aspekte des Ehelebens, die aber eben nur in dieser Funktion auftauchen.

Auffällig dabei bleibt, daß die Ereignisse der öffentlichen Existenz und die Episoden aus dem Ehe- und Familienleben immer derselben, geschlossenen Sinnstruktur unterworfen bleiben – ein Umstand, der angesichts einer durchaus anderen Konzeption in fiktionalen Texten der gleichen Zeit besonders ins Auge sticht. Um nur zwei Beispiele für viele vergleichbare Texte zu nennen: Wickrams 'Nachbarn'-Roman basiert gerade auf einer ausgeprägten Antithese zwischen einer von der »Kälte der neuen Sozialbeziehungen« geprägten Welt voller Unsicherheit und Gefahren einerseits, der dann andererseits ein konstruierter Familienzusammenhang gegenübergestellt wird, dessen Funktion gerade darin liegt, Refugium zu sein, in dem Sicherheit und Vertrauen, vor allem aber affektive Zuneigung gedeihen.[54] Ähnlich die Grundopposition in den 'Tobias'-Dramen, wo die unendliche Rechtschaffenheit des Familienlebens im 'Haus' mit der chaotischen Rechtlosigkeit und Bedrohlichkeit des defekten Gemeinwesens kontrastiert.[55] Eine solche Art von 'widersprüchlicher Sinnkonstitution' scheint in den Entwürfen der Autobiographien nicht möglich zu sein, hier herrscht die Einsinnigkeit vor, die alle Details einer einzigen Logik unterwirft.

Wenn sich soweit als Befund festhalten läßt, daß diese Autoren ihre Aufmerksamkeit – über die Aufzählung von Fakten hinaus – auf Details ihres Ehelebens nur lenken, um die jeweilige Stufe ihres sozialen Aufstiegs plastisch zu machen, dann findet diese These eine Bestätigung in dem dritten in dieser Gruppe vorzustellenden Text, wenn auch mit bezeichnender Variation. Als Gesandter, als Schultheiß von Thun und als Inhaber der Herrschaft Landshut befindet Ludwig von Diesbach sich in durchaus gehobener Position, was auch durch seine Heirat mit Antonia von Ringoltingen aus einer der ersten Familien Berns[56] belegt wird. Sein Schicksal wendet sich jedoch aus schwer rekonstruierbaren Gründen 1487, als er das Amt eines Landvogts im Aargau annimmt: Ihm will fortan »weder in geschäftlicher noch in privater Hinsicht etwas glücken«.[57] Um diesen Einschnitt in der Rückschau auf sein Leben zu markieren[58], schildert er ein Ereignis in eindringlicher Ausführlichkeit, das gemeinhin nur nüchtern als Faktum verbucht wird:[59] den Tod seiner Frau bei einer Frühgeburt.

da was min schwer, hert Ungefell hie, also daß die fromm, ehrlich, redlich Frouw in dem Schlaf ufwuscht, und fieng an mit einer kleglichen Stimm mir zu rufen und mich ze wecken mit disen worten: o weh, o weh! Ludwig, Ludwig! wie will es mir ergahn! Daß Gott ewigklich erbarm! Ach Mutter aller Genaden, wie ein hert Erwecken was das, das mir durch allen minen Lyb trang und mir der bitter Schweß usgieng, und mich der Meschell der Stund anstieß an Zwyfel. Min Seel, die sach das groß Herzleid, das mir begegnen wott. Ach Gott! wir warend mit Fröüden nidergangen, wiewol die gut Frouw fast schwer was, und fast über mocht mit demselben Kind, denn mit keim je; wiewol sie die andren alle sur und hert erarnet hatt, so was doch diß das allerhertst, das sich wol bewyst leider. Also mit großem Schrecken wuscht ich uf und umfieng das fromm Herz, deß Seel und Lyb aller schwitzt und grimelich zittret. Also stund sie vor ihr selbst von dem Bett, do kam sie ein semlich hert Weh an, daß ich meynt das Kind zu enpfahen, und erschrack das fromm Herz fast übel; doch so trost sie Gott, daß wir sie brachten in ihr Gemach, da sie sich gerust hatt zu ligen. Also kamm die Hebamm (...). Also starb das Kind am andren Tag, denn die gut Frouw was uf vj oder vij Wuchen zu früh gewesen.[60]

Doch auch wenn die Erzählung letztlich zur dramatischen Inszenierung des Wendepunkts im eigenen Leben funktionalisiert wird, hier artikuliert sich doch »ein persönliches Ergriffensein«, das über die »ursprüngliche Darstellungsabsicht« dominiert.[61] Weit entfernt davon, nur das faktum brutum des Todesfalles mitteilen zu wollen, gestaltet Ludwig von Diesbach an dieser Stelle seiner Lebensbeschreibung Leiden und Erschütterung expressiv. Das gilt zwar vor allem für seine eigenen Gefühle, aber auch für seine Wahrnehmung der Schmerzen seiner sterbenden Frau. Direkte und indirekte Rede, Ausrufe und Stoßgebete vergegenwärtigen die schreckliche Situation; und der Bezug auf Gottes Beistand reicht auch in der Rückschau kaum, um das Ereignis in einen akzeptierbaren Sinnzusammenhang einzuordnen.

Item, also lag die gut Frouw in großer Krankheit, und redt allerley früntlicher Wort mit mir von ihrem Sterben und Leben, ouch von ihren Kinden, und insunders so trost sie mich fast und bat mich, daß ich Gott die Ding bestellen wett, sie wett ouch Gott trüwlich für mich bitten, daß er mir hulf, ihre und mine Kind zu erzüchen. Also und mit vil hubscher Red trost sie mich bis in ihr End. Ach Gott! da sott ich sie getrost han. Ach Gott! do ward ich wol gewar, daß kein Trost da was.[62]

Mit äußerster Akribie protokolliert Ludwig von Diesbach das Sterben seiner Gattin. Hervorgehoben und mit ihren eigenen Worten belegt werden ihre tiefe Frömmigkeit, ihr andächtiger Sakramentsempfang und die selbstlosen Sorgen um ihn und um die Kinder. Die Darstellung erhält schon fast den Charakter einer »Heiligengeschichte«.[63] Die lange Totenklage schließlich geht nicht mehr in der genannten Funktion und in der Typik der Gattung auf, sondern weist eine Emotionalität im Verhältnis zur (verstorbenen) Ehefrau und eine Fähigkeit zu »subjektiver Expression«[64] eben dieser Emotionalität auf, wie sie ansonsten in den Autobiographien dieser Zeit fehlen:

O Mutter aller Genaden! wo ist din grundlose Genad und Barmherzigkeit gesyn, daß ich und mine kleine Wesli die nit hand können finden! Ach Mutter aller Genaden! nun bis mir armen, betrubten Herzen genedig und erbarmherzig in disem minem großen Herzleid und Nöten; denn mir doch genommen ist min Trost, Rath, Fröud und Gelück, wo du mich nit versichst und versuhnst wieder mit dim zarten Kind. Ach Mutter aller Genaden! wie ist dieß so ein herter Herzstich gesyn, als ihr hören werdend. (...) Allmechtiger Gott! wie was das ein Scheiden von minen kleinen Kinden, mit dem frommen Korpel ihr Mutter so trostlos und so elenklich ze ryten, das doch ein semlich Herzlyden in mir was, daß ich wond von Vernunft und Sinnen ze kummen, wenn ich gedacht, daß ich das fromm Herz also nach ihrem Tod mußt führen, und ich gedacht hinder sich an die unerzogen Kind, die ich so ganz trostlos verlassen hatt; ouch wenn ich betrachtet, daß es kum müglich was, daß ich mich in den Stand umer schicken möcht, das nit klein was, denn ich noch jung was, by den 34 Jahren. (...) Es ist mir unmuglich ze schryben das große Herzleid, so ich erlitten hab. Es ist ouch ungelöublich ze sagen, denn ich befihls allen denen, denen desgelychen beschechen ist oder beschicht, als mir; die wüssen darvon ze sagen. (...) ich geben Gott dem allmechtigen ein Hand und ein Fuß ab minen Lyb, und daß ich die Frouwen möcht han in Fröuden und Heil bis zu eim guten Alter.[65]

Wenn in diesem Beispiel zwar noch der Anlaß der Trauer, die Selbststilisierung des Erzählers als vom sozialen Abstieg getroffener Mann unter dem Klagegestus durchschimmert, gleichwohl aber im Typologischen die individuelle emotionale Reaktion auf eine »affektiv betonte Grenzerfahrung«[66] artikuliert wird, dann hebt Ludwig von Diesbach sich damit aus dem in gleichzeitigen Texten Möglichen weit heraus. Dort verhält es sich so, daß vor allem in bezug auf die Schilderung der konfliktuösen Alltäglichkeit der Ehe, aber auch bei den Versuchen, den Beginn einer Liebesbeziehung darzustellen, offenkundig noch kaum Individuelles, Authentisches sich sagen läßt. Im Gegenteil, hier setzen sich die aus der fiktionalen Literatur bekannten Muster nachhaltig durch – und damit komme ich zur letzten Gruppe.

6. So überschreibt Bartholomäus Sastrow etwa ein Kapitel seiner Autobiographie *Von meinem ehelichen Beilager.*[67] Nachdem er ein lokales Hochzeitsritual absolviert hat, erzählt er nicht – wie nach der Einleitung zu vermuten wäre – die Plaudereien mit seiner frisch angetrauten Frau, sondern verschiebt die Perspektive auf die Geschichte, die *einem widerfahren sein sollte.*[68] Statt der Intimitäten aus der eigenen präsentiert er einen frivolen Schwank aus irgendeiner Hochzeitsnacht. Die Braut findet Beschädigungen an seinem Körper – Narben aus dem Krieg –, er moniert eine Beschädigung ihres Körpers – die schon vor der Ehe verlorene Unschuld. Er verteidigt sich damit, daß es ihm *von dem Veinde geschehen* sei, sie kontert, daß ihre Wunde *von den Freunten* stamme.[69]

Dieser Schwank stellt keine eigene Erfindung Sastrows dar, findet er sich doch in einer Reihe von Schwanksammlungen des 16. Jahrhunderts immer wieder überliefert, so in Bebels 'Fazetien', bei Kirchhof, Frey und anderen.[70] Eingefangen wird in ihm die männliche Angst vor vorehelicher (und auch ehelicher) Untreue der Frau; eine Angst vor sexueller Konkurrenz, die im Witz kompensiert und bewältigt wird. Die außerordentliche Attraktivität dieses und ähnlicher Schwänke, für die ihre große Verbreitung spricht, deutet auf ein Stück kollektiver Mentalität angesichts der generellen Umwertung der Sexualität, wie sie in der zeitgenössischen Diskussion über Triebdämpfung und -reglementierung verhandelt wird; und wenn Sastrow den Schwank an genau dieser Stelle seiner Autobiographie einfügt, die von seinem *ehelichen Beilager* erzählen soll, scheint die Angstvorstellung auch ihn zu beschäftigen, ebenso wie auch er der Angstabfuhr im Lachen bedarf. Doch hinter dem schon literarisierten Topos bleibt die individuelle Erfahrung verborgen, von der tatsächlichen Hochzeitsnacht erfährt der Leser nichts. Auf eine ähnliche Art baut Felix Platter (1536-1614), der seine eigene Ehe nicht allzu ausführlich darstellt, eine Episode als selbst erlebt in seine Autobiographie ein, die aus der Schwankdichtung nur zu vertraut ist:

kompt einer in hosen und wammeeß bluow gekleidet, dohar geloffen, bluotet im angesicht, darvor er das fatzenetlin hatt, klagt dem schulthes, man het in wellen mürden und hett in einer also gebißen, dergestalt, wie wir sachen, daß der ein packen allerding ofen war, das man im die zän durchhinderen sach. Hernoch hatt es sich erfunden, daß es ein pfaff war, den einer by seiner frauwen hatte funden und in erwitscht, zeboden geworfen und, als er kein ander wehr hatte, im mit den zenen also das angesicht zerbißen, darnach von im entrunnen und also darvon geloffen.[71]

Der Pfaffe als Ehebrecher, die untreue Frau, der gewalttätige Ehemann: In diesen Bildern drängt sich die Fiktion in die Autobiographie und ermöglicht erst in der Verschiebung die Thematisierung dessen, was ansonsten nicht erzählenswert zu sein scheint, vielleicht in bezug auf die eigene Ehe nicht erzählbar ist: Ehe als Konfliktfeld.

Ebenfalls aus der Position des relativ unbeteiligten Dritten kann Hans von Schweinichen (1552-1616) – der abgesehen von der Schilderung des Todes seiner Frau über seine eigene Ehe nur wenig zu berichten weiß – außerordentlich plastische Szenen einer fremden Ehe ausmalen. Als Hofmarschall habe er erlebt, wie die Herzogin sich weigerte, bei einem Empfang zu erscheinen, weil eine der Geliebten des Herzogs geladen war.

Mit Solchem erzürnet sie den Herrn, daß IFG. in der Furia nach der Herzogin ihrem Zimmer zulaufen, überrascht die Herzogin im Zimmer unversehens, denn IFG. zuvor etliche Wochen bei ihr im Zimmer nicht gewesen. (...) IFG. die Herzogin wollten zwar so gute Worte nicht geben, sondern nach vielen Entschuldigungen fuhren IFG. die Herzogin 'raus, sie möchte bei der Hure, der Kittlitzin, nicht sitzen. Welches zwar den Herzog sehr verdroß, dutzet die Herzogin und sprach: 'Du sollt wissen, die Frau Kittlitzin ist keine Hure'; schläget der Herzogin ein gut Maulschelle, davon die Fürstin auch taumelt.[72]

Das öffentliche Leben des Herrschers und die hier im Ansatz schon etablierte Privatsphäre geraten so in Konflikt miteinander, doch der Erzähler als Vermittler hilft den streitenden Partnern bei der Etablierung einer sauberen Trennung beider Bereiche und bei der doppelten Befriedung. Als Bote versucht er die Herzogin mit dem Angebot zu versöhnen,

IFG. würden ihr ein stattliche Verehrung geben, und ich wollt es zu Wege bringen, daß IFG. künftige Nacht bei ihr in der Kammer liegen würden (denn mein Herr sonsten in einem Vierteljahr bei der Herzogin nicht gelegen), und was ich sonsten mehr Aehnliches vorzuthun, sondern gab große Streiche vor; denn es auch noch in der Furia war, mit Vermeldung, sie wollte ihren Herrn in die äußerste Noth, der Maulschellen halben, bringen. (...) Ich brachte es letzlichen so weit, daß IFG. sich dahin erklärten, es wollten zwar IFG. mit zu Tafel gehen (ungeachtet daß IFG. ein blau Auge von der Maulschell bekommen), jedoch derogestalt, dafern die Kittlitzin nicht sollt mit an der Tafel sitzen und denn, daß freilichen IFG. auf die Nacht in ihrer Kammer liegen wollten (...). Auf den Abend, bei der Mahlzeit, war man lustig und guter Dinge mit Tanzen und Saufen. Wenn denn die Herzogin den Strauß, so sie gehabt, verbergen wollt, sagete sie, sie hätte sich an ein Almer gestoßen. Wie es der Herzog nun in der Kammer mit der Herzogin auf die Nacht gemacht, laß ich in seinem Ort, zusammen legeten sie sich.[73]

Es fällt schwer, in solchen Schilderungen eine »Grenzerfahrung des sich formenden Individuums« zu sehen. Schweinichen entwirft hier eine Szene voll von picarischer Komik, wenn er aus der Dienerperspektive die Fraglichkeit der herrschaftlichen Autorität und der Korruptheit der höfischen Ordnung ausstellt. Nicht nur, aber auch in bezug auf das eheliche Verhalten seines Herrn[74] zeichnet der Erzähler groteske Zerrbilder nicht intakter sozialer Beziehungen, und die implizite Norm, seine Vorstellung von Ehe muß wohl aus der Negation des Treibens am Hofe geschlossen werden. Aber wie bei Sastrow und Platter gilt auch für Schweinichen: Erst die Wahl eines etablierten fiktionalen Erzählmusters, in diesem Falle das des Picaroromans, öffnet den Blick für konkretere Aspekte des Ehelebens.

Andere literarische Muster zitieren die beiden Autoren, die als Liebende und Werbende auftreten. Der auch als Verfasser des umfangreichen Minne- und Abenteuerromans 'Die Kinder von Limburg' geltende Arzt und Musiker Johannes von Soest (1448–1506) präsentiert den Beginn seiner Ehe ganz im Stil des galanten Romans: So will er nach dem Tod seiner ersten Frau eine Pfarrei bekommen, doch als er in diesen Bestrebungen scheitert, träumt er – frei von der Verpflichtung zum Zölibat – von einer schönen Jungfrau, die er am nächsten Tag – da sie keine *fantesey* ist – prompt auf einem Spaziergang trifft. Artig sondiert er das Terrain, damit er später bei ihrem Bruder um ihre Hand anhalten kann.

Myn hertz wartt klucken ganzt myt macht
(...)
Myn drom myr stetz lag in myn syn
Dy iuncfrawn hett ich myr tzu gwyn
Für mynen draum genomen gern
(...)
Dy iungfraw Margreth hubsch und zart
Behend yr aughen nyder slog
Das myr gefil in guttem fog
Dann wan eyn iuncfraw sich nytt schemtt
So ist das halb teyl sy verlempt
Und hott in yr geschicklicheytt
Tzu bobery on wydderstrytt.
(...)
Und furt sy'an dem arme myn
Und sprach zu yr. Tzart iuncfraw fyn
Wan ich da in dem Necker leg
Genslich on hilff und alle pleg
Und nymantz susz dan yr alleyn
Von allen menschen in gemeyn
Und yr myr mochten helffen wol
Wolt yr mych lassen gantz fur vol
Ertrincken also iemerlich
Sy sprach furwar nen sicherlich
So ich eyn sollichs mocht gedon
Furwar von myr solt rettung hon
Habt danck sprach ich myn iuncfraw tzart
Dy antwort kompt von fromer art.[75]

Der Traum, der die reale Begegnung antizipiert, die spielerisch verschlüsselte Frage, mit der Johannes von Soest die Zuneigung seiner künftigen Braut erprobt, und dazu die Versform: Dies alles sind Indizien dafür, daß hier ein Versuch vorliegt, sich selbst zu inszenieren, die eigene Existenz nach einem Muster zu gestalten, das in seiner Elaboriertheit Teilhabe an den literarisch stilisierten Verkehrsformen einer kulturellen und sozialen Elite zu versprechen scheint. Nur punktuell schießt auch hier wieder ein Gedanke ein, der auf die Ängste vor der nicht beherrschten oder nicht beherrschbaren Ehefrau verweist: die so lobend an der Jungfrau hervorgehobene Schamhaftigkeit, die der allezeit in der Frau lauernden *boberey* Grenzen setzen soll.

Auf ähnliche Weise stilisiert sich Wilwolt von Schaumburg »im kalkulierten Rückbezug auf die Vorbilder des höfischen Romans« zum Inbegriff ritterlicher Tugend – wohl eine literarische Reaktion auf die »Verhaltensunsicherheit« des niederen Adels in Franken.[76] Doch mag es Absicht oder Versehen sein, das höfische Ideal gerät in der Autobiographie zur Kontrafaktur eben dieses Ideals –

jedenfalls bei dem Versuch, sich in der Situation des Liebenden zu zeigen. Als Minneritter klettert Wilwolt über einen Burggraben, Felsen und Mauern hoch in die Kemenate der Angebeteten, die ihm auch eifrig dabei hilft. Doch Unglück naht:

als die lieb alweg mit bitterlicher sorg, engsten und arbaiten, die freud, so davon entspringen, mit trauen gemengt sein will, begab sich uf ein zeit, das sie etwo lang nit bei einander gewest waren, und als, wie vormals oft geschehen, er zu ir kam, hetten sie von beden tailen solche große freüd, das sie des steigzeugs in dem venster hanget vergassen; aber do der nit beschwert, weht in der wint hin und her, gienc der hacken aus und viel der zeug über den felsen ab und also ins wasser, solches si baid ubermaßen hart erschracken.[77]

Trotzdem amüsieren sich die Liebenden miteinander, sie versteckt ihn in ihrem Zimmer und füttert ihn mit Konfekt und Wein. Das einzige Problem scheint zu sein, daß

kain heimblich gemach vorhanden; so dorft er den stuelgang nit zu dem venster auswerfen, den es wer gesehen und vermeldet worden; darumb wen er, als natürlich, des stuelgangs nit geraten, brach er zieglstain aus der mauer, schob den hinein, sties den stain wider für, must sich also behelfen.[78]

Die Liebesidylle im Turmzimmer muß dann aber doch ein Ende finden, so daß er sich wieder abseilt, dabei allerdings in einen Misthaufen stürzt usw.

So gerne man sich den historischen Wilwolt vorstellen mag, wie er realiter auf den Mist fällt, es scheint sich auch hier doch eher um die Parodie von Literatur[79] zu handeln als um die authentische Schilderung des eigenen Erlebens.

Die zitierten Beispiele von Bartholomäus Sastrow, Felix Platter und Hans von Schweinichen, Johann von Soest und Wilwolt von Schaumburg zeigen mehr als die anderen untersuchten Autobiographien eine Darstellung des ehelichen Lebens und der Liebe, die als räsonnierender Diskurs über die Möglichkeiten und Funktionen dieser Institutionen gelesen werden kann. Auffällig angesichts des gesamten Korpus bleibt, daß der genauere Blick immer mit Erzählformen verbunden ist, die nicht in die Gruppe der »nicht kunstbewußten Prosa«[80] gehören, sondern als Muster fiktionalen Erzählens zu identifizieren sind. Der höfisch-galante Roman oder seine Parodie, Schwank oder Picaroroman scheinen noch am ehesten die Möglichkeit zu eröffnen, Emotionen und Ängste, Sehnsüchte und Phantasien zu artikulieren. Das mag seinen Grund darin haben, daß die autobiographische Rede – zumindest in ihrem Neuansatz im späten Mittelalter, der ja offenkundig nicht an das gattungsprägende Muster von Augustins 'Confessiones' anknüpft – noch keine spezifischen Formen ausgebildet hat, individuelle Identität zu reflektieren und dabei »Selbstsuche nach innen« zu betreiben.[81] Solche Redeformen bietet eher die fiktionale Literatur mit ihrer

Bildlichkeit und ihrer Verdichtung als Medium zur Verarbeitung widersprüchlichen Erlebens an.[82] Die literarischen Strukturen und Topoi artikulieren in ihrer historischen Gewordenheit schon per se Partikel kollektiver Mentalität und die darin enthaltenen Ordnungs- und Interpretationsschemata; das jeweils sprechende Individuum läßt sich bei ihrer Verwendung jedoch nur soweit erkennen, wie es an dieser kollektiven Mentalität teilhat.

7. Der Überblick über 16 Autobiographien und damit der Blick auf 16 Autobiographen der frühen Neuzeit zeigt so ein durchaus breites Spektrum in bezug auf die Art der Auseinandersetzung mit Liebe und Ehe, das von der Präsentation des Themas in etablierten literarischen Formen über die Funktionalisierung des Ehelebens zur Darstellung einer Aufsteigerbiographie bis zu seinem völligen Verschweigen reicht. Gerade in Rekurs auf die literarischen Darstellungsmuster wird dabei noch am deutlichsten die Eigengewichtigkeit eines familiären Sektors postuliert – ein Zeichen für die Tendenz der modernen Gesellschaft, die soziale Gesamtstruktur in institutionelle Bereiche auszudifferenzieren. »Während in der archaischen Gesellschaft ökonomische, politische, religiöse und verwandtschaftliche Funktionen bloß Aspekte mehr oder minder einheitlicher Handlungsabläufe sind, bilden in der modernen Gesellschaft Wirtschaft, Herrschaft, Religion und Familie Handlungsstrukturen, die als solche besondere Institutionen darstellen. Sie sind institutionell spezialisiert. Diese Teilsysteme der Sozialstruktur sind zwar voneinander nicht völlig unabhängig, folgen aber doch im wesentlichen eigenen Normen. Das bedeutet, daß die Handlungsnormen der einzelnen Institutionsbereiche nicht direkt auf die anderen Teilsysteme übertragbar sind.«[83]

In den entsprechenden Autobiographien läßt sich dieser Ausdifferenzierungsprozeß des Teilsystems 'Familie' ebenso ablesen wie an der zeitgenössischen Belletristik – dem Roman, den Schwänken, den Dramen unterschiedlichster Art –, in der die Umstrukturierung der Ehe und die Neudefinition der Rollen der Ehepartner, die Umwertung der Sexualität und die Herausbildung von 'Liebe' als besonderes »symbolisches Kommunikationsmedium«[84] thematisch sind. Daß solche Reflexionen in der »nicht kunstbewußten Prosa« nur als Einschüsse existieren, verweist darauf, daß der Prozeß der Ausdifferenzierung noch bei weitem nicht abgeschlossen und daß das Medium der Autobiographie an der Herausbildung entsprechender Codes nur peripher beteiligt ist.

Hier bietet sich ein kritischer Bezug auf Lugowskis Unterscheidung von drei »Bewußtseinsstufen« an: »1. Leben in der Wirklichkeit; 2. Historiographische Sichtung dieses Lebens und seiner Welt (Chronik, Biographie usw.); 3. Freie Schöpfung einer eigenständigen sinndurchwalteten Welt (Dichtung).«[85]

In der Welt des Chronisten erscheine »alles was sich ihm als *geschehen* legitimieren kann«; in der gemachten Welt des Romanerzählers hat nur das einen

Platz, »was einen *Sinn* in ihr hat.« So richtig wie diese Differenzierung prinzipiell sein mag: Vieles von dem »Geschehen« des wirklichen Lebens findet eben trotz seiner Legitimation durch seine Faktizität keinen Platz in der chronikalischen Aufzeichnung, weil es für das Subjekt noch nicht in den Bereich des gesondert »Wißbaren und Gewußten« getreten ist. Darüberhinaus zeigen die untersuchten Texte auch je neue Verschmelzungen von »Geschehenem« und »freier Schöpfung«, wobei letztere durchaus zur Legitimation und Deutung des Geschehenen beitragen kann.
Daß die Entfaltung der sozialen Teilsysteme und damit die Herausbildung eines gesonderten Liebes- und Ehediskurses nicht als geschlossene und gleichzeitige Entwicklung in allen Bereichen des gesellschaftlichen Denkens und Handelns vorzustellen ist, sondern vielmehr – wie alle vergleichbaren Prozesse – von extremer Ungleichzeitigkeit geprägt ist, dokumentieren die anderen Texte, die die Ehe nicht oder nur funktionalisiert für eine noch nicht in Teilbereiche ausdifferenzierte Identität zum Gegenstand des Erinnerns machen. Wenn in der individuellen Selektion aus der Totalität des gelebten Lebens die Möglichkeit zur besonderen Artikulation dieses Lebensbereichs nur in geringen Maße vorhanden ist, kann dies nicht nur auf die noch nicht stattgehabte Entwicklung der Gattung 'Autobiographie' zurückgeführt werden, sondern muß auch als Zeichen für die insgesamt geringe Entwicklung auf diesem Sektor verstanden werden. Die heftige Diskussion über Liebe und Ehe in der fiktionalen und in der pragmatischen Literatur liest sich vor diesem Hintergrund weniger als Beschreibung von Realität denn vielmehr als konzeptioneller Entwurf einer künftigen Praxis.

Anmerkungen

1 Lugowski 1976, S. 142
2 Brosthaus 1972
3 Zur Autobiographie immer noch grundlegend: Misch 1949ff; sowie weiter Neumann 1970; Müller 1975; Wenzel 1980, Bd. 1 und 2 (vor allem die Vorworte zu den beiden Bänden)
4 Wenzel 1980, Bd. 1, S. 9
5 Dabei ist nicht immer davon auszugehen, daß der überlieferte Text vollständig ist: In seiner Ausgabe von Sastrows monströser Autobiographie verweist Mohnike (Bd. I, S. XCff.) auf einen vierten Band, den Sastrow zwar geschrieben habe, der aber wohl wegen seiner Anstößigkeit für die Stralsunder Oberschicht vernichtet worden sei.
6 Vgl. Misch, Bd. IV, S. 585

[7] Erst nach Abschluß des Manuskripts konnte ich die autobiographischen Aufzeichnungen des Kölner Bürgers Hermann von Weinsberg (1518 – 1597) einsehen. Mit der Auswahl aus dem schriftlichen Nachlaß dieses ebenso akribischen wie manischen Schreibers, der ca. 7.000 Folioseiten aufs engste gefüllt hat, taten sich die Editoren schwer: Noch Höhlbaum, der die ersten beiden Bände herausgibt, verwirft den Teil der Aufzeichnungen als uninteressant, wegen langweiliger Wiederholungen immer derselben Konflikte, in dem das alltägliche Eheleben beschrieben wird. Lau, der Herausgeber von Bd. III und IV, äußert angesichts dieses Editionsprinzips schon Unbehagen, aber erst Stein bringt in einem V., dem Nachtragsband, »kulturhistorische Ergänzungen« und damit einige dieser Abschnitte. Hier bieten sich interessante Einblicke in Eifersucht und Streit zwischen den Eheleuten. Ich werde an anderer Stelle darauf zurückkommen.

[8] Beispiele für solche Intimitäten ließen sich anführen; problematischer ist der Gebrauch der Kategorie für diese Zeit. Es bleibt zu bedenken, daß die »Grenzlinie zwischen Privatheit und Öffentlichkeit« sich im Laufe der Geschichte verschiebt (Wenzel 1980, Bd. 1, S. 14; vgl. auch Habermas 1971). Insofern wären die 'privaten' Momente bei den zitierten Autoren zu definieren als die erzählten Details, die keiner Logik von öffentlich gelebter und dargestellter Standesrolle zuzurechnen sind.

[9] Schiewek 1967

[10] Wenzel 1980, Bd. 1, S. 7

[11] Wenzel 1980, Bd. 2, S. 7

[12] Ulman Stromer, S. 65

[13] Michel von Ehenheim, S. 131f.; ähnlich, bloß weitaus exzessiver in der Anzahl der Geburten und Todesfälle Burkhard Zink.

[14] Misch, Bd. IV, S. 311

[15] Schiewek 1967, S. 223

[16] Was zu der These von Rein 1919 paßt, der die Genese der spätmittelalterlichen Autobiographie in gelegentlichen Eintragungen in bürgerliche Geschäfts- und Rechnungsbücher sieht, woraus sich erst später eine Zentrierung auf die eigene Biographie entwickelt habe.

[17] Lugowski 1976, S. 153. Wenn Lugowski allerdings weiter argumentiert, daß der Umstand, »daß man seiner eigenen Ehefrau wenig oder gar nicht gedenkt« (S. 153f.), Zeichen dafür sei, daß der Autor noch nicht im »Ich« zentriert sei, wird seine präzise Beobachtung überformt von einer normativen Vorstellung des »Ich«, das immer schon eine Ehefrau und damit ein spezifisch ausgeprägtes »Ich-Du«-Verhältnis haben müsse.

[18] Hahn 1987, S. 10

[19] Hahn 1987, S. 11

[20] Die Differenzierung 'Lebenslauf' (als Summe des faktischen Lebens und mit einer unendlichen Zahl von Elementen) und 'Biographie' (als selektive Vergegenwärtigung einzelner Elemente) nach Hahn 1987.

[21] Lugowski 1976, S. 152

[22] van Dülmen 1981 sowie 1982, S. 193ff.

[23] Hahn 1987, S. 10

[24] Wenzel 1980, Bd. 2, S. 44

[25] Zu Zinks Darstellung seiner Ehen und der darin enthaltenen »exemplarischen Möglichkeiten von Frauenleben« vgl. Wunder 1986.
[26] Burkhard Zink, S. 128
[27] Burkhard Zink, S. 128f.
[28] Wunder 1986, S. 13
[29] Wenzel 1980, Bd. 2, S. 47
[30] Vgl. auch Wunder 1986, S. 2
[31] Burkhard Zink, S. 137
[32] Burkhard Zink, S. 137f.
[33] Wunder 1986, S. 3
[34] Burkhard Zink, S. 138
[35] Anläßlich seiner vierten Ehe finden sich leichte Klagen über die nicht ganz so gehorsame, deutlich jüngere Ehefrau, die »zornig« und »trätzlich« sei.
[36] Burkhard Zink, S. 139
[37] Zur gänzlichen Dominanz der Geldbeziehungen bei Zink über alle persönlichen Motivationen vgl. Bachorski 1983, S. 234ff.
[38] Burkhard Zink, S. 140
[39] Während die Tochter aus dieser Verbindung gleich nach der Geburt gestorben war, sorgt Zink bis zum Abschluß der Ausbildung für seinen unehelichen Sohn.
[40] Burkhard Zink, S. 140
[41] Zum Aufstieg Zinks vgl. Maschke 1965
[42] Thomas Platter, S. 86
[43] Thomas Platter, S. 96
[44] Felix Platter, S. 312ff; zur Annäherung zwischen den von den Eltern für einander bestimmten Brautleuten vgl. ebda, S. 297ff.
[45] Lugowski 1976, S. 154
[46] Lugowski 1976, S. 154
[47] van Dülmen 1982, S. 200
[48] Muschg 1944, S. 13
[49] Gumbrecht 1981, S. 242
[50] Gumbrecht 1981, S. 247
[51] Die Kategorie nach Bachtin 1986; vgl. a. Röcke 1984
[52] Lugowski 1976, S. 173
[53] Lugowski 1976, S. 175
[54] Vgl. von der Lühe 1981
[55] Vgl. den Aufsatz von Erika Kartschoke in diesem Band
[56] Zur Familie Ringoltingen vgl. Müller 1977
[57] Wenzel 1980, Bd. 1, S. 94
[58] Ludwig von Diesbach scheint erst durch den Tod seiner Frau zur Anfertigung seiner Autobiographie bewegt worden zu sein, so daß diese Schilderungen nicht aus der Unmittelbarkeit des Tagebucheintrags entstanden sind, sondern erst aus der Rückschau; »Verdüsterung späterer Tage mag in seine Klagen eingefärbt sein«. (Greyerz 1940, S. 200 u. 204)
[59] Auch bei Hans von Schweinichen findet sich eine ausführliche Beschreibung (S. 518–523) des Todes seiner Frau – mehr, als je über das Eheleben von ihm zu

erfahren war. Aus der Perspektive des Tagebuchs beschreibt er seine »ganz hochbetrübte marterwoche« (S. 522). Die Reden, die er von der Sterbenden überliefert, zielen dann auch ganz auf den Verlust, den er nun erleidet: »Ich kann euch nunmehr nicht helfen Haus halten« (S. 520); »nun wird die größte Sorge bei euch angehen, wenn ihr mich werdet verlieren« (S. 520); schließlich: sie »bäte mich zum höchsten, ich wollte mich vor Unzucht hüten, damit ich nicht Gott im Himmel erzürnte, sondern ich sollte mich wieder in Ehestande begeben und mich nach einer Frauen umsehen und zu ehrlichen Leuten halten, auch nicht bald zuplatzen, sonder mich zuvor wohl bedenken; denn es wäre bald genommen, aber langsam davon zu kommen, und ich sollte das Meine auch zusammen halten, denn es schwer zu erwerben wäre« (S. 521). Die Darstellung ist – und so bestätigt sich die Interpretation der entsprechenden Äußerungen bei Zink, Platter, Ludwig von Diesbach – ganz auf die Selbstdefinition des Ich bezogen, das hier nur einen Statuswechsel erfährt: Schweinichen wird zum Witwer, Erbstreitigkeiten beginnen, drei Monate später verlobt er sich, ein halbes Jahr später ist er wieder verheiratet. Die ausführliche Beschreibung des Sterbens und der Trauer erscheinen so als stereotype Artikulationen (Lugowski 1976, S. 154) von Wendepunkten in der eigenen Biographie.

60 Ludwig von Diesbach, S. 198f.

61 Wenzel 1980, Bd. 1, S. 94

62 Ludwig von Diesbach, S. 199f.

63 Greyerz 1940, S. 207f.

64 Wenzel 1980, Bd. 1, S. 94

65 Ludwig von Diesbach, S. 200ff.

66 Wenzel 1980, Bd. 1, S. 7

67 Bartholomäus Sastrow, Bd. 3, S. 8ff.

68 Es scheint sich um einen volkstümlichen Brauch zu handeln, der das Ritual des Aufgebots in scherzhafter Form durchspielt.

69 Bartholomäus Sastrow, Bd. 3, S. 10

70 Vgl. Bolte 1896, S. 233f.

71 Felix Platter, S. 331

72 Hans von Schweinichen, S. 60; die im Text wiederholt gebrauchte Abkürzung »IFG« meint »Ihro Fürstliche Gnaden«.

73 Hans von Schweinichen, S. 61f.

74 Die Herzoge von Liegnitz (vor allem Heinrich XI.), denen Schweinichen dient, werden aus der Perspektive ihres Hofmeisters dargestellt als trotz akuter Geldknappheit auf großem Fuß lebende Adlige. Die Reisen seines Herzogs gestalteten sich als einzige Betteltournee, auf denen schon mal der gesamte Hofstaat von geprellten Wirten sistiert wird, um die Zahlung der Zeche zu erzwingen. »Die subjektive Perspektive läßt den prätendierten Glanz fürstlicher Hofhaltung völlig zurücktreten und (...) den Fürsten selbst in seiner intimen Roheit und Rücksichtslosigkeit erfahren. So wirkt der Hof in Liegnitz nicht mehr wie ein Zentrum nach dem idealen Muster höfischer Epik, sondern eher als großbäuerliche Klitsche mit all den Belastungen einer grundsätzlichen Mangelsituation, episodischer Verschwendung, höfischer Ranküne und verbreiteter Borniertheit.« (Wenzel 1980, Bd. 1, S. 123ff.)

75 Johannes von Soest, S. 123ff.

[76] Wenzel 1980, Bd. A, S. 55 spricht von Stilisierung Wilwolts; vgl. dagegen aber Wenzel 1980 A, S. 299, wo davon die Rede ist, daß Wilwolt »Don Quichoterien« produziere.
[77] Wilwolt von Schaumburg, S. 62
[78] Wilwolt von Schaumburg, S. 62
[79] Diese Stelle parodiert natürlich nicht nur die Idealität der höfischen Literatur und den dort immer wieder beschriebenen Minnedienst, auch ein Vergleich mit der literarischen Selbstinszenierung im 'Frauendienst' Ulrichs von Liechtenstein (vor allem Str. 1185ff.) drängt sich auf.
[80] Lugowski 1976
[81] Zu Augustinus und dem Charakter seiner autobiographischen Aufzeichnungen vgl. die Beiträge in Marquard/Stierle 1979
[82] Haug 1979, S. 196
[83] Luckmann 1979, S. 305
[84] Luhmann 1982, S. 21ff. et passim, der den Prozeß allerdings deutlich später ansetzt.
[85] Lugowski 1976, S. 166f.

Quellen

Ulman Stromers 'Puechel von meim geslechet und abentewr' 1349 – 1407. Hrsg. von K. Hegel. In: Chroniken der deutschen Städte Bd. I. Leipzig 1862 (2. Auflage Stuttgart 1961)

Chronik des Burkhard Zink 1368 – 1468. Buch III. In: Chroniken der deutschen Städte Bd. V. Leipzig 1866 (2. Auflage Göttingen 1965)

Georg von Ehingen: Reisen nach der Ritterschaft. Hrsg. von Gabriele Ehrmann. Göppingen 1979 (GAG 262)

Die Geschichten und Taten Wilwolts von Schaumburg. Hrsg. von Adelbert von Keller. Stuttgart 1859 (BLV 50)

Gedichte von Johann Grumelkut, genannt Steinwert, auch Johann von Soest genannt, eines Hofsängers und Arztes des fünfzehnten Jahrhunderts. Mitgeteilt von W.A. Pott. In: Jahrbuch des Vereins für Orts- und Heimatkunde in der Grafschaft Mark, 17 (1902/03) Witten an der Ruhr 1904

Ludwigs von Diesbach, Herrn zu Landshut und Diesbach, Chronik und Selbstbiographie. Bern 1830. (Der schweizerische Geschichtsforscher Bd. 8, H. 1)

Die Selbstbiographie Christophs von Thein (1453 – 1516) Hrsg. von A. Wolf. In: Archiv für Österreichische Geschichte 53 (1875), S. 103ff.

Die Familienchronik des Ritter Michel von Ehenheim. Hrsg. von Christian Meyer. In: Zeitschrift für deutsche Kulturgeschichte, N.F. 1 (1891), S. 69ff.

Johann Kamann (Hrsg.): Der Nürnberger Patrizier Christoph Fürer der Ältere und seine Denkwürdigkeiten 1479 – 1537. In: Mitteilungen des Vereins für die Geschichte der Stadt Nürnberg 28 (1928), S. 209ff.

Lebensbeschreibung des Ritters Götz von Berlichingen. Ins Neuhochdeutsche übertragen von Karl Müller. Stuttgart 1967 (RUB 1556)

Tagebuch des Lucas Rem aus den Jahren 1494 – 1541. Ein Beitrag zur Handelsgeschichte der Stadt Augsburg. Hrsg. von B. Greiff. Augsburg 1861.

Leben und Taten des weiland wohledlen Ritters Sebastian Schertlin von Burtenbach. Durch ihn selbst deutsch beschrieben. Hrsg. von Engelbert Hegaur. München o.J. (1910)

Thomas Platter. Lebensbeschreibung. Mit einem Vorwort von Walter Muschg. Hrsg. von Walter Hartmann. Basel 1944

(Hermann von Weinsberg:) Das Buch Weinsberg. Kölner Denkwürdigkeiten aus dem 16. Jahrhundert. Bd. 1 und 2 hrsg. von Konstantin Höhlbaum. Leipzig 1886/1887; Bd. 3 und 4 hrsg. von Friedrich Lau. Bonn 1897/1898; Bd. 5 hrsg. von Josef Stein. Bonn 1926 (Publikationen der Gesellschaft für Rheinische Geschichtskunde III, IV, XVI)

Bartholomäi Sastrowen Herkommen, Geburt und Lauff seines gantzen Lebens, auch was sich in dem Denkwürdiges zugetragen, so er mehrenteils selbst gesehen und gegenwärtig mit angehöret hat, von Ihm selbst beschriben. Hrsg. und erläutert von Gottlieb Christian Friedrich Mohnike. 3 Teile. Greifswald 1823/1824

Felix Platter. Tagebuch (Lebensbeschreibung) 1536 – 1567. Hrsg. von Valentin Lötscher. Basel/Stuttgart 1976

Denkwürdigkeiten von Hans von Schweinichen. Hrsg. von Hermann Oesterley. Breslau 1878

Sekundärliteratur

Hans-Jürgen Bachorski: Geld und soziale Identität im 'Fortunatus'. Studien zur literarischen Bewältigung frühbürgerlicher Widersprüche. Göppingen 1983 (GAG 376)

Michail M. Bachtin: Formen der Zeit und des Chronotopos im Roman. Untersuchungen zur historischen Poetik. In: M.B.: Untersuchungen zur Poetik und Theorie des Romans. Hrsg. von Edward Kowalski und Michael Wegner. Berlin und Weimar 1986, S. 262ff.

Johannes Bolte (Hrsg.): Jakob Freys Gartengesellschaft (1556). Tübingen 1896 (BLV CCIX)

Ursula Brosthaus: Bürgerleben im 16. Jahrhundert. Die Autobiographie des Stralsunder Bürgermeisters Bartholomäus Sastrow als kulturgeschichtliche Quelle. Köln 1972 (Forschungen zur Kirchen- und Kulturgeschichte Ostdeutschlands 11)

Richard van Dülmen: Formierung der europäischen Gesellschaft in der Frühen Neuzeit. In: GG 7 (1981), S. 5ff.

Richard van Dülmen: Entstehung des frühneuzeitlichen Europa. 1550 – 1648. Frankfurt 1982 (Fischer Weltgeschichte 24)

Hans von Greyerz: Studien zur Kulturgeschichte der Stadt Bern am Ende des Mittelalters. In: Archiv des historischen Vereins des Kantons Bern XXXV (1940), S. 177ff.

Hans-Ulrich Gumbrecht: Lebensläufe, Literatur, Alltagswelten. In: Joachim Matthes u.a. (Hrsgg.): Biographie in handlungswissenschaftlicher Perspektive. Nürnberg 1981, S. 231ff.

Jürgen Habermas: Strukturwandel der Öffentlichkeit. Untersuchungen zu einer Kategorie der bürgerlichen Gesellschaft. Darmstadt/Neuwied [5]1971 (SL 25)
Alois Hahn: Identität und Selbstthematisierung. In: A.H./Volker Kapp (Hrsgg.): Selbstthematisierung und Selbstzeugnis: Bekenntnis und Geständnis. Frankfurt 1987 (stw 643), S. 9ff.
Wolfgang Fritz Haug: Umrisse zu einer Theorie des Ideologischen. In: Projekt Ideologie-Theorie (Hrsg.): Theorien über Ideologie. Berlin/West 1980 (AS 40), S. 178ff.
Thomas Luckmann: Persönliche Identität, soziale Rolle und Rollendistanz. In: Odo Marquard/Karlheinz Stierle (Hrsgg.): Identität. München 1979 (PuH VIII), S. 293ff.
Irmela von der Lühe: Jörg Wickrams 'Von guten und bösen Nachbarn'. In: Winfried Frey u.a. (Hrsgg.): Einführung in die deutsche Literatur des 12. bis 16. Jahrhunderts. Bd. 3: Bürgertum und Fürstenstaat. Opladen 1981, S. 190ff.
Clemens Lugowski: Die Form der Individualität im Roman. Frankfurt 1976
Niklas Luhmann: Liebe als Passion. Zur Codierung von Intimität. Frankfurt 1982
Odo Marquard / Karlheinz Stierle (Hrsgg.): Identität. München 1979 (PuH VIII)
Erich Maschke: Der wirtschaftliche Aufstieg des Burkhard Zink in Augsburg. In: FS Aubin. Hrsg. von Otto Brunner u.a. Wiesbaden 1965, S. 235ff.
Georg Misch: Geschichte der Autobiographie. 4 Bde. Frankfurt/Main [3]1949ff.
Jan-Dirk Müller: Melusine in Bern. In: Literatur – Publikum – historischer Kontext. Hrsg. von Gert Kaiser. Bern u.a. 1977 (Beiträge zur Älteren Deutschen Literaturgeschichte 1), S. 29ff.
Ulrich Müller: Thesen zu einer Geschichte der Autobiographie im deutschen Mittelalter. In: Jahrbuch für Internationale Germanistik. A 2,2 (Akten des V. Internationalen Germanisten-Kongresses, Cambridge 1975)
Bernd Neumann: Identität und Rollenzwang. Zur Theorie der Autobiographie. Frankfurt 1970
Adolf Rein: Über die Entwicklung der Selbstbiographie im ausgehenden Mittelalter. In: Archiv für Kulturgeschichte XIV (1919), S. 193ff.
Werner Röcke: Höfische und unhöfische Minne- und Abenteuerromane. In: Volker Mertens/Ulrich Müller (Hrsgg.): Epische Stoffe des Mittelalters. Stuttgart 1984, S. 395ff.
Ingrid Schiewek: Zur Manifestation des Individuellen in der frühen deutschen Selbstdarstellung. In: WB 1967, S. 885ff
Horst Wenzel: Die Autobiographie des späten Mittelalters und der frühen Neuzeit. Bd. 1: Die Selbstdeutung des Adels; Bd. 2: Die Selbstdeutung des Stadtbürgertums. München 1980 (Spätmittelalterliche Texte 3, 4)
Horst Wenzel: Höfische Geschichte. Literarische Tradition und Gegenwartsdeutung in den volkssprachigen Chroniken des hohen und späten Mittelalters. Bern u.a. 1980 (Europäische Hochschulschriften R. I, 284) (zit. Wenzel 1980 A)
Heide Wunder: Frauen in der Gesellschaft des späten Mittelalters: Emanzipation und Domestizierung. Unveröffentlichtes Manuskript 1986

Kyra Heidemann

»Zu leyden in dem stand der eh ...« Die Griseldis-Novelle als Ehelehre

1. Einleitung

Wohl keine der hundert Novellen des *Decameron* hat sich je einer solchen Beliebtheit erfreut wie die Geschichte der geduldigen Bauerntochter Griseldis. Zwischen dem 14. und 20. Jahrhundert ist dieser Stoff in ganz Europa immer wieder aufgenommen und bearbeitet worden, er bildet die Vorlage für geistliche Exempla, Dramen, Volksbücher und Opern.[1] Dabei wurde die Novelle jeweils unter verschiedenen Gesichtspunkten verarbeitet: Sie diente ebenso zur Exemplifizierung des Verhältnisses von Gott und Mensch[2] wie zur Darstellung einer ekstatischen und grenzenlosen Liebe.[3]

Diese Form der Rezeption verdeutlicht in besonders anschaulicher Weise die Eigenschaft des literarischen Textes, durch die ihm inhärente Unbestimmtheit dem Leser ein immer neues Verständnis seines Sinnes zu ermöglichen.[4] Die Leerstellen[5], die ein literarischer Text infolge seiner Vielschichtigkeit aufweist, werden vom Leser auf dem Hintergrund seiner eigenen Erfahrungen aufgefüllt, und dabei gewähren sie ihm »(...) einen Anteil am Mitvollzug und an der Sinnkonstitution des Geschehens«.[6] Begrenzt wird die subjektive Willkür des Textverständnisses dabei durch die dem Text jeweils eigene Werkobjektivität[7], so daß sich Rezeption als Wechselwirkung von Subjekt und Objekt, als inverse Arbeit[8] darstellt, bei der »(...) der Rezipient als Objekt des von der Rezeptionsvorgabe gestifteten Wirkungszusammenhangs auftritt und zugleich, indem er die im Werk liegenden Bedeutungspotentiale realisiert, als Subjekt tätig wird.«[9]

Die Rezeption eines Stoffes in immer neuen Bearbeitungen stellt dabei einen Sonderfall dar, der als 'produzierende Rezeption' bezeichnet werden kann.[10] Hier bleibt der Umgang mit dem Text nicht bei der inversen Arbeit stehen, sondern führt zur Produktion neuer Texte, die wiederum ihrerseits Gegenstand der Aneignung werden können.

Das jeweils unterschiedliche Verständnis des gegebenen Stoffes ist dabei bedingt durch die spezifischen gesellschaftlichen und literarischen Erfahrungen der Rezipienten, durch einen jeweils veränderten Kommunikationszusammenhang. Hat ein Text keinen Bezug mehr zu den Erfahrungen der Leser, stehen »(...) überliefertes Werk und zeitgenössische Wirklichkeit in keinem fruchtbaren Bedeutungszusammenhang mehr«[11], so ist keine primäre, d.h. nichtwissenschaftliche Rezeption mehr möglich.

Was hier über literarische Rezeption gesagt wurde, gilt *mutatis mutandis* auch für den literaturwissenschaftlichen Umgang mit einem Text, gerade dann, wenn er – wie die Griseldis-Novelle – ein besonders hohes Maß an Unbestimmtheit besitzt:

> Critical interpretations are product of their times, and Boccaccio criticism faithfully reflects the changing intellectual fashions.[12]

Die Interpretationen der Griseldis-Novelle sind so unterschiedlich wie ihre Bearbeitungen: So wird Griseldis im christlichen Sinn als Typus der Maria[13] oder als *figura Christi*[14] aufgefaßt, daneben aber auch psychoanalytisch als *ideal masochist*[15] verstanden, um nur einige der Positionen zu benennen.[16]

Hier geht es nun weniger darum, diese Vielfalt durch eine weitere Deutung der Erzählung zu bereichern, als vielmehr um die Untersuchung ihrer Rezeption unter einem bestimmten Gesichtspunkt: Bis ins 17. Jahrhundert wurde sie auch und vor allem im Zusammenhang mit Ehedidaxe rezipiert, wozu wesentlich die Bearbeitung durch Petrarca beigetragen hatte. Obwohl diese Fassung des Stoffes damit den Ausgangspunkt für eine Behandlung der didaktisch bestimmten Rezeption bildet, soll hier auch die Novelle Boccaccios im Hinblick auf Ehe und Ehefeindlichkeit kurz untersucht werden, da nur so die Spezifik der Umdeutungen Petrarcas und die Gründe für die Schwierigkeiten der didaktischen Ausrichtung des Stoffes deutlich werden.[17]

Anhand dreier Beispiele soll die an Petrarca anschließende Rezeption des Stoffes in Deutschland vor dem Hintergrund eines gewandelten Eheverständnisses umrissen werden. Ein kurzer Ausblick über das 16. Jahrhundert hinaus wird die Ablösung der Griseldis-Figur von ehedidaktischen Konzeptionen sowie die Grenzen der Stoffrezeption andeuten.

2. Boccaccios Griselda-Novelle (X,10)

Die Vielfalt der Novellen des *Decameron*, die Mannigfaltigkeit der darin dargestellten Welt lassen dieses Werk als »possibly the most enigmatic text in continental medieval fiction« erscheinen[18], und von jeher war die Forschung vor das Problem gestellt, seine innere Einheit zu finden, ein Sinnprinzip, das die hundert verschiedenen Novellen zusammenhält.[19]

Wenn auch die Vorstellung einer Gesamtkonzeption des *Decameron*, in die sich jede Novelle völlig widerspruchsfrei und eindeutig bestimmt einordnen ließe, problematisch bleibt, so gibt es doch übergreifende Themen, die in der Vielfalt eine Einheit erkennen lassen.

Ein im *Decameron* zentral behandeltes Thema berührt die verschiedenartigen Möglichkeiten, Eigeninteresse und Triebwünsche des Individuums mit herrschenden Normen zu vermitteln.[20] Entfaltet wird dies vornehmlich am Verhältnis von Mann und Frau, also dort, wo Trieb und Norm unmittelbar aufeinanderstoßen. Die Natur, der Trieb sind dabei der Maßstab für die Angemessenheit der jeweiligen Norm, die ihrerseits jedoch ebenfalls Gültigkeit beanspruchen kann.[21]

An den Novellen, die die direkte Auseinandersetzung von Mann und Frau beschreiben, wird deutlich, daß die Frau, gemessen an ihrem männlichen Gegenüber, meist die Stärkere ist. Vor allem was List und Klugheit anbetrifft, sind die Frauen den Männern überlegen (vgl. z.B. IV, 10; III, 3; VII, 1-9). Doch auch wenn sie über weniger große Geistesgaben verfügen, stellen sie durch ihre hohe sexuelle Leistungsfähigkeit und Selbständigkeit auf erotischem Gebiet für die Männer eine potentielle und oft auch von diesen direkt empfundene Bedrohung dar (vgl. z.B. II,7; III,1; III,10).

Ohne die misogynen Züge des *Decameron* (vgl. z.B. VIII,7; IX,9) und seine patriarchale Grundeinstellung, die besonders in der Rahmenerzählung und in der Einleitung deutlich wird, verleugnen zu wollen[22], ist doch unverkennbar, daß die meisten Frauengestalten in den Novellen mit Fähigkeiten ausgestattet sind, die es ihnen erlauben, ihre Bedürfnisse gegen herrschende Normen durchzusetzen (vgl. bes. dazu VI,7).[23]

Diese Darstellung des Geschlechterverhältnisses ist jedoch weniger auf die besondere Wertschätzung der Frau bei Boccaccio zurückzuführen[24], als vielmehr darauf, daß die Zuspitzung des Themas der Vermittlung von Trieb und Norm auf eben dieses Verhältnis die Kollision beider Bereiche und ihrer Ansprüche besonders deutlich hervortreten läßt, da die Frau einerseits als stark triebverhaftet gilt[25], andererseits jedoch auch den stärkeren Reglementierungen unterworfen ist.[26]

In diesem Zusammenhang kommt dem X. Tag des *Decameron* ein besonderer Stellenwert zu, da er mit der Großmut ein Thema behandelt, das nicht die Durchsetzung, sondern gerade die Überwindung der eigenen Interessen impliziert. Die Protagonisten der letzten Novellen befreien sich von ihrer Fixierung auf die eigenen Bedürfnisse, verzichten auf persönliche Genugtuung (IX,1,2,9), auf das Objekt ihrer Begierde (IX,4,5,6,7), ja sogar auf das eigene Leben (IX,3,8). Die Griseldis-Novelle steht dabei provokant an letzter Stelle, verweist damit einerseits auf eine ironische Relativierung des X. Tages und stellt andererseits einen Bezug zum gesamten Werk her: Die letzte Novelle thematisiert einerseits mit Gualteris Verhalten eine Eigenschaft, die dem Thema des X. Tages unmittelbar entgegengesetzt ist: den Egoismus, und sie verhandelt zum anderen die Auseinandersetzung zwischen Mann und Frau im Widerspruch zur oben skizzierten Tendenz der übrigen Novellen, die Frau als die

Überlegene darzustellen. Griseldis erscheint als die Gegenfigur zu den zahlreichen lüstern-listigen Frauen des *Decameron*, und Gualteri rehabilitiert auf seine recht fragwürdige Weise deren dumme, tölpelhafte, eifersüchtige und betrogene Ehemänner.

Doch ist auch hier gleich einem Mißverständnis vorzubeugen: Ebensowenig wie Boccaccio die Rechte der Frauen vertritt, will seine letzte Novelle »mit der patriarchalischen Realität versöhnen«.[27] Dafür sorgt nicht zuletzt schon die Figur des Erzählers:

Dioneo ist schon durch die sorgfältige Charakterzeichnung, die Boccaccio seiner Person zukommen läßt, aus der kleinen Gesellschaft der Erzähler herausgehoben. Fähigkeit zur Ironie und Freude an erotischen, ja obszönen Themen sind seine auffälligsten Eigenschaften.[28] Er hat als einziger der Gruppe das Recht, sein Thema unabhängig von den Forderungen des jeweiligen Tages zu wählen, und er nutzt dieses Vorrecht insbesondere dazu, die Sammlung um die pikantesten und schlüpfrigsten Geschichten zu bereichern (vgl. III,10; V,10; VII,10; IX,10). Ein so gestalteter Erzähler läßt zu Recht Zweifel an der Eindeutigkeit des von ihm Erzählten aufkommen, und seine die Geschichte begleitenden Kommentare verstärken diesen Eindruck.[29]

Die Novelle von der geduldigen Griseldis und ihrem schikanösen Ehemann ist also weder eine eindeutige Absage an die anderen, weniger tugendhaften Frauen des *Decameron*, noch will sie den Triumph des Patriarchats darstellen. Sie entwirft allerdings ein Wunschbild aus der Sicht des Mannes, in dem das Thema der Vermittlung von Wunsch und Norm, diesmal von einem anderen Blickwinkel her gesehen, noch einmal anklingt, ohne daß jedoch zur Frage der Berechtigung oder möglichen Realisierung dieses Wunschbildes eindeutig Stellung genommen wird.

Boccaccio konfrontiert in seiner letzten Novelle Lebensgewohnheiten und Ansprüche des feudaladeligen Mannes mit der Institution der Ehe. Gualteri wird vorgestellt als ein junger Adeliger, der

(...) in niuna altra cosa il suo tempo spendeva che in uccellare e in cacciare, né di prender moglie né d'aver figliuoli alcun pensiere avea; di che egli era da reputar molto savio. (1218f.)
seine Zeit mit nichts anderem verbrachte als mit der Vogelbeize und der Jagd; ein Weib zu nehmen und Kinder zu zeugen, hatte er keinen Gedanken, was nicht so unvernünftig war. (925)[30]

Gualteri führt offenbar ein von Ungebundenheit und Zerstreuung bestimmtes Leben und kommt daher der dringenden Bitte seiner Untergebenen, doch für einen Erben zu sorgen, nur widerwillig nach, wobei er eigens darauf bedacht ist, auch in dieser Angelegenheit die Freiheit und Eigenverantwortung seiner Entscheidung hervorzuheben:

»*'Ma poi che pure in queste catene vi piace d'annodarmi, e io voglio esser contento; e acciò che io non abbia da dolermi d'altrui che di me, se mal venisse fatto, io stesso ne voglio essere il trovatore, affermandovi che, cui che io mi tolga, se da voi non fia come donna onorata, voi proverete con gran vostro danno quanto grave mi sia l'aver contra mia voglia presa mogliere a'vostri prieghi'.*« (1219)
Weil es euch aber beliebt, mich mit diesen Ketten zu fesseln, so schicke ich mich meinetwegen drein; und damit ich mich, wenn es schlimm ausgeht, über niemand sonst zu beklagen habe als über mich, so will ich sie mir selber aussuchen, sage euch aber das eine: wenn ihr die, die ich nehme, nicht als Herrin ehren werdet, so werdet ihr's zu eurem großen Schaden erfahren, wie schwer es mir ist, gegen meinen Willen auf eure Bitten ein Weib genommen zu haben. (926)

So erwächst Gualteris Abneigung gegen die Ehe nicht nur aus der Sorge, keine Partnerin finden zu können, *Chi co' suoi costumi ben si convenga* (1219) [die sich ganz zum eigenen Wesen schickte (925)], sondern er scheut eine Verbindung offensichtlich auch deshalb, weil sie Einschränkung und Disziplinierung seines gewohnten Lebens bedeuten könnte.[31]

Diese Ehefurcht, die Boccaccio hier andeutet, läßt sich auf einen konkreten historischen Hintergrund beziehen: Als sich die Forderungen der Kirche nach Unauflöslichkeit der ehelichen Verbindung und nach einer im Vergleich zu vorher größeren Gleichberechtigung der Ehepartner durchzusetzen begannen, erhielt die Ehe, besonders für den adeligen Mann, einen neuen und problematischen Stellenwert.[32] Das Verschwinden von Formen des Zusammenlebens, die keine Dauer beanspruchten, wie die sog. *Friedelehe*[33], die zunehmende Schwierigkeit, eine einmal geschlossene Ehe zugunsten einer besseren Partie auflösen zu können, brachte vor allem feudaladelige Heiratspolitik in große Schwierigkeiten[34], aber nicht nur das: Die Christianisierung der Ehe und, damit verbunden, die relative Aufwertung der Frau als Ehepartnerin durch Unauflöslichkeitsforderung und beiderseitige Treueverpflichtung bedeuteten auch die Beschränkung bestehender patriarchaler Freiräume im allgemeinen[35], bedeuteten Verpflichtung einem Wesen gegenüber, das der Mann als grundsätzlich inferior verstand. So hat die Ehe die Tendenz, sich in *Joch* und *Kette* zu verwandeln, und der Mann muß sich rechtzeitig bemühen, wenigstens Reste seiner ehemaligen Freiheit zu sichern.

Diese bedrohlichen Schattenseiten der Ehe bilden nun den Hintergrund zu Boccaccios Novelle. Sie spielt das Modell der auflösbaren Ehe bis zur letzten Konsequenz durch, entlarvt es jedoch zum Schluß als Fiktion und kann so den männlichen Wunsch nach Unabhängigkeit mit den gesellschaftlichen Anforderungen der Ehe harmonisieren: Gualteri verfährt mit Griseldis wie mit einer Konkubine: Er läßt – mit Hinweis auf mögliche unangemessene Erbansprüche – die nicht standesgemäßen Kinder beseitigen und schickt Griseldis zu ihrem Vater zurück, als sich die Gelegenheit einer vorteilhafteren, standesgemäßen Verbindung bietet.

Doch ist dies alles ja nur ein Spiel, Gualteris Handeln nur Schein. Er beweist damit jedoch sich und anderen, daß seine durch die Ehe bedrohte Freiheit und Unabhängigkeit ungebrochen und ungefährdet geblieben ist[36], indem Griseldis, durch die völlige Aufgabe ihres eigenen Willens quasi zur Nichtexistenz verurteilt, im absoluten Gehorsam aufgeht:

'Signor mio, pensa di contenar te e di sodisfare al piacer tuo, e di me non avere pensiere alcuno, per ciò che niuna cosa m'è cara se non quant'io la veggo a te piacere'. (1225)
'Mein liebster Herr, sorge deine Ruhe zu gewinnen und handele nach deinem Wohlgefallen; um mich kümmere dich in keiner Weise, weil mir ja doch nichts teuer ist, außer soweit ich sehe, daß es dir recht ist.' (930)

Die so in ihrer Nichtigkeit bestätigte Griseldis erhält dann am Ende als Gattin, Mutter und angemessene Partnerin die Anerkennung, die ihr bis dahin vorenthalten wurde: Sie erhält Kinder und Gatten zurück, und endlich wird auch ihr alter Vater in die gräfliche Sippe aufgenommen.

Darstellbar ist ein solches Verhältnis von Mann und Frau bei Boccaccio jedoch nur im Modell der nicht-standesgemäßen Ehe. Dadurch wird zum einen Gualteris Vorhaben glaubhaft, denn einer ihm ebenbürtigen Dame gegenüber wäre sein Betragen nicht denkbar, zum anderen wird auf die problematischen Aspekte einer solchen unstandesgemäßen Ehe in der Realität angespielt.[37]

Boccaccios Novelle ist in dieser Hinsicht ein Spiel mit männlichen Wünschen, und sein Held ist infolgedessen weniger Griseldis als vielmehr Gualteri, dessen zunächst eindeutig negativer Charakter beim näheren Hinsehen durchaus gebrochen erscheint[38]: Der Erzähler bezeichnet sein Verhalten zwar als *una matta bestialità* (1218) [dumme Roheit (924)], unverkennbar wird aber auch seine Klugheit[39], die ihm auf dem Hintergrund misogyner Traditionen zwangsläufig zukommt, durchaus Anerkennung gezollt.[40] Gualteri ist es immerhin gelungen, sich *perpetua quiete* (1231) [beständige Ruhe (935)] zu verschaffen, d.h. Sicherheit darüber, daß die Ehe seiner Souveränität keinerlei Abbruch tut. So erklärt sich Gualteris sinnloses Vorgehen, sein unmotiviertes Verlangen, sich der Ergebenheit seiner Frau zu versichern, obwohl diese keinerlei Anlaß zum Mißtrauen gibt:

'(...) e a me partorire perpetua quiete (...): il che, quando venni a prender moglie, gran paura ebbi che non mi intervenisse, e per ciò, per prova pigliarne, in quanti modi tu sai ti punsi e trafissi'. (1231)
'(...) mir wollte ich eine beständige Ruhe schaffen (...). Und darüber, ob mir das gelingen werde, war ich, als ich daranging zu heiraten, in großer Furcht, und deswegen habe ich dich, um eine Probe anzustellen, so, wie du weißt, gekränkt und verletzt. (935)

Diesem Helden gegenüber bleibt Griseldis weitgehend ohne Konturen, sie unterwirft sich, weil ihr angesichts der Situation, in der sie sich als arme Bauerntochter befindet, nichts anderes übrig bleibt. Sie fügt sich als kluge Frau in das Unvermeidliche: *»(...) e sopra tutti savissima tenner Griselda«* (1232) [(...) über alle aber wurde Griselda als ungemein klug gepriesen (936)]. Von Freude an der Pflichterfüllung oder von Liebe ist dabei nicht die Rede[41], Griseldis begründet ihre Gefaßtheit gegenüber dem Schicksal fast ausschließlich mit dem Hinweis auf ihre inferiore Stellung:

'*(...) ché io sarò di tutto contenta, si come colei che conosco che io sono da men di loro, e che io non era degna di questo onore al quale tu per tua cortesia mi recasti*.' (1224)
'(...) ich werde mit allem zufrieden sein, weil ich erkenne, wie gering ich gegen sie bin und daß ich der Ehre nicht wert war, zu der du mich in deiner Gnade erhoben hast.' (929)

'*Signor mio, io conobbi sempre la mia bassa condizione alla vostra nobilità in alcun modo non convenirsi, e quello che io stata son con voi da Dio e da voi il riconoscea, (...): piacevi di rivolerlo, e a me dee piacere e piace di rendervoli (...)*' (1217)
'Herr, ich habe immer erkannt, daß sich mein niedriger Stand in keiner Weise zu Eurem Adel schickt, und das, was ich mit Euch gewesen bin, das habe ich als Eure und Gottes Gabe erkannt (...); es gefällt Euch, es zurückzufordern, und so muß es mir gefallen und gefällt mir, es Euch zurückzugeben (...).' (932)

Ebenso wie Gualteris Verhalten nicht eindeutig als falsch verurteilt wird, ebensowenig ist Griseldis eindeutige Vorbildfigur:

Chi avrebbe, altri che Griselda, potuto col viso non solamente asciutto ma lieto, sofferire le rigide e mai più non udite prove da Gualtieri fatte? Al quale non sarebbe forse stato male investito d'essersi abbattuto a una, che quando fuor di casa l'avesse in camiscia cacciata, s'avesse si ad un altro fatto scuotere il pelliccione, che riuscita ne fosse una bella roba. (1233)
Wer hätte noch außer Griselda nicht nur trockenen sondern auch heiteren Auges die harten und unerhörten Prüfungen Gualteris ertragen können? Dem wäre es vielleicht nicht unrecht geschehen, wenn er an eine geraten wäre, die sich, wenn er sie im Hemde aus dem Hause gejagt hätte, von einem andern das Pelzchen hätte so striegeln lassen, daß das Hemd zu einem hübschen Kleide geworden wäre. (937)

Griseldis ist eine Ausnahme, ihre Geduld durchaus anerkennenswert und beeindruckend, doch schwingt in Dioneos Bemerkung auch Anerkennung für diejenigen Frauen mit, die 'sich das Pelzchen hätten striegeln lassen', für die Heldinnen der unmoralischen Geschichten also, die gerade er besonders bevorzugt.

Boccaccio läßt so die Frage, wie man das Verhalten der Personen letzten Endes zu beurteilen habe, offen. Spielerisch und voll Ironie löst er einen Konflikt zwischen männlichen Wünschen und bestehenden, eng gewordenen Normen. Ob eine solche Lösung möglich, gerechtfertigt oder gar beispielgebend ist, darauf gibt die Novelle keine Antwort, von didaktischen Intentionen ist sie weit entfernt.[42]

3. Petrarcas *De oboedientia et fide uxoris*

Die Voraussetzungen für eine Rezeption des Griseldis-Stoffes unter exemplarischen und didaktischen Gesichtspunkten schuf Francesco Petrarca mit seiner lateinischen Bearbeitung der Novelle, die er bezeichnenderweise als eine Erzählung *de insigni oboedientia et fide uxoris* (173) verstand.[43] Sie schien ihm der Bearbeitung, d.h. der Übertragung in eine höhere Stillage würdig, und er verlieh ihr auf zwei Ebenen exemplarischen Charakter: Zum einen wird das Verhältnis von Valterius und Griseldis beispielhaft als das Verhältnis von Gott und Mensch ausgelegt[44], zum anderen ist seine Erzählung im Sinne des *De remediis utriusque fortunae*[45] lesbar als ein Exempel für die Standhaftigkeit des Menschen den Wechselfällen des Schicksals gegenüber.[46] Diese Wendung hin zum Exemplarischen bedingt bestimmte Abweichungen von der Vorlage:

Valterius erscheint, da sein Handeln auf das Handeln Gottes bezogen ist, als durch und durch vorbildlicher und tugendhafter Held:

(...) et hic quidem forma virens atque aetate, nec minus moribus quam sanguine nobilis, et ad summam omni ex parte vir insignis, (...). (178, 16-19)
(...) dieser war jung und von blühender Schönheit, durch seine Tugenden nicht weniger als durch seine Geburt geadelt, alles in allem ein in jeder Hinsicht hervorragender Mann, (...).

Sein Verhalten gegenüber Griseldis läßt, was Tugend und Mäßigkeit anbetrifft, zunächst nichts zu wünschen übrig:

In hanc virgunculam Valterius (...) quandoque oculos non iuvenili lascivia sed senili gravitate defixerat, (...). (188, 75-76)
Auf diese Jungfrau richtete Valterius zuweilen seine Blicke, jedoch nicht mit jugendlicher Zügellosigkeit, sondern mit der Ernsthaftigkeit des Alters, (...).

Auch im Verlauf der Handlung sind die despotischen Züge des Markgrafen gemildert, er geht mit seiner Gattin so zartfühlend um, wie es die Umstände erlauben[47], und reagiert recht verstört auf die Unerbittlichkeit der eigenen Prüfungen.[48]

Verstärkt im Vergleich zu Boccaccio ist die Abneigung des Grafen gegen die Ehe, stärker das Insistieren auf männlichem Freiheitsverlangen:

'*(...) delectabar omnimoda libertate, que in coniugio rara est.*' (182, 43-44)
'(...) ich erfreute mich aller Freiheit, die in der Ehe nur selten zu finden ist.'

'*Vestrum fuerit me omnium quos novissem liberimum iugo subiecisse coniugij, (...).*' (184, 55)
'Eure Schuld wird es sein, daß ich, meines Wissens freiester Mann, mich dem Joch der Ehe gebeugt habe (...).'

Die Verstärkung dieses Motivs läßt sich im Zusammenhang mit Petrarcas grundsätzlich pessimistischer Einstellung zur Ehe erklären, wie sie in seinem *De remediis utriusque fortunae* formuliert wird. Im Dialog LXV: *De coniugii claritate* z.B. heißt es:

Gau(dium):	*Claro conjugio ornatus sum.*
Ra(tio):	*Speciosam vinctus es carenam, unde te sol mors liberet. (...)*
Gau:	*Generosa mihi uxor obvenit.*
Ra:	*Gravis sarcina, durae compedes, liberos humeros, atque olim liberos pedes prement (...) unde illam (ut dixi) veteris repudii spe sublatas sola scilicet mors excludat.*[49]
Freude:	Ich bin glänzend verheiratet.
Vernunft:	So hast du eine glänzende Kette angelegt, von der dich nur der Tod befreien kann. (...)
Freude:	Mir ist eine edle Gattin zuteil geworden.
Vernunft:	So drücken eine schwere Bürde und harte Fesseln die einst freien Schultern und freien Füße (...) von dieser kann (wie ich bereits sagte) dich nur der Tod befreien, da es Hoffnung, wie sie früher in der Scheidung bestand, nicht mehr gibt.

Die Disziplinierung des Mannes in der Ehe ist auch für Petrarca einer der gewichtigsten Einwände gegen eine solche Verbindung, die einzige Lösung dieses Problems sieht er – wenn überhaupt – in der Wahl der richtigen, also gehorsamen Ehefrau. Doch wird auch diese Lösung nur mit äußerster Skepsis formuliert:

Gau:	*uxorem nobilem, castam, mansuetudam, humilem, & obsequiosam, piam, fidam reperi.*
Ra:	*Mirus auceps; cornicem candidam invenisti, vix est tamen, qui invenisse se fuscam putet.*[50]
Freude:	Ich habe eine edle, keusche, sanfte, demütige, gehorsame, fromme und treue Gattin gefunden.
Vernunft:	So bist du ein erstaunlicher Vogelfänger, hast du doch einen weißen Raben gefangen, wo es doch kaum einen gibt, der glaubt, wenigstens einen braunen gefunden zu haben.

Einen solchen *weißen Raben* scheint Petrarca mit Griseldis gefunden zu haben. Er verleiht ihr, verglichen mit Boccaccio, deutlichere Konturen, die jedoch bezeichnenderweise vor allem in der stärker ausgeprägten Freiwilligkeit ihrer Unterwerfung bestehen. Sie gelobt z.B. nicht nur schlicht und einfach, stets gehorsam zu sein, sondern versichert darüber hinaus:

'(...) nichil ego unquam sciens, nedum faciam, sed etiam cogitabo, quod contra animum tuum sit; nec tu aliquid facies, etsi me mori iusseris, quod moleste feram.' (194, 110-112)

'(...) ich werde nicht nur unterlassen, wissentlich etwas zu tun, sondern auch etwas zu denken, was gegen deinen Willen ist, ganz gleich, was du tust, und sei es, daß du mir zu sterben gebietest, was mir sehr schwer werden würde.'

Bei Petrarca spielt nun auch Griseldis' Liebe zu Valterius als Handlungsmotiv eine deutlich erkennbare Rolle:

(...) nullius erat amancior quam viri. (214, 225)
(...) nichts war ihr lieber als ihr Gemahl.

'Fa senciam tibi placere quod moriar, volens moriar, nec res ulla denique nec mors ipsa nostro fuerit par amori.' (212, 210-211)
'Lasse mich merken, daß mein Tod dir erwünscht ist, und ich werde willig sterben, und nichts, auch nicht der Tod, wird unserer Liebe schaden können.'

Auf vorbildliche Weise unterwirft sich Griseldis so ihrem Mann und erträgt standhaft ihr wechselhaftes Schicksal. Sie erhält damit Züge einer Exempelfigur. Obwohl sie für Petrarca in ihrer Tugendhaftigkeit als reale Person kaum denkbar ist[51], tritt sie als vorbildlich Handelnde in den Vordergrund.

Gleichzeitig verwandelt Petrarca durch seinen Versuch, den Grafen zu pazifizieren, die Zweideutigkeit Boccaccios in massive Widersprüchlichkeit: War Boccaccios Gualteri roh, aber auch klug – wobei eins das andere nicht ausschließt –, so wird Petrarcas Valterius im Verlauf der Handlung zunehmend rätselhafter und seltsamer, da er im Grunde seines Wesens tugendhaft sein soll. Der Erzähler kann schließlich zum Handeln seiner Figur nicht mehr Stellung beziehen:

Cepit, ut fit, interim Valterius (...) mirabilis quedam – quam laudabilis doctiores iudicent –, cupiditas, (...). (200, 146-148)
Indes wurde Valterius, wie es wohl vorkommt, (...) von einer seltsamen Begierde ergriffen, über deren Löblichkeit Klügere urteilen mögen (...).

Petrarcas abschließende Auslegung der Erzählung als Exempel für Standhaftigkeit und Gehorsam gegenüber Gott versucht, Widersprüche zu glätten, indem sie eine unmittelbare *imitatio* des Dargestellten weitgehend ausschließt[52] und die Exemplarität auf eine andere Ebene verlagert. Dennoch zeigt die Rezeption, daß diese auch und gerade auf der direkten Ebene gesehen wurde.

Während Boccaccio mit ironischer Brechung vorführt, wie ein Mann handelt, der in der Ehe seine Freiheit wahren will, und dabei mit männlichen Wunschvorstellungen spielt, verschiebt Petrarca – bei aller Skepsis bezüglich der *weißen Raben* – den Schwerpunkt tendenziell darauf, wie *die gute Ehefrau* sich zu verhalten habe. Er gibt so, durch die exemplarische Ausformung der Griseldis-Figur und die Eliminierung von Boccaccios Ironie, den Anstoß zur didaktischen Bearbeitung des Stoffes.

4. Die Rezeptionsbedingungen in Deutschland

Die erste deutsche Übersetzung der Fassung Petrarcas ist ein Werk Heinrich Steinhöwels und entstand 1471.[53] Steinhöwel unterschlägt die abschließende geistlich-moralische Auslegung seiner Vorlage und macht die Erzählung damit verstärkt für verschiedene Deutungsmöglichkeiten offen. Wie das literarische Umfeld dieser Übersetzung in den Sammelhandschriften zeigt, wurde die *Griseldis* dem Bereich der mehr oder weniger didaktischen Gebrauchsliteratur zugeordnet, somit vor allem als Ehelehre rezipiert.[54]

Diese spezifische Form der Rezeption in Deutschland steht im Zusammenhang mit dem zum späten Mittelalter hin zunehmenden Interesse an Ehefragen, Resultat einer seit dem 13. Jahrhundert sich verstärkenden Normenunsicherheit hinsichtlich der ehelichen Rollenverteilung. Probleme des ehelichen Zusammenlebens sind ein bevorzugtes Thema der literarischen Kleinformen seit dem 13. Jahrhundert[55], die Ehe erscheint als Kampfplatz der Geschlechter um die häusliche Vorherrschaft[56], die Frau als widerspenstiges, bedrohliches, ja gewalttätiges Wesen, das es zu zähmen und rechtzeitig zu unterwerfen gilt.[57]

Die Hintergründe dieser literarischen Überzeichnungen sind zum einen in dem oben skizzierten, durch kirchlichen Einfluß veränderten Verständnis der Ehe zu suchen. Zum anderen wirken sich aber auch – gerade in Deutschland[58] – veränderte rechtliche und soziale Bedingungen destabilisierend auf das Normgefüge der Ehe aus: Im städtisch-bürgerlichen Lebenszusammenhang wird die Ehefrau für den gemeinsamen Haushalt zunehmend unentbehrlich, und zwar nicht nur im innerhäuslichen Bereich, sondern auch für Tätigkeitsfelder außerhalb des Hauses. Sie erhält Rechte, die ihre Position in der Ehe und innerhalb des Hauses deutlich verbessern.[59] Ist sie ledig oder Witwe, tritt sie darüber hinaus als Handel- und Gewerbetreibende in direkte Konkurrenz zum Mann.[60] Entwicklungen dieser Art mußten in einer nach wie vor patriarchal strukturierten Gesellschaft zu massiven und lang anhaltenden Verunsicherungen führen, die eine Um- und Neuformulierung bisher selbstverständlichen Rollenverhaltens notwendig machten.

Im 15. und 16. Jahrhundert ist zu beobachten, daß die Frauen zunehmend aus allen gesellschaftlich bedeutenden Positionen zurückgedrängt werden.[61] Gleichzeitig findet eine weitgreifende Aufwertung der Ehe zu **dem** ordnungsstiftenden Element des gesellschaftlichen Zusammenlebens statt, bis hin schließlich zu Luthers entschieden positivem Eheverständnis.[62]

Doch die mit der Ehe verbundenen Probleme waren damit offenbar nicht beseitigt, das Selbstverständnis ehelichen Normengefüges nicht wiederhergestellt; didaktische ebenso wie unterhaltende Literatur beschäftigt sich weiterhin bevorzugt mit Eheproblemen, mit dem richtigen Verhalten beider Ehepartner und insbesondere mit der entsprechenden Zurichtung der Ehefrau.[63]

In diesem Zusammenhang fügt sich die Figur der Griseldis als Ideal der gefügigen, vorbildlichen Ehefrau ein, ihre willige Rollenannahme, ihre – auch hausfraulichen – Tugenden und die Liebe zu ihrem Gemahl sind die zentralen Momente. Gualteri tritt dabei z.T. in den Hintergrund, sein für einen Ehemann bedenkliches Benehmen sorgt für die darstellerischen Schwierigkeiten bei der didaktischen Aufbereitung des Stoffes.

5. Die *Grisardis* des Erhart Grosz

Bevor auf die in Petrarcas Nachfolge entstandenen Bearbeitungen eingegangen wird, soll zunächst ein Werk Beachtung finden, das die Erzählung, unabhängig von Boccaccio und Petrarca, als Ehelehre im geistlichen Zusammenhang wiedergibt: Die *Grisardis* des Karthäusermönches Erhart Grosz[64], entstanden 1432. Dieses traktatartige Werk verweist auf das große Interesse der Kirche an Ehefragen und verarbeitet darüber hinaus auf bemerkenswerte Weise die ehefeindlichen Aspekte des Stoffes.

Die *Grisardis* ist die erste deutsche Bearbeitung der Griseldis-Fabel, die Vorlage war vermutlich eine mündlich verbreitete Fassung des Stoffes.[65] Eine größere Wirkung war dieser Bearbeitung als solcher nicht beschieden, doch übernahm Albrecht von Eyb ganze Passagen daraus in sein *Ehebüchlein.*[66]

Grosz' *Grisardis* unterscheidet sich in mancher Hinsicht von den späteren, meist an Petrarca orientierten Fassungen: Er erweitert die Handlung durch ausführliche Detailbeschreibungen, längere Dialogszenen und geistliche sowie theoretische Erörterungen; er charakterisiert die Personen und ihr Verhältnis zueinander umfassender[67] und verwandelt den Grafen in einen sanftmütigen, der Keuschheit zugetanen Herrscher. Die gesamte Erzählung hindurch herrscht eine moralisch-asketische Grundstimmung und damit zusammenhängend eine latente bis offene Ehefeindlichkeit. Obwohl Grosz seine *Grisardis* explizit als Ehedidaxe verstanden sehen will[68], rekurriert er auf die ehefeindlichen Aspekte des Stoffes, wobei er allerdings auf einer ganz anderen Ebene argumentiert als Boccaccio und Petrarca.

Der Text selbst besteht aus zwei Teilen: Der erste Teil ist eine theoretische Auseinandersetzung darüber, ob es sinnvoll sei zu heiraten, eingekleidet in einen Dialog zwischen dem Grafen und seinem Ratgeber Marcus, der zweite Teil umfaßt die eigentliche Griseldis-Erzählung.

Im ersten Teil vertritt der Graf konsequent die Sache der Keuschheit. Seine Argumente sind dem reichen Bestand der misogynen Tradition entnommen und, verglichen mit denen seines Gesprächspartners, der für die Ehe plädiert, differenzierter, lebendiger und stärker an der alltäglichen Eheerfahrung orientiert:

so ist auch vil daz do gehőrt zu des weibes notdorft: edle kleyder, golt, gestein (...). űbir daz kosen sie die ganze nacht und clagen: die ged auff der gaß baz gezyert den ich, die ern alle leut und ich arme, (...) werd vorsmehet. wőrumb hastu die fraw an gesehen? waz hastu mit der meid gered? waz hastu mir vom margt pracht? (12, 32-13, 3)

Die Argumentation der Gegenseite beschränkt sich demgegenüber im wesentlichen auf die Darstellung des traditionellen Kataloges der durch ihre Tugenden berühmt gewordenen Frauen.[69]

Dennoch wird schließlich für die Ehe entschieden, jedoch mit Einschränkungen:

'wert jr', sprach meister Marcus, 'her, eyn eygener man und ewer allein, alzo ich euch kenne und die selikeit der keuschlichen sterke ewers leibes und reinkeit, so rid ich in allen trewin, daz ir schőlt sey behalten und dar ynne beharren, (...). aber as sich ewer eynet hat kegen der gemein, so rad ich (...), das ir gehorsam seit der gemein, so die ding nicht anders műgen sich gehaben. (23, 23-35)

Die Ehe erscheint so als ein notwendiges Übel, das zwangsläufig die *keuschliche sterke* und *reinkeit* zunichte macht. Diese die Keuschheit verherrlichende Grundhaltung prägt auch den zweiten Teil der Erzählung, die eigentliche Griseldis-Geschichte: Grisardis und der Graf, der hier seiner Frau an Tugendhaftigkeit in nichts nachsteht, funktionieren ihre Ehe mit Hilfe der Prüfungen zu einer asketischen Tugendübung um:

(...) er (der Vater, K. H.) *wart unterweißet aller sach, wie der herre sich selber und Grisardis sein tochter het in tugenden also an einander versuchet, (...)* (52, 39-53,2)

Beide leiden unter den letztlich von Gott herrührenden[70] Prüfungen und wachsen gemeinsam an ihnen:

alzo stigen sie peyd auff die spicz der tugund, (...). (44,5)

Die letzte Prüfung, die Auflösung der Ehe, erscheint als der Gipfel der Selbstentäußerung und wird von Grisardis dementsprechend mit großer Freude begrüßt.[71] Geheiratet hatte sie ohnehin nur äußerst widerwillig und als gehorsame Tochter lediglich auf ausdrücklichen Wunsch ihres Vaters.[72] Für Grosz scheint so die Ehe nur unter Extrembedingungen akzeptabel: Keuschheit, Selbstdisziplin, Gehorsam und Opferbereitschaft sind unabdingbar. Der Griseldis-Stoff kommt dabei einem derartigen Eheverständnis entgegen: Er ermöglicht in Form der Prüfungen die Darstellung ehelicher Askeseübungen, und die Vollkommenheit der Ehe kann gerade durch die Bereitschaft der Ehepartner, diese aufzulösen, bestätigt werden. Grosz' Griseldis-Interpretation ist mit diesem konsequent ehefeindlichen Zugriff weitaus schlüssiger als die späteren Bearbeitungen, die ein harmonisches Bild von der Ehe zugrunde legen.

Jugendstil-Illustration von Edward Burne-Jones. Auf Befehl des Grafen nimmt man Griseldis ihr erstes Kind.

Ungeachtet der ehefeindlichen Züge dieser Fassung, begreift Grosz die Ehe durchaus als notwendige Einrichtung und akzeptiert – wenn auch widerwillig – ihre Wichtigkeit für das weltliche Leben. Allerdings macht der Zustand derer, *die in der e sitzen* (1,6), ein belehrendes Eingreifen nötig. Wie dringlich diese didaktische Beschäftigung mit der Ehe und wie hoch damit ihr Stellenwert für die Kirche war, zeigt sich schon daran, daß gerade ein Angehöriger des stark asketisch ausgerichteten und weltabgewandten Karthäuserordens sich bemüßigt sah, ein solch weltliches Thema zu behandeln. Der Griseldis-Stoff bot dem Mönch dabei die ideale Möglichkeit, die für ihn grundlegende Haltung der Askese vertreten zu können und dabei gleichzeitig seine weltlich-didaktischen Intentionen zu verwirklichen.

6. Der 'mitteldeutsche Anonymus'

Aus der Vielzahl der deutschen Griseldis-Bearbeitungen des 15. und 16. Jahrhunderts[73] sei hier eine in der Mitte des 15. Jahrhunderts entstandene, anonyme mitteldeutsche Fassung ausgewählt[74], die direkt auf Petrarcas Bearbeitung zurückgeht. Sie ist vor allem deswegen von Interesse, weil ihr ein durchweg positives Verständnis von Ehe zugrunde liegt, ein Umstand, der einige wenig spektakuläre, aber nichtsdestoweniger bezeichnende Abweichungen von der Vorlage bedingt: Zunächst fällt auf, daß der Graf als Held der Erzählung zurücktritt. Sein in der Vorlage grundlegendes Problem, der drohende Verlust seiner Freiheit, wird nur einmal und recht beiläufig erwähnt:

ich hatte große Lust, frie unde ledig czu sinde unde umvorbunden in elichen leben und wolde ledig sien aller sorge: (...). (4, 35-5,2)

Ohne langes Abwägen der Vor- und Nachteile, die eine Eheschließung mit sich bringen könnte, willigt der Graf dann überraschend schnell in den Vorschlag seiner Untergebenen ein:

aber doch sint dem male das ir das von mir so gar gůtlich begeert unde bittet, so wil ich uch dar ane gehorsam sien unde wil mich des willeklich underwinden. (5,2-5)

Das Verhalten des Grafen während seiner Ehe wird weitgehend kommentarlos beschrieben und keineswegs als ungewöhnlich oder sonderbar bezeichnet. Als Motiv für sein Handeln ist der Wunsch, die Beständigkeit seiner Frau prüfen zu wollen, völlig ausreichend.[75] Die Widersprüchlichkeit in der Handlungsweise des Grafen verschwindet damit durchaus nicht, sie wird jedoch auch nicht mehr eigens thematisiert[76], die Ambivalenz dieser Figur soll durch Nivellierung so weit wie möglich aufgehoben werden.

Walterius und das, was er will und tut, ist für den Autor nicht mehr von vordringlichem Interesse. Er stellt vielmehr Griseldis in den Vordergrund: Sie wird gegenüber der Vorlage noch positiver beschrieben, erhält verstärkt auch hausfrauliche Tugenden, und die innige Beziehung zu ihrem Vater wird hervorgehoben.[77] Darüber hinaus gibt es Ansätze zu differenzierter Darstellung ihrer Person.[78]

Griseldis ist eindeutig Vorbildfigur, ohne daß der Autor – wie noch Petrarca – an der direkten Nachahmbarkeit eines solchen Verhaltens zweifelte:

Dis geschichte iß beschreben czu einer lere den liben elichen frowen, das si sollen lernen ganczen glouben unde bestendekeit czu haldene iren liben mannen, (...). (21, 28-30)

Verhandelt wird in dieser Fassung weniger die Frage, ob und unter welchen Bedingungen zu heiraten sei, denn die Ehe ist als selbstverständlich und anerkannt vorausgesetzt, sondern es wird stärker die Aufgabe der Frau thematisiert, Sorge dafür zu tragen, daß das eheliche Zusammenleben funktioniert. Es geht also um Probleme der richtigen Eheführung, um Vermeidung möglicher Konflikte **innerhalb** der Ehe.

Übergangen wird dabei das problematische Verhalten des Ehemannes. Während Grosz den Grafen durch radikale Uminterpretation in das Konzept seiner

Erzählung integrieren konnte, versucht der anonyme Autor hier erfolglos, dessen widersprüchliches Verhalten dadurch abzumildern, daß er ihn in den Hintergrund drängt. In die Didaxe kann der Graf dennoch nicht mit einbezogen werden, so daß nicht eine ideale Ehe, sondern nur eine ideale Ehefrau vorgeführt werden kann. Konsequenterweise richtet sich der Autor auch ausschließlich an die Frauen. Wenn es um Darstellung einer rechten Ehe gehen soll, muß die didaktische Intention notwendigerweise an der grundlegenden Ambivalenz der Erzählung scheitern.

7. Hans Sachs' *Comedi*

Besonders anschaulich zeigt die Griseldis-Bearbeitung von Hans Sachs aus dem Jahre 1546 das Scheitern eines solchen didaktischen Entwurfes.[79]

Sachs bearbeitete insgesamt 62 Novellen des *Decameron*, sie bildeten die Vorlagen für 51 Meisterlieder, 31 Spruchgedichte, 13 Fastnachtspiele, 6 Komödien und 2 Tragödien.[80] Besonders die Novellen des IV., VII., VIII. und IX. Tages wurden dabei von ihm herangezogen. Die Eigenart der Sachsschen Boccaccio-Rezeption ist durch zweierlei gekennzeichnet: Sachs wählte zum einen schwankhafte, jedoch nicht zu obszöne Novellen aus, deren Handlungen er im großen und ganzen unverändert und unkommentiert wiedergibt, zum anderen griff er auf Novellen zurück, die ihm für eine lehrhafte Ausdeutung geeignet erschienen.[81] Die *moralisatio*, mittels derer die lehrhafte Umdeutung in der Regel sinnfällig gemacht wird, bezieht sich dabei meist auf Boccaccios zentrales Thema, die Liebe, und für Sachs damit auch auf die Ehe.[82] So wird z.B. anhand verschiedener Novellen die Ambivalenz und Bedrohlichkeit der Liebe exemplifiziert[83], und besonders die Novellen des IV. Tages dienen dazu, ex negativo auf die Notwendigkeit der Ehe zu verweisen: Hier stoßen Liebe und Norm tragisch aufeinander, und Sachs kann warnend auf die Gültigkeit und Relevanz der Norm verweisen.[84]

Obwohl Sachs' Position in dieser Frage nicht immer ganz eindeutig ist[85], läßt die Mehrzahl seiner moralisierenden Zusätze erkennen, daß er die Ehe als eine Einrichtung versteht, die vor den Gefahren der Liebe schützt und ein von unberechenbaren Affekten freies Leben ermöglicht.[86]

Dieses Verständnis von Ehe erreicht bei Sachs über das unmittelbar Privat-Persönliche hinaus eine allgemeine gesellschaftliche Dimension.[87] Ehe ist im Sachsschen Sinne eine für das Funktionieren des gesellschaftlichen Zusammenlebens maßgebliche Institution, deren Basis wiederum der richtige Umgang der Ehepartner miteinander ist. Dazu gehört nicht nur die traditionelle Unterordnung der Frau, sondern das Funktionieren der Ehe ist auch vom richtigen Verhalten des Ehemannes abhängig:

Der Frau ist die stille Unterordnung unter die Herrschaft des Mannes nicht bis zur Aufgabe ihrer existenziellen Interessen geboten. So wie ihr das Recht zugesprochen wurde, den Ehebruch des Mannes zu ahnden, die Erfüllung der ehelichen Pflichten zu fordern, so wird ihr defensiver Widerstand gegen den Ehegatten zugestanden (...). Die Überlegenheit des Mannes wird nicht mehr allein als gottgewollt hingenommen, sondern muß sich in ihrer Zweckmäßigkeit im praktischen Leben überprüfen lassen.[88]

Auf dem Hintergrund dieses Ehebildes deutet sich die Problematik, die in der Wahl des Griseldis-Stoffes für eine Ehedidaxe liegt, schon an.

Sachs formte den Stoff zu einer Komödie mit dem Titel *Comedi mit 13 personen, die gedultig und gehorsam marggräfin Griselda* um und verwendete außer Boccaccios Novelle auch die Fassung Petrarcas[89], da diese seinen Darstellungsintentionen in einiger Hinsicht eher entsprach.

Der Sinn, den Sachs seiner *Comedi* verleiht, ist eindeutig didaktisch geprägt:

Also habt ir vernummen hie
Den innhalt dieser comedi,
(...)
Darinn drey lehr seind eingeleybet; (67 1-3)

Gegenstand der nachfolgenden *drey lehr* ist Ehe und Eheführung, und die vorausgehende Handlung ist auf diesen didaktischen Schwerpunkt bezogen.

Bevor auf die Frage nach der Ausformung der Handlung näher eingegangen werden kann, ist zunächst auf einige spezifische Eigenschaften der Sachsschen Dramen zu verweisen: Sachs bemüht sich in seinen Tragödien und Komödien, die Identifikation des Zuschauers mit den dargestellten Personen möglichst zu verhindern, indem er auf »emotionsfördernde Gestaltungsprinzipien« verzichtet[90]:

Statt psychischer Konflikte ist es Sachs (...) um die Darstellung typischer menschlicher Verhaltensweisen zu tun, an denen er seine ethischen Normen exemplifiziert. Die Moral wird nicht über Identifikationsmechanismen vermittelt, sondern intelligibel gemacht; (...).[91]

Prolog und Epilog kommt dabei handlungsinterpretierende Funktion zu, während die Handlung selbst an Eigenberechtigung verliert.[92] So läuft die Griseldis-Komödie mechanisch, »(...) ohne dramatische[r] Bewegung von einem Kampfzentrum aus (...)[93] ab, bleiben die Handlungen der Personen eindimensional, und Konflikte, die dramatische Dimensionen erreichen könnten, »(...) entdramatisiert er (Sachs, K. H.) durch Ausscheidung der Gegenkräfte«.[94] Die Personen reflektierten demnach nicht ihr Tun, Handlungsmotive werden in kurzen, monologischen *Entscheidungsberichten*[95] dargelegt, die Figuren bleiben ganz auf der Ebene des Typischen und sollen die im Epilog umrissenen Lehren exemplifizieren. Handlung und Figuren sind völlig von der Lehre dominiert.

So ist Griseldis »nur Weib ihre Mannes«[96], ihr Handeln beruht auf Gehorsam und Liebe, ihre Motive benennt sie in kurzen Monologen:

Doch über als den herren mein!
Dem will ich unterthenig sein
Und in will lieb haben und werd,
Dieweil ich leb auff dieser erd. (51, 14-17)

Nein, mir ist mehr am herren glegen
Dann an mir selb, an allen zitter;
Es sey mir gleych süß oder bitter,
Alles, was er von mir begert,
Wirt frölich er von mir gewert. (53, 29-33)

In der Darstellung dieses absoluten Gehorsams konnte Sachs vor allem auf Boccaccio rekurrieren, für die Darstellung der Liebe, die Griseldis ihrem Mann pflichtgemäß entgegenbringt, lieferte jedoch Petrarca die Vorlage. Bei Sachs ist diese Liebe weitgehend emotionslos und verschmilzt mit dem Gehorsam zu einer untrennbaren Einheit. Griseldis erscheint als der Idealtypus der unterwürfig-liebenden Ehefrau.

Weniger eindeutig erscheint naturgemäß die Figur des Grafen. Zunächst kann Sachs an ihm allerdings bestimmte Aspekte seines Eheverständnisses demonstrieren: Ehe als probates Mittel, den allzu leichtfertigen und pflichtvergessenen Mann zu disziplinieren:

Therello, der ander rath:
Das hab ich auch langst hören sagen,
Wie er durch söllich jägerey
Im regiment nachlässig sey,
Meynt, wenn sein gnad vermehelt wer,
So würd für sollich kurtzweyl er
Vil baß vorstehn dem regiment,
(...). (41, 10-15)[97]

Dies scheint dem Grafen auch durchaus einsichtig zu sein, das einzige Problem, vor das ihn die Ehe stellt, ist die Angst vor einer widerspenstigen Frau.[98]

Im weiteren Verlauf der Handlung bleibt die Figur des Grafen jedoch ambivalent. Obwohl er zum Schluß sein Verhalten didaktisch legitimiert und damit tendenziell ins Positive wendet[99], sind seine negativen Züge unübersehbar. Deutlich tritt er als despotischer Herrscher auf[100] und verhält sich seiner Frau gegenüber zunehmend brutal. Äußert er anläßlich der ersten Prüfung noch, daß es ihm *(...) thut im hertzen weh (...)* und geht *(...) so gar betrübt / Und sehr traurig (...) auß dem sal*[101], so heißt es bei der endgültigen Verstoßung:

Die landschafft thut dich tryben auß,
Die ist sampt uns dein urderdrütz,
Weyl du bist pewrisch und kein nütz. (59, 9-11)

Bei den *trabanten* stößt sein Verhalten auf Unverständnis und Kritik, doch wird ihm dabei nicht seine Eheführung vorgeworfen, sondern der auf der Tötung der Kinder beruhende Verstoß gegen den *gemeinen nutz.* (57, 20-24)
Sachs hat sich offensichtlich nicht bemüht, das von Petrarca vorgegebene, mildere Bild des Grafen zu übernehmen, er vermeidet es aber auch, dessen Verhalten als **Ehemann** zu problematisieren.

Die vorbildliche Ehefrau findet somit in der *Comedi* kein entsprechendes Pendant, die ethischen Normen[102], die an der Figur des Grafen exemplifiziert werden sollen, sind nicht erkennbar, und auch eine eindeutige Interpretation im didaktischen Sinn, wie sie der Schlußmonolog des Grafen nahelegt, verbietet sich durch die im Epilog angeführte *moralisatio:* In den beiden ersten der drei Lehren plädiert Sachs dafür, daß Eltern ihre Töchter auf die leidvollen Erfahrungen in der Ehe vorbereiten, und stellt dann Griseldis' Verhalten als vorbildlich für alle Ehefrauen dar.[103] Beides ist mit der vorgeführten Handlung und der Darstellung der Griseldis-Figur durchaus zu vereinbaren. Die dritte Lehre wendet sich sodann an den Ehemann:

Zum dritten lert darauß ein mon,
Das er sein weib sol halten schon,
Wie Petrus schreibt: Liebt ewre Weyber,
Geleich als ewre eygne leyber.
Und wonet auch fein in vernunfft
Bey ewern frawen in zukunfft,
Als bey dem schwechsten werckzeug hie! (67, 30-37)

Die wahnwitzigen Prüfungen, die der Graf seiner Frau auferlegt, seine brutale Rücksichtslosigkeit finden in dieser Lehre nicht nur keine Entsprechung, sondern widersprechen ihr sogar. Der hier entworfene Ehemann kommt in der *Comedi* nicht vor.[104] Deutlich zeigt sich die Unzulänglichkeit des Stoffes für eine Ehedidaxe, die beide Partner für das Funktionieren der Ehe verantwortlich macht.

Daß Sachs dennoch diese Novelle für die Darstellung seiner didaktischen Intentionen ausgewählt hat, liegt in der Faszination der Griseldis-Figur begründet: Ihr Verhalten enthebt den Ehemann jeglicher Verantwortung für sein Tun; würden sich alle Frauen so verhalten wie Griseldis, wären Sachsens Bemühungen um die Ehe unnötig. Der Bruch zwischen dargestellter Handlung und Lehre entspricht demjenigen zwischen Wunsch und Realität: Mit einer Ehefrau wie Griseldis wäre die für den Mann ideale Ehe möglich, eine Ehe, die keinerlei Beschränkungen auferlegt; die realen Verhältnisse jedoch zeigen, daß solche Frauen nicht existieren, der Mann zur Einhaltung der Ehe seinen Teil beisteuern muß.

Um dieses Wunschbild der idealen Ehefrau darstellen zu können, nahm Sachs den Bruch in der didaktischen Konzeption in Kauf, ja er verschärfte ihn sogar, indem er sich nicht bemühte, die negativen Züge des Grafen abzuschwächen, um so die Unterwerfung Griseldis' noch deutlicher hervortreten zu lassen.

8. Schlußbetrachtung und Ausblick

Die Beispiele aus dem Bereich der deutschen Griseldis-Rezeption sollten deutlich machen, daß der Stoff auch im Zusammenhang mit ehedidaktischen Konzeptionen verschiedene Deutungen ermöglichte. So konnte **Grosz**, indem er die ehefeindlichen Aspekte des Stoffes aufgriff und umdeutete, die für sein Verständnis ideale, keusche Ehe darstellen, während der **mitteldeutsche Anonymus** vor allem an der Griseldis-Figur als Gegenbild zur *bösen Frau* interessiert war. Dabei war ein Zurücktreten des Grafen aus dem Zentrum der Handlung unvermeidlich, um nicht die Ehe als vom Verhalten beider Partner abhängige thematisieren zu müssen. **Sachs** schließlich erliegt der Faszination der Griseldis-Figur als der Ehefrau, die den Mann seiner Verantwortlichkeit für das Funktionieren der Ehe enthebt, wobei die Thematik der Boccaccio-Novelle auf einer neuen Ebene wieder anklingt.

Im Rahmen ehedidaktischer Darstellungsintentionen sind so verschiedene Bedeutungspotentiale des Stoffes realisiert worden, die jeweils durch die Erfahrungen des Autors im Zusammenhang seiner Zeit bedingt sind. Dominant ist dabei in den weltlich-pragmatisch argumentierenden Bearbeitungen das Interesse an der Rollendefinition der Frau, ein Interesse, das überhaupt dazu führt, den Stoff trotz seines genuin problematischen Ehebildes immer wieder aufzugreifen.

Gegen Ende des 16. Jahrhunderts deutet sich unterschwellig ein Desinteresse am didaktischen Zugriff auf die Ehe an, da diese sich zunehmend privatisiert, so daß schließlich im 18. Jahrhundert die »(...) Ausdifferenzierung anderer Funktionssysteme« es endgültig ermöglicht, »auf (durch Ehen gestiftete) Familienverbindungen als Stützpfeiler politischer, religiöser oder wirtschaftlicher Funktionen zu verzichten«.[105]

Im Zusammenhang damit läßt sich eine Abkehr von der Rezeption der *Griseldis* als Eheexempel beobachten: In Verbindung mit einer allgemeinen Dezentralisierung der Handlung[106] bekommen nun bisher periphere Themen ein größeres Gewicht. In Georg Mauricius' *Comoedia von Graff Walter von Salutz* (1606)[107] zielt die didaktische Intention vor allem auf die Problematik des sozialen Aufstiegs innerhalb einer ständisch formierten Gesellschaft: Griseldis und ihr Vater sind insofern vorbildlich, als sie trotz des von ihnen erreichten hohen gesellschaftlichen Ranges stets ihrer niederen Herkunft eingedenk bleiben.[108] Wie weit sich diese Bearbeitung – trotz ehedidaktischer Bezugnahme im Epilog – vom Thema der rechten Ehe entfernt hat, dokumentieren die zynischen Schlußverse der *Comoedia*:

(...) das sey die bestendigst Eh /
In welcher es also zugeh /
Daß s' Weib taub sey / vnd der Mann blind /
S' Weib nicht all Red verantwort gschwind /
Auch nicht all ding bald seh der Mann /
So werds auch in der Eh wol stahn / (...). (Bl. Gij^{r})

Griseldis ist nun nicht mehr ausschließlich Inbegriff der guten Ehefrau, sie kann daher mit Eigenschaften ausgestattet werden, deren Darstellung ihre Festlegung auf einen rein exemplarischen Typus vorher nicht erlaubt hatte. Sie trägt ihr Schicksal nicht mehr mit stoischer Geduld, sondern leidet wahrnehmbar unter den Maßnahmen ihres Mannes. Ihre Standhaftigkeit ist dabei nur noch äußere Maske, allein gelassen teilt sie ihre wahren Empfindungen dem Zuschauer mit.[109]

Jugendstil-Illustration von Edward Burne-Jones. Auch das zweite Kind wird Griseldis entrissen.

Griseldis' Liebe zu ihren Kindern wird stärker thematisiert[110], es entwickelt sich ein innerer Konflikt, da diese Liebe mit der Gattenliebe und dem Pflichtbewußtsein der guten Ehefrau kollidiert. Der pädagogische Impuls gerät in den Bearbeitungen, wo er weiterhin eine wichtige Rolle spielt, damit zunehmend in Gegensatz zur Tendenz, die Affekte der leidenden Mutter darzustellen.[111] Griseldis, vorher Objekt der Bewunderung, weckt nun vielmehr das Mitleid des Lesers oder Zuschauers, sie beginnt ihn zu rühren. Es bahnt sich eine Individualisierung der Griseldis-Figur, gleichzeitig aber auch eine Sentimentalisierung des Stoffes an, die auf die Rezeptionsweise der Trivialliteratur vorverweist.

Die letzte Neuinterpretation des Griseldis-Stoffes im 19./20. Jahrhundert ist auf dem Hintergrund eines Eheverständnisses zu sehen, das Liebe zur grundlegenden Kategorie erhoben hat.[112] Bezugspunkt für das Verständnis der Erzählung ist nun die Beziehung von Mann und Frau als problematische Liebesbeziehung. Jedoch: »Die modernen sittlichen Anschauungen erfordern (...), daß das frevelhafte Spiel mit dieser Liebe bestraft werde«.[113] Liebe als Motiv für Griseldis' Opfergang macht ein glückliches Ende, wie es die Vorlage bietet, unmöglich. Griseldis muß, wie bei Arnim, an der Mißachtung ihrer Liebe zugrunde gehen[114] oder sich, wie bei Halm, enttäuscht von ihrem Mann abwenden.[115] Erst Hauptmann, der auch den Grafen aus Liebe handeln läßt, macht damit die Versöhnung wieder darstellbar.[116] Doch hier sind die Grenzen der Interpretation des Stoffes endgültig erreicht: Mit der Aufgabe des Prüfungsmotivs, der Darstellung der Griseldis als nahezu gewalttätiges Urweib und der Ausformung des Geschehens als Kampf zweier in Gefühlsverwirrung verstrickter Kraftnaturen ist von der ursprünglichen Erzählung nur noch ein vages Handlungsgerüst geblieben.

Die Griseldis-Figur als Liebende, die die Anerkennung ihrer Liebe einklagt, zwingt schon Arnim und Halm zu Veränderungen der ursprünglichen Konzeption; die Erweiterung des Liebesmotives auf die Handlungsweise des Grafen sprengt den Rahmen des Stoffes endgültig. Die Schlußworte von Hauptmanns Griseldis markieren die immense Distanz, die seine Heldin von ihren geduldigen und pflichtbewußten Vorgängerinnen trennt: *Du mußt mich weniger lieben, Geliebter.*[117]

Damit hat sich die Figur der Griseldis endgültig aus der nicht-wissenschaftlichen Literatur verabschiedet. In einer Zeit, in der Partnerbeziehungen sich durch hochgradige Kompliziertheit und Instabilität auszeichnen, da sie kompensatorisch den »Gegenhalt« zur »hochkomplexe[n] Umwelt«[118] bilden sollen, die Unterschiede der Geschlechter als normative Bestimmungen verschwimmen, gibt es keinen Bedeutungszusammenhang mehr, in dem der Griseldis-Stoff neu rezipiert werden könnte.

Anmerkungen

1 Vgl. Laserstein 1926.
2 So vor allem in der niederländischen Version aus dem 15. Jahrhundert: Griseldis. Histori mit eynre geestelike Bedudenisse. Vgl. dazu Laserstein 1926, S. 38f.
3 Vgl. Hauptmann 1913.
4 Vgl. Iser [4]1971.
5 Ebenda, S. 15.
6 Ebenda, S. 16.
7 Zum Begriff vgl. Bollenbeck 1985, S. 159 f.
8 Ebenda, S. 158ff.
9 Ebenda, S. 257.
10 Vgl. ebenda.
11 Ebenda, S. 161.
12 Potter 1982, S. 157, Anm. 3.
13 Vgl. Branca 1981, S. 96-101.
14 Cottino-Jones 1973, S. 41.
15 Lavers 1964, S. 182. Vgl. auch Rank 1974.
16 Einen Überblick über die wichtigsten Forschungspositionen gibt Savelli 1984, S. 278f.
17 Die Einordnung der Griseldis-Novelle in den Gesamtzusammenhang des 'Decameron' muß dabei im Rahmen dieses Aufsatzes notwendigerweise unbefriedigend bleiben.
18 Hollander 1977, S. 6.
19 Vgl. Branca 1939, S. 60-72, Petronio [7]1974. Potter 1982, S. 3f.
20 Vgl. Brockmeier 1982.
21 Vgl. Neuschäfer 1969, S. 64: »Die Interessen der Moral haben ihre Grenze jetzt im Recht der Sinne, (...), die Macht der Sinne aber hat ihre Grenze im berechtigten Anspruch der Moral. Anders gewendet bedeutet dies, daß die Forderungen der Moral jetzt nur noch dann verpflichten können, wenn sie naturgemäß sind, daß aber auch die natürlichen Instinkte nur unter der Bedingung einen Rechtsanspruch auf Befriedigung haben, daß sie auf naturgemäße Forderungen der Moral Rücksicht nehmen.«
22 Vgl. dazu: Potter 1985.
23 Zum die Bedürfnisbefriedigung einschränkenden Aspekt der Ehe in diesem Zusammenhang vgl. Bonadeo 1981.
24 Boccaccios Frauenfiguren verführen offenbar leicht dazu, in ihnen Vorkämpferinnen der Emanzipation zu sehen; vgl. Allen 1977.
25 Vgl. Potter 1985, die Einleitung des VI. Tages und II,10.
26 Vgl. Boccaccios Einleitung zum 'Decameron'.
27 Brockmeier 1972, S. 90.
28 Zur Ironie Dioneos und seiner Affinität zu Boccaccio selbst vgl. Allen 1977, S. 3-5.
29 Vgl. Dioneos anerkennenden Kommentar zu Gualteris Ehefeindlichkeit (Wesselski, S. 925) und seinen Schlußkommentar (Wesselski, S. 937).

[30] Die Seitenangaben der italienischen Zitate beziehen sich auf Brancas Decameron-Ausgabe: Boccaccio, Decameron 1960. Die Seitenangaben der deutschen Boccaccio-Zitate beziehen sich auf die von Wesselski übersetzte Ausgabe: Boccaccio, Dekameron, Bd. 2, [6]1982.

[31] Vgl. dazu: Bonadeo 1981, S. 296: »In sum, adultery in the 'Decameron' exhibits those characteristics one would look for in marriage, but in vain: spontaneity, free play of wills and emotions, and freedom from social and moral constraints.«

[32] Vgl. dazu Duby 1985,

[33] Vgl. ebenda, S. 50: »Diese Eheform zweiten Ranges wurde benutzt, um die Sexualität junger Männer in geregelte Bahnen zu lenken, ohne dabei schon endgültig die Zukunft der 'Ehre' zu verpfänden. Aus einer solchen Beziehung wurden Kinder geboren, deren Erbansprüche weniger gesichert waren als die von Sprößlingen eines rechtmäßigen Paares: Wenn ihr Vater beschloß, eine Verbindung höheren Ranges einzugehen, mußten die Kinder der Friedelfrau hinter der jüngeren, der 'rechten' Gemahlin zurücktreten. (...) Die Tochter wurde in diesem Fall nicht so sehr vergeben, als vielmehr verliehen.«

[34] Vgl. ebenda, S. 58f. Zur Heiratspolitik im Italien des 15. Jahrhunderts vgl. Martines 1963, S. 57ff.

[35] Vgl. Duby 1985, S. 79 f.: »Sie (die Ehe, K.H.) grenzt von der Sünde ab – und man ahnt kaum wahrnehmbar die Vorstellung, daß sie ein Sakrament sei. Aber sie verlangt Disziplin. (...). Wenn das Sexualverhalten der Eheleute Gegenstand einer aufmerksamen Überwachung ist, so darum, weil diese Männer und Frauen sich durch die Heirat in dem geordneten Sektor der Gesellschaft angesiedelt haben.«

[36] Dies bedeutet gleichzeitig auch, daß Gualteri seine Identität als Feudaladeliger bestätigt; auf diesen Zusammenhang kann hier jedoch leider nicht weiter eingegangen werden. Vgl. dazu: von der Lühe 1978.

[37] Vgl. dazu Kapp 1982, S. 102: »Sie (die Prüfung, K.H.) wird nur mit der juristischen Logik einer morganatischen Ehe motiviert, wo der Partner niederen Standes aus der Sippe des Partners höheren Standes ausgeschlossen bleibt. Da die Nachkommenschaft den neuralgischen Punkt einer solchen Verbindung darstellt, wird der Beginn von Griseldis' Erprobung in den Abschnitt gelegt, in dem sie Gualteri ein Kind zur Welt bringt.«

[38] Zu Gualteri als Held der Novelle vgl. Pernicone 1930 und Russo [2]1972.

[39] »(...) e savissimo reputaron Gualtieri, (...).« S. 1232. »(...) Gualteris hohe Klugheit wurde anerkannt (...).« S. 936.

[40] Vgl. Kapp 1982, S. 100-102.

[41] Lediglich einmal ist Liebe Motiv für Griseldis' Verhalten, bezeichnenderweise jedoch erst, nachdem die Ehe aufgelöst ist: »Come che queste parole fossero tutte coltella al cuore di Griselda, come a colei che non aveva così potuto por giù l'amore che ella gli portava, come fatto avea la buona fortuna, (...).« S. 1229.
»Obwohl diese Worte Messerstiche waren für das Herz Griseldas, die ja der Liebe, die sie zu ihm trug, nicht so hatte entsagen können, wie ihrem Glücke, (...).« S. 933.

[42] Vgl. Neuschäfer 1969, S. 106: »Daß die Griseldanovelle in Wahrheit aber gerade nicht mehr als ein erbauliches Exemplum aufgefaßt werden kann, daran läßt der kritische Erzählerkommentar am Anfang und am Ende der Geschichte überhaupt

keinen Zweifel. Aber die Novelle wird nicht allein durch den kritisch-ironischen Kommentar 'entwertet', sondern ist in sich schon so angelegt, daß sie den kritischen Kommentar auch herausfordert.«

43 Die Seitenangaben der folgenden Zitate aus Petrarcas 'De oboedientia et fide uxoris' beziehen sich auf den Abdruck bei Hess 1975.

44 S. 238; 358-361:
»(...) ut quod hec viro suo prestitit, hoc prestare Deo nostro audeant. Qui (...) probat tamen et saepe nos multis ac gravibus flagellis exerceri sinit (...).«
»(...) so daß sie ermutigt werden, dasjenige, was jene ihrem Gemahl erwiesen hat, unserem Herrgott zu erweisen, der (...) uns dennoch prüft und oft auch zuläßt, daß wir von zahlreichen und schweren Strafen heimgesucht werden (...).«

45 Petrarca, 'De remediis', 1649.

46 Vgl. Knape 1978.

47 So kündigt Valterius z.B. seine Prüfung an: »Id tibi prenuncio ne te inopinus et subitus dolor turbet.« S. 210, 202. »Dies kündige ich dir im voraus an, damit der unerwartete und plötzliche Schmerz dir nicht die Besinnung rauben möge.«

48 S. 206, 179-180: »Reversus ad dominum, cum quid dictum quidve responsum esset exposuisset et ei filiam obtulisset, vehementer paterna animum pietas movit; (...).«
»Als er zu seinem Herrn zurückgekehrt war, von der Unterredung berichtet und ihm die Tochter übergeben hatte, bewegte heftig väterliches Mitleid sein Herz (...).«

49 Petrarca, 'De remediis', S. 195f.

50 Ebenda, S. 198.

51 S. 238, 357: »(...) pacienciam, que michi vix imitabilis videtur, (...).«
»(...) eine Geduld, die mir kaum nachahmbar erscheint (...).«

52 S. 238, 356-359: »Hanc historiam stilo nunc alior retexere visum fuit, non tam ideo, ut matronas nostri temporis ad imitandam huius pacienciam, (...), quam ut legentes ad imitandam saltem femine constanciam excitarem, (...).«
Es schien mir gut, diese Geschichte in anderem Stil noch einmal zu schreiben, nicht so sehr um die heutigen Ehefrauen zur Nachahmung der Geduld (...), sondern vielmehr um die Leser zur Nachahmung der Standhaftigkeit dieser Frau zu bewegen (...).«

53 Abgedruckt bei Hess 1975, S. 177-237.

54 So steht die 'Griseldis' z.B. in der Hs. Cgm 311 neben Arzneirezepten und Eybs 'Ehebüchlein'; in CCl. 747 zusammen mit einem Ehetraktat, einer Abhandlung über christliche Lebensführung und diversen sternkundlichen Texten. Vgl. Hess, S. 24 und 27-32.

55 Vgl. z.B. die sog. 'Ehemären' des Stricker: Liebe und Ehe 1970, Stricker ^{4}1979; dazu auch: Londner 1973.

56 Vgl. z.B. 'Die böse Adelheid', in: Niewöhner ^{2}1967, S. 44-46 und 'Die gezähmte Widerspenstige', ebenda, S. 36-39.

57 Vgl. z.B. Sibotes 'Frauenerziehung', ebenda, S. 1-55.

58 Für Italien gilt dies weit weniger, da die Wirtschaft dort in erster Linie auf dem Fernhandel basierte, an dem Frauen sich kaum beteiligen konnten. Vgl. Ennen ^{2}1985, S. 199.

59 Hier ist insbesondere die Erweiterung der sog. Schlüsselgewalt zu nennen, die den

Frauen auch außerhalb des Hauses neue Handlungsmöglichkeiten einräumte. Vgl. Londner 1973, S. 89 ff.

60 Die Möglichkeiten selbständiger Tätigkeit waren für die Frauen natürlich von Stadt zu Stadt sehr unterschiedlich, z.T. jedoch – wie z.B. in Köln – erstaunlich gut. Vgl. Ennen ^{2}1985, S. 141 ff., Kroemer 1982, S. 73-96.

61 Vgl. Kroemer 1982, S. 92.

62 Vgl. Luther 1978.

63 Vgl. dazu die Schwankliteratur des 16. Jahrhunderts. Eine kleine Auswahl der didaktischen Literatur des Mittelalters bis zum 16. Jahrhundert gibt Dallapiazza 1984.

64 Die Seitenangaben der Grosz-Zitate beziehen sich auf die Ausgabe von Strauch: Grosz 1931.

65 Vgl. Strauchs Einleitung, S. XV.

66 Ebenda, S. XXXIX f. Vgl. auch Eyb 1982.

67 Besonders wird das zärtliche Verhältnis zwischen Grisardis und ihrem Vater hervorgehoben; vgl. S. 30.

68 S. 1, 5-11: »dorum alzo ich geacht habe in dieser zeit cristenleut sytten, besundern der die in der e sitzen und halten nicht den glauben noch getrawen der man dem weibe und daz weib dem manne, so wil ich, (...) schreib ein hystorie und fuͤr lege den eleuten und allen menschen zu pesserung (...).«

69 Vgl. Kap. V, S. 15-23.

70 S. 44, 34-45,2: »Aber so nymand an suͤnde ist, wer weiß waz in yr (Grisardis, K.H.) zu strafen waz, daz sie hoͤer zu neme in tugunden, und daz do klein waz, daz gevil gote nicht wol in yr.«

71 S. 46 ff.

72 S. 32

73 Vgl. dazu Laserstein 1926, S. 58-90.

74 Griseldis, 1873.
Die Seitenangaben der folgenden Zitate beziehen sich auf diese Ausgabe.

75 S. 10, 2-22: »(...) do thrachte Walterius unde vorsan sich czu male tif unde begerte czu besinnende, wie he siner frowen bestendekeit unde gehorsam möchte vorsuͤchen unde erkennen.«

76 Nur einmal deutet der Erzähler das Außergewöhnliche von Walterius' Verhalten an: S. 14, 30-33: »O herregot, es were gar genuͦg gewest, wiblich geslechte so ernstlich unde gestrengeklich czu vorsuͤchene in elichem leben unde elichem ganczen globen. idoch liß der libe herre nicht abe von siner ernstikeit adder gestrengekeit, (...).« Nicht das Prüfungsverlangen als solches ist hier jedoch Grund zur Verwunderung, sondern nur die Ausdauer des Grafen.

77 S. 6, 20-25:
»(...) alzo das sie das alder ires liben vaters unde sien armut betrachte unde sien gar flißig warte unde siner geringen schefchen, unde ging czu wilen heim von dem velde unde kochte ihrem vatere krudechin, kölichen, dor noch die cziet was, unde spaen iren rogken und bereitte ire nachtruge uf das slechte stro.«

78 Der Erzähler fügt z.B. hinzu, was Griseldis angesichts der Prüfungen hätte sagen können und deutet damit ein denkbares und naheliegendes Verhalten an, gegen das sich ihr Gleichmut umso stärker abhebt.

S. 11, 32-34: »si hette aber wol mocht sprechen 'owe des rates mines mannes! owe der sweren stunde! owe des bittern ambligkes disses knechtes!'«

79 Keller, S. 40-68. Die Seitenangaben der folgenden Zitate aus der 'Comedi' beziehen sich auf diese Ausgabe.

80 Hartmann 1912, S. 22.

81 Vgl. Hirdt 1976, S. 42 ff.

82 Vgl. Hartmann 1912, S. 60 f. und Krause 1979, S. 61 ff.

83 Z.B. in der Bearbeitung von V,3: 'Petrus floch mit seiner lieben', Goetze/Drescher 3, Nr. 153 und dem entsprechenden Spruchgedicht: 'Ein wunderlich histori', Keller 22, S. 310 f. Vgl. auch die Bearbeitung von V,7: 'Theodorus mit Violanta', Goetze/Drescher 4, Nr. 353 und die 'Comedi mit dreyzehen personen, die Violanta, eines ritters tochter', Keller 22, S. 340-365.

84 Z.B. die Bearbeitung von IV,1: 'Gismunda mit Guisgardo', Goetze/Drescher 3, Nr. 4; von IV,5: 'Historia. Ein keglich geschichte von zweyen liebhabenden. Der ermört lorenz', Keller 2, S. 216-222; von IV,6: 'Andreola mit Gabriotto', Goetze/Drescher 3, Nr. 6; von IV,7: 'Historia, wie zwey liebhabende von einem salvenblatt sturben', Keller 2, S. 223-225.

85 So lautet die Moral zu der Bearbeitung von III,3 ('Der kuͤplet muͤnich'): »Das aus haimlicher lieb erwachs heimliche freud, das wuͤnscht Hans Sachs.« Goetze 1, Nr. 107.

86 Vgl. die Bearbeitungen von IV,6 und 7 (Anm. 112).

87 Vgl. Krause 1979, S. 66 f. und Kartschoke/Reins 1978.

88 Kartschoke/Reins 1978, S. 126.

89 Laserstein 1926, S. 66 f.

90 Krause 1979, S. 147.

91 Ebenda, S. 149.

92 Vgl. ebenda, S. 136.

93 Laserstein 1929, S. 69.

94 Ebenda.

95 Krause 1979, S. 141.

96 Laserstein 1926, S. 69.

97 Dieser Aspekt ist schon bei Petrarca angelegt: »(...) sic illis incubuerat ut alia pene cuncta negligeret; (...).« Hess 1976, S. 179 f. Der 'mitteldeutsche Anonymus' spricht wie Sachs eindeutig von vernachlässigten Herrscherpflichten: »(...) das he der regirunge sind landes vergaz (...)!« Griseldis 1873, S. 5.

98 S. 42, 31-43, 2.

99 S. 66, 8-16: Die ding hab ich darumb gethan
Das unser tochter lehren sol,
Das sie ein mann auch halte wol
(...);
Der-gleich, wann unser sun thu alten,
Das er ein gmahel wiß zu halten,
Mit vernufft in probieren thu
Und darnach mit ir leb in rhu,

100 Vgl. den Dialog des Grafen mit seinen 'trabanten' S. 58, 1-27. Die negativen Züge des Grafen sind sicherlich auch auf eine kritische Haltung Sachs' dem Feudaladel gegenüber zurückzuführen. Entsprechend dazu wird positiv Griseldis' niedere Herkunft thematisiert. Vgl. S. 49, 14-28.

101 S. 51, 32 und S. 52, 23-24.

102 Krause 1979, S. 149.

103 S. 67, 4-28.

104 Georg Mauricius, der u.a. auch Sachs als Vorlage für seine Komödie verwendet hat, thematisiert den Widerspruch zwischen dem Verhalten des Grafen und der Lehre: Er kennzeichnet das Verhalten des Grafen als der Didaxe zuwiderlaufend. Vgl. Mauricius 1606, Bl. Gij^{v}.

105 Luhmann ^{4}1984, S. 183 f.

106 Vgl. Laserstein 1926, S. 90-92.

107 Mauricius 1606. Alle folgenden Seitenangaben der Mauricius-Zitate beziehen sich auf diese Ausgabe.

108 Sowohl im Prolog (Aiiij^{v}-Av^{r}) als auch im Epilog (G^{v}-Gi^{r}) wird dieser Aspekt zentral behandelt. Erst an zweiter Stelle wird Griseldis als die vorbildliche Ehefrau den Leserinnen zur Nachahmung empfohlen.

109 Bl. E^{r}, Monolog Griseldis:

> 'Man sagt: Die Lieb ist leids anfang /
> Es steh auch an kurtz oder lang /
> Das erfahr jetzt ich arme Fraw /
> Mein jåmmerlichs Elend anschaw /
> An meiner ersten Leibesfrucht /
> Daran ich so hoch werd versucht.
> Aber Gott allein dem darff ichs klagn /
> Der helff mir dieses Kreutz auch tragen / '

Ähnlich nach der Entfernung des zweiten Kindes, vgl. Bl. Evj^{r}-Evij^{v}.

110 Dies ist im 'mitteldeutschen Anonymus' schon angelegt, wird aber nicht ausgeführt. Vgl. Anm. 105.

111 Vgl. dazu Lasersteins Erläuterungen zu Martin von Cochems Bearbeitung: Laserstein 1926, S. 125-130.

112 Vgl. Luhmann ^{4}1984, S. 173 und 186 ff.

113 Widmann 1907, S. 118.

114 Vgl. Arnim 1912.

115 Vgl. Halm 1856.

116 Vgl. Hauptmann 1913.

117 Ebenda, S. 424.

118 Luhmann ^{4}1984, S. 195.

Quellen

Achim von Arnim: Die zweyte Hochzeit. Der zweyten Hochzeit zweyter Ausgang. In: ders: Ariels Offenbarungen. Hrsg. von Jacob Minor. Weimar 1912, S. 178-187.

Giovanni Boccaccio: Decameron. A cura di Vittore Branca. Nuova edizione con xilografie tratte dalla prima stampa illustrata (1492). Firenze 1960.

Giovanni Boccaccio: Das Dekameron. Deutsch von Albert Wesselski. Bd. 2. Frankfurt a.M. [6]1982 (insel Tb. 8).

Michael Dallapiazza: Wie ein Mann ein fromm Weib soll machen. Mittelalterliche Lehren über Ehe und Haushalt. Hrsg., ins Neuhochdeutsche übertragen und mit einem Nachw. versehen von M. Dallapiazza. Frankfurt a.M. 1984 (insel Tb. 745).

Albrecht von Eyb: Ehebüchlein. Ob einem manne sey zunemen ein eelichs weyb oder nit. (Reprograf. Nachdruck Nürnberg 1472). Mit einer Einführung zum Neudruck von Helmut Weinacht. Darmstadt 1982 (Texte zur Forschung 316).

Edmund Goetze: Sämtliche Fabeln und Schwänke von Hans Sachs. Hrsg. von Edmund Goetze. Bd. 1 Halle 1893.

Edmund Goetze und Carl Drescher: Sämtliche Fabeln und Schwänke von Hans Sachs. Die Fabeln und Schwänke in den Meistergesängen. Hrsg. von Edmund Goetze und Carl Drescher. Bd. 3 Halle 1900; Bd. 4 Halle 1903.

Griseldis. Apollonius von Tyrus. Aus Handschriften hrsg. von Carl Schröder. Leipzig 1873. In: Mitteilungen der Deutschen Gesellschaft zur Erforschung vaterländischer Sprache und Alterthümer Bd. 5 (1872), S. 1-21.

Erhart Grosz: Die Grisardis des Erhart Grosz. Nach der Breslauer Handschrift hrsg. von Philip Strauch. Halle/Saale 1931.

Friedrich Halm: Griseldis. Dramatisches Gedicht in 5 Akten. In: Dramatische Werke von Friedrich Halm (Eligius Frhr. von Münch-Bellinghausen) Bd. 1 Wien 1856, S. 1-155.

Gerhart Hauptmann: Griselda. In: ders.: Gesammelte Werke in sechs Bänden. Bd. 4 Berlin 1913, S. 353-424.

Adelbert von Keller: Hans Sachs. Hrsg. von Adelbert von Keller. Bd. 2 Tübingen 1870 (Bibl. d. Lit. Ver. 103); Bd. 8 Tübingen 1884 (Bibl. d. Lit. Ver. 121); Bd. 22 Tübingen 1894 (Bibl. d. Lit. Ver. 301).

Martin Luther: Vom ehelichen Leben und andere Schriften über die Ehe. Hrsg. von Dagmar C.G. Lorenz. Stuttgart 1978 (RUB 9896).

Georg Mauricius d.Ä.: Comoedia Von Graff Walther von Salutz/und Grisalden ... Leipzig 1606.

Heinrich Niewöhner: Neues Gesamtabenteuer. Bd. 1. 2. Auflage hrsg. von Werner Simon. Dublin/Zürich 1967.

Francesco Petrarca: De oboedientia et fide uxoris. In: Hess 1975, S. 173-238

Francesco Petrarca: De remediis utriusque Fortunae, libri duo. Editia nova ac melior. Roterodame 1649.

Heinrich Steinhöwel: Griseldis. In: Hess 1975, S. 177-239

Der Stricker: Liebe und Ehe. Lehrgedichte von dem Stricker. Mit Wort- und Sacherklärungen. Hrsg. von Wolfgang W. Moelleken. Chapel Hill 1970 (Univ. of North Carolina Studies in the Germanic Languages and Literatures 65).

Der Stricker: Verserzählungen Bd. 1. Hrsg. von Hanns Fischer. 4., revidierte Aufl. besorgt von Johannes Janota. Tübingen 1979.

Sekundärliteratur

Shirley S. Allen: The Griselda Tale and the Portrayal of Women in the Decameron. In: Philological Quarterly 56 (1977), S. 1-13.

Georg Bollenbeck: Till Eulenspiegel. Der dauerhafte Schwankheld. Zum Verhältnis von Produktions- und Rezeptionsgeschichte. Stuttgart 1985 (Germanist. Abhandlungen 56).

Alfredo Bonadeo: Marriage and Adultery in the 'Decameron'. In: Philological Quarterly 60 (1981), S. 287-303.

Vittore Branca: Boccaccio medievale e nuovi studi sul Decameron. Quinta edizione accresciuta. Firenze 1981.

Vittore Branca: Linee di una storia della critica al 'Decameron'. Con bibliografia boccaccesca. Roma 1939 (Bibliotheca della 'Rassegna' 23).

Peter Brockmeier: Lust und Herrschaft. Studien über gesellschaftliche Aspekte der Novellistik: Boccaccio, Sacchetti, Margarete von Navarra, Cervantes. Stuttgart 1972.

Peter Brockmeier: Vernunft und Leidenschaft, individuelles Glück und soziale Norm. Bemerkungen zu einer thematischen Struktur der Novellistik seit Boccaccio. In: Erzählforschung. Ein Symposion. Hrsg. von E. Lämmert. Stuttgart 1982 (DVjs Sonderband). (Germanist. Symposien. Berichtsbände 4), S. 367-384.

Marga Cottino-Jones: Fabula vs. Figura. Another Interpretation of the Griselda Story. In: Italica 50 (1973), S. 38-52.

Georges Duby: Ritter, Frau und Priester. Die Ehe im feudalen Frankreich. Übersetzt von Michael Schröter. Frankfurt a.M. 1985.

Edith Ennen: Frauen im Mittelalter. München [2]1985.

Julius Hartmann: Das Verhältnis von Hans Sachs zur sog. Steinhöwelschen Decameronübersetzung. Berlin 1912 (Acta Germanica, Neue Reihe, H. 2).

Ursula Hess: Heinrich Steinhöwels Griseldis. Studien zur Text- und Überlieferungsgeschichte. München 1975 (Münchener Texte und Untersuchungen zur deutschen Literatur des Mittelalters 43).

Willi Hirdt: Boccaccio in Deutschland. In: Studien über Petrarca, Boccaccio und Ariost in der deutschen Literatur. Hrsg. von Horst Rüdiger und Willi Hirdt. Heidelberg 1976 (Euph. Beiheft 8).

Robert Hollander: Boccaccio's Two Venuses. New York 1977.

Wolfgang Iser: Die Appellstruktur der Texte. Unbestimmtheit als Wirkungsbedingung literarischer Prosa. Konstanz [4]1971 (Konstanzer Universitätsreden 28).

Volker Kapp: Frauentugend und Adelsethos in Boccaccios Griselda-Novelle. In: Archiv für das Studium der neueren Sprachen 219 (1982), S. 89-108.

Erika Kartschoke und Christiane Reins: Nächstenliebe – Gattenliebe – Eigenliebe. Bürgerlicher Alltag in den Fastnachtspielen des Hans Sachs. In: Hans Sachs. Studien zur frühbürgerlichen Literatur im 16. Jahrhundert. Hrsg. von Thomas Cramer und E. Kartschoke. Bern. Frankfurt. Las Vegas 1978 (Beiträge zur älteren deutschen Literaturgeschichte 3), S. 105-139.

Joachim Knape: De oboedientia et fide uxoris. Petrarcas humanistisch-moralisches Exempel 'Griseldis' und seine frühe deutsche Rezeption. Göttingen 1978 (Gratia 5).

Helmut Krause: Die Dramen des Hans Sachs. Untersuchungen zur Lehre und Technik. Berlin 1979.

Barbara Kroemer: Von Kauffrauen, Beamtinnen, Ärztinnen – Erwerbstätige Frauen in deutschen mittelalterlichen Städten. In: Frauen in der Geschichte II. Fachwissenschaftliche und fachdidaktische Beiträge zur Sozialgeschichte der Frauen vom frühen Mittelalter bis zur Gegenwart. Hrsg. von Annette Kuhn und Jörn Rusen. Düsseldorf 1982.

Kaete Laserstein: Der Griseldisstoff in der Weltliteratur. Eine Untersuchung zur Stoff- und Stilgeschichte. Weimar 1926 (Forschungen zur neueren Literaturgeschichte 58).

Norman Lavers: Freud, the Clerkes Tale, and Literary Criticism. In: College English 26 (1964), S. 180-187).

Monika Londner: Eheauffassung und Darstellung der Frau in der spätmittelalterlichen Märendichtung. Diss. Berlin 1973.

Irmela von der Lühe: Griseldis: Selbstlosigkeit als Ideal weiblicher Identität. In: Frauen als bezahlte und unbezahlte Arbeitskräfte. Beiträge zur 2. Berliner Sommeruniversität Oktober 1977. Berlin 1978, S. 365-385.

Niklas Luhmann: Liebe als Passion. Zur Codierung von Intimität. Frankfurt a.M. ^{4}1984.

Lauro Martines: The Social World of the Florentine Humanists 1390 – 1460. Princeton 1963.

Hans-Jörg Neuschäfer: Boccaccio und der Beginn der Novelle. München 1969 (Theorie und Geschichte der Literatur und der schönen Künste 8).

Vincenzo Pernicone: La novella del marchese di Saluzzo. In: La Cultura 9 (1930), S. 961-974.

Giuseppe Petronio: Giovanni Boccaccio. In: I Classici italiani nella storia della critica. Opera diretta da Walter Binni. Vol. 1: Da Dante al Marino. Firenze ^{7}1974 (Paideia 4).

Joy Hambuechen Potter: Five Frames for the Decameron Communication and Social Systems in the 'Cornice'. Princeton 1982.

Joy Hambuechen Potter: Women in the Decameron. In: Studies in the Italian Renaissance. Essays in Memory of Arnolfo B. Ferruolo. Ed. by G. P. Biasin, A. N. Mancini and N.J. Perella. Napoli 1985 (Studi e testi di bibliologia e critica letteraria 12), S. 87-103.

Otto Rank: Der Sinn der Griselda-Fabel. In: Boccaccios Decameron. Hrsg. von Peter Brockmeier. Darmstadt 1974 (WdF 324), S. 193-212.

Luigi Russo: Griselda e il marchese di Saluzzo. In: Letture critiche del Decameron. Bari ^{2}1972, S. 315-328.

Giulio Savelli: Struttura e valori nella novella di Griselda. In: Studi sul Boccaccio Bd. 14 (1983/84), S. 279-301.

Gustav Widmann: Griseldis in der deutschen Literatur des 19. Jahrhunderts. In: Euph. 14 (1907), S. 101-134.

Erika Kartschoke

Eine feine liebliche gottselige Comedie. Ehelehre in Tobias-Dramen des 16. Jahrhunderts

Geschichten aus den kanonischen und apokryphen Büchern des Alten Testaments gehören im 16. Jahrhundert zu den beliebtesten Stoffen der dramatischen Literatur. Isaak und Judith, Joseph, Tobias und Susanna erfreuen sich der Aufmerksamkeit nicht nur des lateinischen wie des deutschen Schuldramas, sondern auch des 'Bürgerspiels' in der Tradition des spätmittelalterlichen geistlichen Schauspiels. Luther hatte in den Vorreden zu seinen Übersetzungen diese biblischen Erzählungen wegen ihres exemplarischen Charakters zur literarischen Bearbeitung empfohlen. Ohne Zweifel verdankt sich das Interesse der zum allergrößten Teil protestantischen Autoren dieser Anregung. Doch liegt die Attraktivität dieser Erzählungen auch darin, daß sie eine Handlungssystematik bieten, die selbst ungeübten Autoren die Literarisierung neuer theologischer Postulate und die Inszenierung exemplarischen Verhaltens erleichterte.

Das Buch »Tobias«[1] hatte Luther zur Umsetzung in eine *feine liebliche gottselige Comedien* empfohlen als Exempel unbedingten Glaubens und rechten Weltlebens in Ehe und Familie:

Also zeigt das Buch Tobias an / wie es einem fromen Bawr oder Bürger auch vbel gehet / vnd viel leidens im Ehestand sey / Aber Gott jmer gnediglich helffe / vnd zuletzt das ende mit freuden beschliesse. / Auff das die Eheleute sollen lernen gedult haben / vnd allerley leiden / auff künfftig hoffnung gerne tragen / in rechter furcht Gottes vnd festem glauben. (Vorrede, S. 1731, 26ff.).

Diese Geschichte aus der Zeit der babylonischen Gefangenschaft der Juden führt in weit gespannter Handlung das Schicksal zweier von Gott schwer geprüfter Familien vor: der Familie des alten Tobias[2], der erst durch den Heidenkönig verfolgt wird und dann durch Blindheit verarmt, und der des reichen Raguel, dessen Tochter Sara nicht zu verheiraten ist, weil der Teufel Asmodes ihre Bräutigame in der Hochzeitsnacht umbringt. Als Tobias von seiner Frau und Freunden wegen seines Gottvertrauens verspottet wird, schickt er seinen Sohn, den jungen Tobias, ins Mederland aus, um Geld einzutreiben, das er seinem Glaubensbruder Gabel geborgt hatte. Der von Gott entsandte Engel Raphael bietet sich unerkannt als Begleiter an. Er rät Tobias, die Innereien eines unterwegs erlegten Fisches aufzubewahren, bei Raguel einzukehren, dessen Tochter zu heiraten und sich durch ein Rauchopfer aus Herz und Leber des Fisches wie durch Keuschheit und Gebet in der Hochzeitsnacht vor dem Teufel zu bewahren. Tobias handelt nach diesem Rat und erlöst damit Sara. Während des achttägigen Hochzeitsfestes holt Raphael für Tobias das Geld von Gabel und bringt diesen mit zur Feier. Reich ausgestattet kehrt das junge Paar zum alten Tobias zurück, der Sohn heilt ihn auf Geheiß Raphaels durch Auflegen der Fischgalle. Als der Reisegefährte beim folgenden Familienfest entlohnt werden soll, gibt er sich zu erkennen, und Vater Tobias stimmt einen Lobgesang an. Zum Schluß wird kurz erwähnt, daß das junge Paar nach dem Tod der Eltern des Tobias zu Saras Eltern zieht, Ninive von Gott vernichtet wird und die Juden ins gelobte Land zurückkehren.

Diese Geschichte erfährt im 16. Jahrhundert ganz unterschiedliche dramatische Umsetzungen, von der breiten Entfaltung der ganzen Handlung (z.B. Sachs, Ackermann, Wickram) bis zur Konzentration auf eine Episode (Crusius), von der Inszenierung des Bibeltextes ohne wesentliche Eingriffe des Autors (z.B. Sachs) bis zur umfangreich interpretierenden Bearbeitung (z.B. Wickram, Rollenhagen). Auch inhaltlich akzentuieren die Autoren ganz unterschiedlich. Die einen stellen den trotz schwerer Prüfung glaubensfesten alten Tobias in den Mittelpunkt, die anderen die Eheschließung des jungen Tobias.[3] Wie sehr die Tobiasgeschichte als Eheexempel verstanden wurde, läßt sich daraus ablesen, daß sie Gegenstand von Ehepredigten ist[4], Tobias-Dramen für Hochzeiten geschrieben oder anläßlich einer Hochzeit aufgeführt wurden[5] und daraus, daß der junge Tobias auch außerhalb der biblischen Erzählung als Exempelfigur der Ehedidaxe erscheint.[6]

Zwei Beispiele sollen im folgenden für die unterschiedliche Akzentuierung der vorgegebenen Handlung und damit der Ehedidaxe stehen: Jörg Wickrams »Tobias«, wohl die beliebteste und literarisch wirksamste Dramatisierung dieser biblischen Erzählung im 16. Jahrhundert, und Georg Rollenhagens Tobias-Drama, das als eine der eigenwilligsten Bearbeitungen dieses Stoffes gilt, aber (deshalb?) kaum weitergewirkt hat.[7]

Jörg Wickram

Jörg Wickram inszeniert die ganze Tobiasgeschichte in einem Riesenschauspiel, das an zwei Tagen des Jahres 1550 von der Bürgerschaft Colmars öffentlich aufgeführt wurde.[8] In mehr als 5 000 Versen und 98 Sprecherrollen stellt er Welt und Überwelt, Gott, Engel und Teufel, den König von Babylon und seinen Hofstaat, fromme Familien mit Gesinde und Nachbarn, verfolgte Juden und mordende Heiden auf die Bühne. Er gliedert das Geschehen, den beiden Aufführungstagen entsprechend, in zwei große Teile.[9] Das Spiel beginnt mit einer zweifachen Adresse an das Publikum: Dem traditionellen, über Inhalt und Intention informierenden Auftritt des Herolds geht eine Szene voran, in der der Teufel die Zuschauer zur Störung der Aufführung zu animieren sucht und damit den didaktischen und erbaulichen Wert des Spiels erst recht herausstellt. Der erste Handlungsteil umfaßt die Verfolgung der Juden und des frommen Tobias durch den tyrannischen Herrscher Sennaherib, der von den eigenen Söhnen ermordet wird, die Rehabilitierung des alten Tobias durch den neuen König, seine Erblindung, den Aufbruch seines Sohnes Tobias in Begleitung Raphaels ins Mederland und die Erlegung des Fisches. Der zweite Teil umfaßt die Einkehr bei Raguel, die Eheschließung des jungen Tobias mit Sara, die Überwindung des Eheteufels Asmodes, die Heimkehr des jungen Paars zum Vater Tobias, dessen Heilung und schließlichen Tod im Kreise seiner Familie.

Wickram setzt den biblischen Bericht in allen seinen Details in Szene, den Judenmord ebenso wie den Fang und das Zerlegen des Fisches, und selbst das Hündchen ist dabei, das Tobias in die Fremde begleitet. In der Widmung des 1551 gedruckten Spiels an Friedrich von Hattstatt[10] rechtfertigt Wickram die Länge des Spiels mit dem biblischen Tobiastext selbst: *Denn schad wers so man etwas vom Text solt außgelassen haben / welcher billich ein gůlden Kleinot mag genannt werden* (S. 133,4 ff.), und stellt die Geschichte als vorbildlich für die ganze Lebensführung vor:

> *denn die gantz History durch auß zu der forcht gottes manung thut / die lieb des nehsten fürdert / wie und was gstalt man gastung halten sol / Die jugent (wes sie sich gegen den Eltern halten sol) freuntlich unterweiset / wie mann sich in Ehelichen standt begeben und leben soll / Zur gedult gar trőstlich ermanet und stercket / unnd auff die letzt was unser entliche hoffnung in diesem elenden jemerthal sein solle …* (S. 133,6ff.).

Die dramaturgische Ökonomie seines Spiels – abbreviatio in der *History von Kőnig Sennaherib*, amplificatio, wo der Text *von Tobia seiner freundschafft und andern meldung thut* (S. 132,30 f.) – begründet er mit der Scheu vor *großem pracht* (S. 132,23). Sowohl diese Gewichtung wie mehr noch die Konfrontation beider Handlungssphären führen letztlich zur Aufwertung der familialen Sphäre und lassen diese »History« zum Ehe- und Hausväterexempel werden. Wickram gliedert die Handlung in unterschiedlich lange, manchmal nur 4 Verse umfassende Sequenzen, die jeweils unmittelbar aufeinander bezogen sind. Diese eigentümliche Form dient offensichtlich der Darstellung von Gleichzeitigkeit[11], vor allem aber dem Vergleich von Handlungen und Handlungsweisen[12] und pointiert insbesondere den Gegensatz zwischen den gottlosen Heiden und den gottesfürchtigen Juden. Die einleitende Szenenfolge kann dies verdeutlichen:

– Tobias tröstet fünf seiner Glaubensbrüder, nimmt sie zu Beratung und Gebet mit ins Haus (v. 219-292);

- König Sennaherib berät mit seinen Hofbeamten über die weitere Verfolgung der Juden und besonders des Tobias (v. 293-497);
- der fromme Aser warnt Tobias vor dem tyrannischen, blutrünstigen König (v. 498-525);
- die 'Trabanten' des Königs fühlen sich zu eigenständigen Mordanschlägen gegen Juden legitimiert (v. 526-557);
- Tobias und Aser verabschieden sich herzlich und voll Bedenklichkeit füreinander auf der Schwelle des Hauses (v. 558-563);
- drei Soldaten beobachten Aser, lauern ihm auf der Straße auf und ermorden ihn (v. 564-579);
- Tobias und sein Sohn hören das *mortgeschrey*, finden den Toten, beklagen und begraben ihn (v. 580--597);
- die Mörder ziehen ins Wirtshaus (v. 598-618).

Die Gottlosen, das sind im weiteren Handlungsverlauf Königshof und Soldateska, eine Welt voll Intrigen, Raub und Mord, in der der König den eigenen Sohn zu vernichten trachtet und die Beseitigung des Tyrannen den Sohn mit dem Makel des Vatermords belastet. Die Gottesfürchtigen, das sind die frommen Familien, die kleine Welt der glaubensstarken Hausväter, folgsamen Kinder und des treuen Gesindes, in der alle sich in Not und Verfolgung gegenseitig unterstützen. Inhaltlich ist dies durch die biblische Erzählung vorgegeben, doch Wickram akzentuiert den Kontrast durch die szenische Opposition[13], die auch eine räumliche ist: Der gefahrvollen Außenwelt steht das Haus als befriedeter Raum gegenüber. Das Haus zu verlassen ist ein Wagnis auf Leben und Tod: *vor der thůr* (v. 581), *grad hinden an dem Hauß* (v. 2010), *dauß an der wand* (v. 2108) passiert das Unglück.

Daß die antithetische Handlungsführung Wickrams eigene Interpretation der biblischen Erzählung ist, zeigen vor allem ähnlich angeordnete, den alttestamentlichen Wortlaut ergänzende Passagen des zweiten Teils, die auch das fromme Hauswesen Raguels mit dem Königshof konfrontieren:

- Bei Hof tafelt man in ausgeklügeltem hierarchischen Zeremoniell (v. 3032-3095);
- im Haus Raguels sitzen alle bei Tisch zusammen und beten mit dem Hausvater, eine unwillige Magd muß sich der Hausfrau fügen (v. 3102-3169);
- die 'Trabanten' erzählen bei Tisch, wie sie entgegen dem Befehl des neuen Königs foltern und plündern und das Geraubte im Wirtshaus verprassen (v. 3170-3387);
- die Knechte Raguels erfüllen ihre Aufgaben eifrig und auftragsgemäß (v. 3388 ff.).

Haus und Familie werden als Friedensbereich gesichert durch das umsichtige Regiment des Hausvaters und die problemlose Anerkennung der familiären Herrschaftsstrukturen durch Ehefrau, Kinder und Gesinde:

»Das frewt mich in meim hertzen sehr
Das ich dich also willig hör« (v. 1523 f.),

kommentiert Hausvater Tobias die Beflissenheit, mit der seine Ehefrau Hanna seinen Anordnungen im Haus folgt. Wickram beschränkt Hannas Tätigkeit auf die Versorgung des Hauses. Die biblischen Hinweise auf ihre handwerkliche Tätigkeit, mit der sie dort während der Blindheit des Tobias die Existenz der Familie sichert, werden auf eine Nebenbemerkung verkürzt (v. 2208-2210). Nur bei Abwesenheit des Hausherrn ist der Hausfrau die Verantwortung für das Haus übertragen, ein gut geführtes Gesinde unterstützt sie darin und bekommt dafür vom Hausvater Extralohn.[14]

Hans Bol: Geschichte des Tobias, 1565 (Ausschnitt). Im Vordergrund verheiratet Raguel seine Tochter Sara mit Tobias, im Hintergrund das Hochzeitsmahl.

Als Exempel fraglosen Gehorsams – gegenüber dem Willen Gottes wie dem der Väter – zeichnet Wickram die Kinder. Der junge Tobias hilft dem Vater unter Lebensgefahr, ermordete Glaubensbrüder zu begraben, und läßt sich, ohne eine Begründung zu verlangen, auf die gefahrvolle Reise ins Mederland schicken.[15] Die Tochter Sara läßt sich ungefragt und wortlos vom Vater dem fremden Tobias verheiraten[16]:

»Die Tochter sol dein eigen sein
Kom Sara liebste Tochter mein
Und gib mir her dein rechte Hand
Dir ist ein Mann von Gott erkant
Drumb Gott in allen dingen lob« (v. 3018 ff.).

Die Gehorsam demonstrierende Stummheit Saras endet erst in der Hochzeitsnacht, wenn sie der Aufforderung ihres Ehemanns zu keuscher Enthaltsamkeit zustimmt und betet.

Dieses ideale Verhältnis von Herrschaft und Unterordnung ermöglicht eine Atmosphäre von Harmonie und Zuneigung, die die Ehebeziehungen ebenso prägt wie das Verhältnis zwischen Eltern und Kindern: *Hanna mein lieb Gmahel* (v. 1515), *Sara zart liebste Haußfraw mein* (v. 4476), *Mein allerliebster Vatter* (v. 1509), *O du hertzliebster Vatter mein* (v. 4316), *liebste Mutter zart* (v. 4660). Die Eheharmonie sucht Wickram selbst gegen die biblische Quelle zu behaupten: Die Vorwürfe, die dort Hanna ihrem Ehemann Tobias macht, weil er durch seinen aufopfernden Dienst an den toten Glaubensbrüdern sich und die Familie gefährdet und weil er den unerfahrenen Sohn in die Welt hinausschickt, sind auf ein Minimum reduziert. Mit vorbildlicher Geduld und Sanftmut wird die kleinmütige Hanna von ihrem Mann zurechtgewiesen und getröstet: *Schweig Hanna liebe Haußfraw mein* (v. 1774), *Mein Hanna thu solch Wort vermeiden* (v. 1787), *Ach Hanna liebste Haußfraw mein / Nicht weyn nit woͤllst bekuͤmmert sein* (v. 2632 f.). Durch sein Vertrauen in die fröhliche Wiederkehr des Sohnes läßt sie sich sogleich beruhigen (*wolan so will ich zfrieden sein* v. 2644). Der affektiven Beziehung der Mutter zum Sohn nimmt Wickram so den Ruch mangelnden Vertrauens in Gottes und des Eheherrn Ratschluß und stellt ihr die ähnlich enge Bindung der Mutter Hanna an die Tochter Sara zur Seite, die sich im Abschiedsschmerz Hannas äußert, der in der Quelle keine Entsprechung hat:

»O Tochter Gott bhuͤt dich vor schmertzen
Dein hinfart geht mir nach zuhertzen
Ach Gott moͤcht nummen wissen ich
Das ich noch einmal sehe dich
So wer es mir nicht so schwerlich.« (v. 4401 ff.).

Das enge Verhältnis der Mutter zur Tochter wird bekräftigt durch ihr Geschenk zum Abschied: Sie hat es schon lange für sie aufbewahrt, es soll Sara an sie erinnern (v. 4365 ff.).

Indem Wickram die Geschichte weiterführt bis zum Tod des alten Tobias im Kreis der jungen Familie[17], entwirft er das Bild einer harmonischen Generationengemeinschaft, in der sich Kinder und Enkelkinder um den geliebten und geachteten Patriarchen scharen. Der Tyrann Sennaherib dagegen endet durch die Hand seines eigenen Sohnes.

In der kleinen Welt der frommen Familien ist auch das Gesinde fleißig und gehorsam, während im Reich der Heiden selbst der gerechte König keine Kontrolle über seine Untergebenen hat, die entgegen seinem Befehl plündern und marodieren (v. 3170 ff.). Magd und Knecht des Tobias begeben sich in Gefahr, um die Soldaten des Königs zu täuschen und so der Familie die Flucht zu ermöglichen. Selbst die zänkische und faule Magd im Hause Raguels, die von der biblischen Erzählung vorgegeben ist, muß sich im Sinne dieser Konzeption in die Hausgemeinschaft einfügen und – maulend – der Hausfrau gehorchen (v. 3154 ff.).

Die exemplarischen Familien stehen nicht allein, sie haben freundschaftlich und verwandtschaftlich verbundene Nachbarn. Wickram vermehrt ihre Zahl und läßt sie ihrerseits auch alle verheiratet sein. Die Ehepaare besuchen sich, teilen Freude und Leid, spenden Trost und Rat, fühlen miteinander:

»Tobias wie sichstu so trawrick?
Ich hab dich angesehen dick
Das du lasst manchen seufftzen schwer
Zeig uns an das ist mein beger
(...)
Denn so ein Mann sein leit thut klagen
Einem seinem vertrewten Freundt
Ein trost und rath er bey im findt« (v. 1702 ff.).

Schnauffend kommt Achior, als er die Nachricht von Tobias' Erblindung gehört hat, und erkundigt sich: *Hanna wie gehts es ist mir leit* (v. 2157). Befestigt wird diese Gemeinschaft durch das gemeinsame Mahl, das bei allen sich bietenden Anlässen im Haus stattfindet und das auch als einziges Element des Hochzeitsfestes genannt wird. Wickram inszeniert seine Bedeutung als communio, kommentiert aber vor allem die vorbildliche Mäßigkeit, die er der offenbar nicht ausrottbaren Attraktion festlichen Überschwangs[18] gegenüberstellt:

Du Haußvatter ler auch hiebey
Wie du solt halten Gasterey
Was Gest man darzu Laden soll

Nicht die sindt Rosen Taub und Toll
Und sitzen biß umb mitte nacht ...
Und thunt nur ihren Bachum Ehren (v. 67 ff.).

Innerhalb seiner Hausväterlehre mißt Wickram diesem Problem einen hohen Stellenwert zu: Der Herold kommentiert es zu Beginn und im Beschluß des Spiels, der Argumentator während der ersten Gastlichkeit im Hause des Tobias, und die Handlung führt an den frommen Familien die positiven, an den Trabanten die negativen Beispiele der *Gasterey* vor.

Doch der exemplarische Hausvater Wickrams verbindet nicht nur Freunde und Verwandte zu einer herzlichen und disziplinierten Gemeinschaft, er zeigt sich auch im Dienst am Nächsten – am toten Glaubensgenossen wie am anonymen Armen. Schon die erste Adresse des Argumentators stellt Tobias dem Publikum als ein Vorbild an Barmherzigkeit vor. Zwei Szenen, die in der biblischen Erzählung keine Vorlage haben, exemplifizieren den beispielhaften Umgang des wohlhabenden Hausvaters mit den Armen. In der ersten Szene schenkt Tobias einem Bettler eine Jacke (v. 1195 ff.), in der zweiten Geld (v. 4606 ff.).[19] Zuletzt proklamieren die Schlußrede Raphaels (v. 4771 ff.) und der Beschluß des Herolds (v. 5111 ff.) unter Berufung auf verschiedene Bibelstellen die Verpflichtung des Christen zu Nächstenliebe und Almosengeben.[20]

Das Regiment des Hausvaters wird so – auch aus der Konfrontation mit dem Regiment des Königs – zum Imperativ gottgefälliger Herrschaft. Ehe, Familie und Hauswesen erscheinen nicht nur als kleinste Einheit einer monarchisch regierten Gemeinschaft, sondern als ihr positives Modell.

Georg Rollenhagen

Georg Rollenhagen schreibt als Rektor des altstädtischen Gymnasiums in Magdeburg 1576 für eine öffentliche Schulaufführung ein Tobias-Drama als ein »Spiel vom heiligen Ehestand«.[21] Als Vorlage dient ihm das Tobias-Drama seines Wittenberger Studienfreundes Thomas Brunner[22], Rektor der evangelischen Lateinschule im österreichischen Steyr, das dort anläßlich einer Hochzeitsfeier aufgeführt worden war.[23] Dieser Anlaß ist das deutlichste Indiz dafür, daß der biblische Stoff Brunner vor allem als Eheexempel interessiert. Die Verfolgung der Juden und besonders des glaubensfesten Tobias in der babylonischen Gefangenschaft und seine Erblindung bilden deshalb die nur kurz resümierte Voraussetzung für die Geschichte zweier Familien, in der Armut der Wohlhabenheit, Ehenot der glücklichen Eheschließung gegenübergestellt werden.

Rollenhagens Bearbeitung muß den Bedürfnissen seiner großen Schule mit etwa 1 600 Knaben Rechnung tragen.[24] Obwohl er für sie Personal und Szenen vermehrt, holt er nicht etwa wie Wickram weiter in der Handlung aus, sondern rückt die Szenen im Hause Raguels und die Eheschließung des jungen Tobias mit Raguels Tochter Sara noch deutlicher in den Mittelpunkt als Brunner. Wie dieser gliedert er das Geschehen in 5 Akte, jeweils eingeführt von einem Argumentator und kommentiert von einem Chor. Das dem Spiel vorangestellte Argumentum resümiert in wenigen Sätzen die aufopferungsvolle Tätigkeit des alten Tobias für seine Glaubensbrüder und die Geschichte seiner Erblindung. Der erste Akt charakterisiert seine Not und die seiner Familie und bringt den Sohn in Begleitung Raphaels auf den Weg, der zweite umfaßt Brautwerbung und Verlöbnis, der dritte Hochzeitsnacht und Sieg über den Eheteufel, der vierte Hochzeitsfeier und Sieg über den Hausteufel und der fünfte Akt die glückliche Heimkehr des reichen jungen Paars in die Familie des alten Tobias und dessen Heilung durch den Sohn. Das Spiel endet mit Raphaels Abschied.

Rollenhagens zentrales Interesse an dem jungen Paar führt zu erheblichen Erweiterungen in der Darstellung von Brautwerbung, Hochzeitsfeier und Haushaltslehre. Dadurch erscheint vor allem Raguel in der Position des exemplarischen Hausvaters, die Geschichte des schwer geprüften Tobias ist nur noch Rahmenhandlung.[25] Rollenhagen motiviert den Entschluß des alten Tobias, seinen Sohn in die Fremde zu schicken, aus der Armut der Familie. Das Geld, das er in besseren Tagen großmütig einem bedrängten Glaubensbruder geliehen hatte, braucht er nun dringend selbst, um seine eigene Familie abzusichern. Hinzu kommt die Ehenot des blinden Tobias. Seine Ehefrau Anna macht ihm mit ihrem Gezänk und Hohn das Leben noch schwerer. Zwar sichert sie den Unterhalt der Familie, indem sie Handarbeiten an einen Verleger verkauft (v. 277 f.). Die *vngestuͤmmigkeit* (v. 298) jedoch, mit der sie ihrem Ehemann vorwirft, das Familienvermögen und ihre Mitgift mit Almosengeben vergeudet zu haben (v. 300 ff.), und ihn deshalb verhöhnt (v. 316 ff.), folgt dem Cliché der ‘bösen Frau’. Die Haltlosigkeit ihrer Vorwürfe spiegelt sich in den Schauergeschichten, die zwei Mägde über Sara und die Morde an ihren sieben Bräutigamen erzählen (v. 379 ff.).

Das eigentliche »Ehespiel« wird eröffnet mit einer Debatte über die Kriterien richtiger Gattenwahl. Raphael rät, Tobias solle um Raguels Tochter Sara anhalten. Tobias stellt diesem Rat eine Reihe von Sprichwörtern entgegen, die die Wahl eines unbekannten Ehepartners problematisieren:

»Wiltu freyen, Frey bey der Thuͦr
So hastu gut wechsel vnd kuͦhr;
Freyest du aber vber Land,
So hastu es Laster vnd schand« (v. 963 ff.)

oder:

»Wer da wil Bulen vber felt
Vnd vnterm Eiß nach Vogeln stelt,
Der bedůrf glůck vnd grosse kunst,
Sonst thut er manchen zuck vmbsunst« (v. 969 ff.).

Solche Erfahrungssätze sind gesprochen aus traditionalen Lebenszusammenhängen heraus und reflektieren zugleich die Unsicherheit, die aus deren Auflösung resultiert.[26] Raphael, der ja als himmlischer Beistand verbürgt, daß Tobias die ihm von Gott bestimmte Braut findet, relativiert die sprichwörtlichen Weisheiten durch das Beispiel von Isaak und Jakob, *Die holten jr Braut vber Feld* (v. 987). Voraussetzungen der richtigen Wahl auch derer, die nicht mehr in überschaubaren Räumen aufgehoben sind, seien der gleiche Glaube, Liebe und *von Tugent verwante gabn* (v. 982 f.). Als einzige dieser Tugendgaben wird Triebdisziplin genannt, denn Raphael schließt unmittelbar an diese Erörterung seine Warnung vor der *lust fleischlicher begier* an und die Aufforderung zur keuschen Hochzeitsnacht. Die Familie Raguels erfüllt die von Raphael zunächst genannten allgemeinen Voraussetzungen. Es handelt sich um Glaubensbrüder, deren Gottvertrauen sich in einem Traum Saras konkretisiert, der auf Tobias deutet. Hinzu tritt die wechselseitige Attraktion von Braut und Bräutigam, die sich in traditioneller Rollenverteilung als Erschrecken auf Seiten der Frau und als leidenschaftliche Zuneigung auf Seiten des Mannes äußert:

Sara *»Mein Hertz hat den Jüngling erkant*
Da ich ihn sah, mich etwas ahnt;
Erschrack, wust nicht wol, wie mir war« (v. 1093 ff.);
Tobias *»Wie holdselig Red, wie schönr Leib!*
Bald wie sie mir anboth jhr Hand,
Das Hertz mir in dem Leib anbrand« (v. 1118 ff.).

Anders als bei Wickram informiert der Hausvater seine Frau über den Antrag des Tobias und befragt sie:

»Wolt mir ewr meinung offenbarn!
Gern ich ewer bedencken wůst« (v. 1182 f.).[27]

Aber auch die Tochter wird um Zustimmung angegangen: *Wie lestu solchs gefallen dir?* (v. 1193). Auch hier demonstriert Sara ihren Gehorsam, aber sie deklariert ihn selbst[28]: *Nach ewerm Rath handelt mit mir! / Befehl mich Gott vnd euch zugleich* (v. 1194 f.). Daß das Zusammengeben der Brautleute[29] der Vorlage entsprechend unter Ausschluß der Öffentlichkeit stattfinden muß, rechtfertigt Rollenhagen durch die himmlische Autorität Raphaels (v. 1202 ff.). Er entspricht damit den Bemühungen der Reformatoren wie der städtischen Obrigkeit um öffentliche Kontrolle der Eheschließungen und Unterbindung der 'Winkelehen'.[30]

Das gegenseitige Eheversprechen, das durch den Austausch der Ringe bekräftigt wird (v. 1262), erweitert die traditionelle rollenspezifische Verpflichtung zu Schutz und Gehorsam um die Liebe – eine programmatische Aussage nicht nur im Sinn der Ehekonzeption Luthers, sondern auch angesichts der virulenten Gewaltbereitschaft der Ehepartner, die in der zeitgenössischen Literatur und Ehelehre mehr als einmal zum Thema gemacht wird.[31]

Der Chor faßt die von Gott kultivierte eheliche Gemeinschaft als Beschluß des 2. Aktes in ein Bild, das das Gleichnis vom Weinberg assoziiert:

Wie der Wintzer sein Rebelein
Mit fleiß an den pfahl bindet,
Das, wann es helt sein Stäbelein,
Sich fein herummer windet,
(...)
Allso verknüpfft Gott im Ehstandt,
Die nie wusten jhr Namen. (v. 1317 ff.).

Das Bild verweist auf das delikate Bedingungsverhältnis von sexueller und ökonomisch-moralischer Stärke des Ehemanns, die seine Rolle als Eheherr legitimiert.[32] Rollenhagen interpretiert dies in seiner Inszenierung der Hochzeitsnacht durch die Aufnahme von Hochzeitsbräuchen, die das populäre Verständnis geschlechtsspezifischer sexueller Anforderung ausstellen: Passivität der Braut, Aktivität des Bräutigams. Während Sexualität bei Wickram nur als von der Bibel vorgegebene Warnung *vor boͤsem glust* (v. 2920, 3544) erscheint, schafft Rollenhagen durch die Aufnahme von Hochzeitsbräuchen voll sexueller Konnotationen eine Möglichkeit des verdeckten Sprechens.

Daß in der Hochzeitsnacht gemeinhin vom Bräutigam der Beweis sexueller Potenz verlangt wird und diese Demonstration über seine Stellung in der Ehe und über sein Sozialprestige entscheidet, wird durch das Eherecht gesichert, aber auch durch zeremoniale Handlungen und Bräuche sichtbar gemacht[33], die die Gefährlichkeit des ersten Geschlechtsverkehrs für den Mann – oder genereller: die Überforderung des Bräutigams durch diese Situation reflektieren. Auch die biblische Erzählung bewahrt im Vorwurf der Magd Raguels, Sara sei eine *Mennermörderin* (III, 10), noch die Vorstellung von der Gefährlichkeit der Hochzeitsnacht, die den Eheteufel Asmodes als Projektion männlicher Versagensangst verstehen läßt.[34]

Rollenhagens brauchtümliche Zeremonie trägt dem Rechnung. Tobias muß die angstbesetzte Lokalität des Brautbetts besteigen[35], die traditionell als genuin weibliches Terrain gilt[36]:

Tobias: »*Wie helt mans hie bey dem Brautbett?*«
Kemmerer: »*Das wert jr jtzt sehn vnd erfarn.*
Gott woͤll euch für vnfall bewarn!«

Tobias: *»Wie das? Ist dann gefahr dabey?«*
Kemmerer: *»Die Braut komt da schon hergegangen.«*
(...)
Tobias steigt auffs Bett: *»Wolan, das walt der liebe Gott*
Vnd steh mir bey in aller noth!« (v. 1583 ff.).

Auf dem Bett wird der Bräutigam von Vater Raguel, der ihm die Braut zuführt, mit einem Forderungskatalog konfrontiert, der sich im Unterschied zur Verlöbniszeremonie, an der Tobias und Sara gleichermaßen beteiligt waren, jetzt ausschließlich an Tobias richtet:

»Wirst mein Tochter hertzlich lieb han,
In Fried vnd eingkeit mit jhr lebn,
Gut vnterhalt vnd notturft gebn,
Sie haben in dein pfleg vnd schutz ...« (v. 1616 ff.).

Erst nachdem sich Tobias zur Erfüllung all dieser Forderungen verpflichtet und auch für seine Braut verbürgt hat, mit deren Erziehung zum *frommen Haußmüttrlein* (v. 1632) die Eltern ihrerseits einen wichtigen Beitrag geleistet haben, wird die Braut zum Bräutigam ins Bett gesetzt. Unter der Bettdecke, die Brautvater Raguel und Helfer Raphael über das Paar halten, gibt sich Sara mit ihrem *jungfrewlichen Krantz* in Tobias *Willen* (v. 1685 f.), worauf Tobias ihr seinen Hut aufsetzt und sie mit einem *freundlichen Kuß* in seine Obhut nimmt (v. 1688 ff.).

Die Forderung nach den keuschen 'Tobiasnächten', die schon im Buch Tobit die traditionelle Demonstration der Triebstärke ersetzt durch die Demonstration der Triebdisziplin, entspricht im 16. Jahrhundert der ganz neu begründeten Forderung nach Disziplinierung der Triebnatur.[37] So ist bei Rollenhagen folgerichtig die im gemeinsamen Gebet verbrachte Hochzeitsnacht die Voraussetzung für Raphaels Eingreifen und die Überwindung des Eheteufels, während in der biblischen Erzählung (wie auch in ihren Dramatisierungen durch Wickram und Brunner) das Gebet der Brautleute als Dankgebet der Überwindung des Eheteufels durch Raphael folgt. Entsprechend verliert bei Rollenhagen auch das Rauchopfer an Relevanz[38], das dem Teufel nur Übelkeit verursacht:

»Was wil bedeuten diesr gestanck?
Der rauch macht mich schier toll vnd kranck,
Solt mich ein rauch jagn, das wer schand.« (v. 1813 ff.).

Rollenhagens Eheteufel präsentiert sich dem Publikum nicht so sehr als Strafinstanz für mangelnde Triebdisziplin denn als Feind der sozialen Ordnungsmacht Ehe.[39] Er rühmt sich, die Jugend dadurch für sich zu gewinnen, daß er sie von der Ehe abhalte und sie so dem moralischen, physischen und ökonomischen Ruin zutreibe (v. 1426 ff.). Asmodes stellt die Ehe als einen Ort der Zwietracht und Not dar und als Einschränkung männlicher Souveränität. In der Schilderung häuslichen und ehelichen Elends läßt er die Überforderung des Ehemanns als Halt und Ordnungsgarant erkennen.

Zu dieser Verantwortung jedoch hat sich Tobias gegenüber dem Brautvater explizit bekannt (v. 1653 ff.), und auch die brauchtümlichen Szenen, mit denen das junge Paar Abschied nimmt vom ledigen Leben, deuten geschlechtsspezifisch die Bereitschaft zu Einschränkung und Disziplin: Sara schenkt den Mädchen ihren Ball, das Spielzeug ihrer Kindheit, Tobias streut den Knaben Nüsse, die als Fruchtbarkeitssymbole[40] wohl seinen Abschied von ungebundener Sexualität bezeichnen:

»Ich laß euch ewer Spiel allein,
Wil ein heußlicher Ehmann sein.«
Hiemit stawt er die Nůss. (v. 2105 ff.).

Raguel sichert nun seinerseits die Ehe seiner Tochter, wie im biblischen Buch Tobit, durch eine reiche Mitgift ab. Mit der Übergabe dieses 'halben Guts' wird Tobias als neuer Haushaltsvorstand eingesetzt. Ihm geloben die Knechte und Mägde Treue und Fleiß.

Mit dem Reichtum wächst den Mitgliedern des neuen Haushalts, vor allem aber dem Hausvater Verantwortung zu, die sich im Alltag bewähren muß. Die Problematik dieser Verantwortung personifiziert die Figur des Hausteufels Unrath[41], den Raguel in einer Truhe entdeckt. Unrath gibt sich als Gehilfe des Asmodes zu erkennen, der sich an den Pflichtwidrigkeiten und der Unordnung im Haus bereichert. Er ist ein Schmarotzer und wird daher durch adelige Herkunft charakterisiert: Sein Vater ist Freiherr *Spahrnichts von Schwenden* (v. 2435), seine Mutter *Fraw Faulheit von vberdruß* (v. 2437) – auch diese antifeudale Pointe verweist darauf, daß hier bürgerliche Konzepte verhandelt werden. Der Hausteufel schildert die Praktiken ungetreuen Gesindes, das seine Herrschaft an den Bettelstab bringen kann, wenn die Kontrolle fehlt. Aber auch die Familienmitglieder finden in seinem Besitz wieder, was sie hier und da liegengelassen haben: *Schnupftuch* und *Nachthaub* die Hausfrau, seine Brille der Hausherr, Ringlein, Gürtel und Messerchen die Tochter und Tobias gar das Hutband, das ihm seine Braut gerade erst geschenkt hat (v. 2398 ff.). Während der Eheteufel als Bedrohung der von Gott gegründeten Ehe durch den Boten Gottes bezwungen wird, muß der Hausteufel vom Hausvater selbst überwunden und aus dem Haus gejagt werden. Raguel schließt daran eine eindringliche Mahnrede an das junge Paar, auf Ordnung und Sparsamkeit zu achten und sich selbst in die Pflicht zu nehmen:

»Der Herr muß selber sein der Knecht,
Wil ers im Hause finden recht;
Die Fraw muß selber sein die Magd
Wil sie im Hause schaffen rath.

Gesinde nimmermehr bedenckt,
Was schad vnd nutz im Hause brengt;
Es ist jn nichts gelegen dran,
Weil sie es nicht für eigen han.
Darumb habt fleiß, sehet wol auf, ...« (v. 2629 ff.).

Damit ist das junge Paar in seine Verantwortung eingewiesen. Die Heimkehr in die Familie des Tobias besiegelt jedoch nicht die Trennung der Eltern von der Tochter.[42] Durch kostbare Geschenke knüpfen Raguel und Edna freundschaftliche Beziehungen zu den Schwiegereltern (v. 2361 ff.), die Mütter hoffen, sich einmal besuchen zu können (v. 2375 f., 2898 f.), und Tobias verspricht seiner Schwiegermutter: *»Lieb Mutter, ich wil schreiben oft«* (v. 2305)!

Folgerungen

Eine unterschiedlichere Bearbeitung der biblischen Erzählung als in diesen beiden Spielen ist kaum vorstellbar. Bevor jedoch die Gründe dieser Differenz und ihre Konsequenz für die Ehedidaxe bedacht werden, ist es wohl wichtig festzuhalten, daß beide Autoren im wesentlichen in ihren Auffassungen von Ehe und Familie übereinstimmen. Beide präsentieren Ehe und Familie als die gottgefällige Lebensform schlechthin und bestimmen ihren Platz in der Gesellschaft aus der Distanz zum politischen Machtzentrum Hof – Wickram in der Spielhandlung selbst, Rollenhagen im programmatischen Prolog:

»Dann in derselben (Comoedia) *keinr Person*
Von Königlichem Stam und Kron,
Auch keinr Reichsachen wird gedacht
Mit sonderlicher Hofespracht;
Sondern es handelt in gemein
Von ehrbarn frommen Ehleutlein,
Von Bauren, Bůrgern, Mannen, Frawn ...« (v. 45 ff.).

Damit konstituieren beide Autoren die Familie als einen eigenen, privaten Raum, dessen Sicherung dem Ehemann und Hausvater auferlegt ist. Seiner Verantwortung korreliert der Gehorsam der Familien- und Haushaltsmitglieder. Geborgenheit und Zuneigung erscheinen bei beiden Autoren als Kompensation für die Selbstdisziplin und Einordnungsbereitschaft des Individuums.

Die Unterschiede zwischen beiden Spielen aber, die auf den ersten Blick nur solche der Darstellung zu sein scheinen, erweisen sich bei genauer Betrachtung als durchaus prinzipieller Natur, als unterschiedliche Interpretationen der Handlungsfähigkeit des Menschen, wie sie sich auch in den Strukturen zweier Schauspieltraditionen niederschlagen: des geistlichen Spiels und des humanistisch geprägten protestantischen Schuldramas.[43]

Wickrams »Tobias« verweist auf die Tradition des geistlichen Spiels nicht nur durch seine zweitägige Spieldauer, durch den als Salvator personifizierten göttlichen Ratschluß und die Wallfahrtslieder, die Raphael anstimmt. Es ist vor allem die Struktur parallel geführter Handlungsstränge und kontrastierter Handlungsräume, die dem geistlichen Spiel eigentümlich ist und damit einer Tradition symbolischen Denkens, die jeder Handlung mehrfachen Sinn zumißt.[44] Wickram legitimiert Ehe und Familie aus dem Gegensatz von tyrannischem Regiment gottloser Herrscher und gottesfürchtigem Regiment glaubensstarker Hausväter, aus dem Gegensatz von korrupten und mörderischen Verhältnissen in der großen Welt und familialer Harmonie, die durch Autorität und Disziplin gesichert und von Generation zu Generation weitervererbt wird. Die Gefährdung der Familie von außen führt zu einer Reduzierung ihrer inneren Konfliktpotentiale. Das symbolische Verständnis der Handlung verstärkt noch ihre moralische Verbindlichkeit. Es ist die Frage, ob aus der Übernahme geistlicher Spiel- und Darstellungsformen auch eine höhere, geistliche Legitimation von Ehe und Familie erwächst, die der argumentativen Begründung nicht mehr bedarf. Wickrams Hausvater ist nicht nur Modell des Regenten, sondern auch Priester, der im gemeinsamen Gebet Familie und Nachbarn zusammenfügt zur Gemeinde in der Diaspora.

Entsprechend dem symbolischen Verständnis der Handlung bedarf die Geschichte des Tobias auch als eine Geschichte aus der fernen Zeit der babylonischen Gefangenschaft keiner aktualisierenden Vergegenwärtigung durch den Autor[45], keiner Legitimierung fremdartiger Details, im Prinzip auch keiner Handlungsmotivierung, da jede Handlung eine ihr vorausgesetzte Bedeutung realisiert.[46]

Selbst wo die Handlungsimpulse in den Personen angelegt scheinen, sind sie doch einer vorgegebenen Bedeutung und Exemplarizität geschuldet: das Gottvertrauen und die Barmherzigkeit des Tobias ebenso wie die Mordlust der Trabanten.[47] Dieser Eindeutigkeit der Charaktere entspricht eine Moralisatio, die nur durch die traditionellen Vermittlungsinstanzen Herold und Argumentator mit der Handlung verknüpft ist. Durch typologische Verweise (auf Jakob und Esau, auf Moses, Gideon, Judith etc., denen Gott auch einen Engel gesandt hat v. 2306 ff.) und durch Lektüreaufforderung (*Ließ Genesis das ein und dreissig* v. 2310) wird die Aufmerksamkeit des Publikums auf die biblische Heilsgeschichte zurückgelenkt. Die exemplarische Handlung selbst mit ihren unfehlbaren Protagonisten intendiert nicht Belehrung in der Form rationaler Handlungsanweisung, sondern Erbauung mit dem Ziel unmittelbarer Nachfolge – imitatio Tobiae.[48]

Rollenhagens Schuldrama dagegen organisiert und konzentriert den Stoff in klar begrenzten szenischen Einheiten. Die biblische Erzählung fungiert als Parabel menschlichen Handelns, das nicht nur zeichenhaft vorausgesetzte

Begründungen realisiert. Deshalb richtet sich der Blick auch auf die »inneren Antriebe menschlicher Handlungen«.[49] Und eben deshalb muß die Aktualität der biblischen Geschichte vom Autor ausdrücklich hergestellt werden. Die allgemeine Lebenserfahrung des Publikums wird in Gestalt der zitierten Sprichwörter in die Handlung einbezogen[50], die ihrerseits in die Stadt Magdeburg verlegt wird, in deren *Brawer Hoff* die Hochzeit stattfindet.[51] Hier lehrt die Tobias-Geschichte, wie Ehe und Familie zu stabilisieren seien, deren Fragilität durch das Verhalten der Ehefrau des Tobias und durch die Tätigkeitsberichte der Teufel anschaulich gemacht wird. Damit wird die Last der Verantwortung recht vor Augen geführt, die auf den Familienmitgliedern und vor allem auf dem Hausvater ruht. Anders als Wickram überträgt Rollenhagen die Didaxe nicht nur dem Argumentator und dem Chor als Instrument meditativer Reflexion. Die handelnden Personen kommentieren selbst ihre Handlungen, reflektieren die Bedingungen richtigen und die Folgen falschen Verhaltens und geben damit auch denen ein Beispiel, denen Gott keinen helfenden Engel schickt.

Anmerkungen

1 So heißt das Buch Tobit der Vulgata folgend bei Luther.

2 Bei Luther wie in der Vulgata heißen Vater und Sohn Tobias und die Ehefrauen des alten Tobias und des Raguel beide (H)Anna. Dem folgen die meisten Spiele. In den Tobias-Dramen von Rollenhagen, Schonaeus, Sollinger und Böhme heißt Raguels Frau entsprechend der griechischen Überlieferung Edna (Bolte 1930, S. XI).

3 Die Tradition der Bibeldichtung seit der Spätantike legitimiert diese Form der Bearbeitung biblischer Quellen durch Kürzung oder Erweiterung. Die Handlungschronologie dagegen und der Wortlaut besonders der Gebete und Weisheitslehren bleiben unverändert und bilden den gleichbleibenden Grundstock aller Bearbeitungen.

4 Vgl. z.B. Adam Colb: Christliche Predigten vber das Buch Tobiæ (...). Frankfurt a.M. 1592; Johannes Hoffmeister: Ein fruchtbar vñ klare Außlegung des schőnē Bůchs Tobie (...). Meintz 1559; Andreas Schoppe: Das Büch Tobias Jn Funfftzig Predigten kurtz vnd richtig ausgelegt (...). Magdeburg 1582. [VD 16]. Zur Entwicklung von der allegorischen Deutung des Buches Tobias zum spätmittelalterlichen und reformatorischen Interesse an seinem Literalsinn, das Voraussetzung ist für seine Interpretation als Sitten- und Ehespiel s. Gamberoni 1969, bes. S. 185 ff.

5 Brunners »Tobias« (Wick 1899, S. 30), eine leicht veränderte Fassung des »Tobias« von Hans Sachs (ebenda, S. 12 ff.), die dänische Übersetzung des »Tobaeus« von Schonaeus (ebenda, S. 45).

6 Tobias und Sara heißt das Elternpaar in Wickrams »Spiel vom Verlorenen Sohn«, Tobias und der Eheteufel erscheinen in Rebhuns »Hochzeit zu Cana« und in Schwanbergers »Der Engel Raphael wieder Asmodeum den Eheteufel«.

[7] Vgl. Bolte 1930, S. XIV.

[8] Zu der Frage, welche Übersetzung des Bibeltextes Wickram vorlag, zur Überlieferung und Rezeption dieses Spiels s. Bolte 1905, S. XI ff.; Schulz 1931.

[9] Über Aufführungspraxis und Bühnenform von Wickrams »Tobias« gibt es keine gesicherten Aussagen. Zur 'Mysterienspielbühne' bzw. 'Simultanbühne' vgl. Brinkmann 1930/1966, S. 198 f.; Schmid 1975, S. 21 ff.; Völker 1982, S. 309 f. Das Spiel kennt keine Akt- und Szeneneinteilung. Die Funktion einer Binnengliederung kommt den Kommentaren des Argumentators zu, doch bereits ihre quantitative Disproportionalität – der erste Teil hat fünf, der zweite nur zwei Auftritte des Argumentators, die sich jeweils auf ganz unterschiedlich umfangreiche Handlungssequenzen beziehen – verweist darauf, daß sie nicht Handlungs-, sondern Sinneinheiten pointieren und dem Publikum das Exemplarische des Vorgeführten deuten sollen (Vgl. Dietrich-Bader 1972, S. 77 ff.).

[10] Aus ihr geht auch hervor, daß Friedrich von Hattstatt ein Freund geistlicher Spiele war und zur Ausstattung der Spieler beigetragen hat (S. 131, 10 und 24).

[11] Durchaus im Sinn der 'unechten Gleichzeitigkeit' Lugowskis: z.B. Tobias und Hanna sorgen sich um den Sohn (v. 4261-4292) – Jung Tobias bittet Raguel, ihn und Sara zu den Eltern ziehen zu lassen, weil diese sich um ihn sorgen (v. 4293-4338) – seine Mutter sitzt am Wegrand und hält voll Sorge Ausschau nach ihm (v. 4339-4342).

[12] Z.B. die Vergleichbarkeit der Gebete von Tobias und Sara (v. 2239 ff. und 2341 ff.), die der Argumentator noch betont (v. 2282 f.); Tobias und sein Sohn bestatten den getöteten Juden (v. 2014-2064), und unmittelbar darauf begraben die Knechte Raguels den getöteten Bräutigam Saras (v. 2065-2086) usw.

[13] Boltes Beobachtung, die Handlung springe »in buntem Wechsel fortwährend hin und her« (1905, S. XIV, so auch Wick 1899, S. 28, Schulz 1931, S. 116 f. und noch Michael 1984, S. 130), trifft also Wickrams Intention nicht. Doch diese Intention war bereits wenige Jahre später nicht mehr einsichtig, wie die Bearbeitung des »Tobias« durch Thomas Schmid für eine Heidelberger Aufführung von 1578 belegt, in der Umstellungen vorgenommen wurden, um »statt der kurzen von einem schauplatze zum andern springenden auftritte längere zusammenhängende szenen zu schaffen« (Bolte 1905, S. XVII).

[14] Wickram expliziert dies am Beispiel Gabels, der seiner Frau die Verantwortung über das Haus überträgt, als er mit Raphael zur Hochzeit von Tobias und Sara aufbricht (v. 4194 ff.). In der Vorlage ist dies ohne Entsprechung, eine Ehe Gabels wird nicht erwähnt.

[15] Wickram tilgt die Begründung der biblischen Erzählung, der blinde Tobias wolle für den Fall seines Todes Vorsorge treffen.

[16] In der biblischen Erzählung wird Sara vom Vater Raguel dem Tobias 'in die Hand geschlagen', fungiert die Eheschließung als Familienereignis (vgl. Schröter 1985, S. 42 ff.). Wickram begründet sein Abweichen von der gängigen Praxis des 16. Jahrhunderts, mit Konsenserklärung und Verlöbnisformel der Braut zumindest verbale Mitwirkung zu ermöglichen, nicht. (Vgl. ebenda, S. 70, 266 f., 392 f.).

[17] Wickram betont die Frömmigkeit dieser Familie dadurch, daß die Enkel des alten Tobias alle die Namen der Propheten tragen. Er 'intimisiert' die Szene, indem er die

Zuneigung der Knaben altersspezifisch charakterisiert: Sie lieben den Großvater, weil er ihnen stets Weißbrot, Kram (=Spielzeug) und gute Lehren gegeben hat.

18 Mit immer neuen Verordnungen, aber zweifelhaftem Erfolg, bemüht sich die städtische Obrigkeit, die Form der Feste zu bestimmen und gerade Hochzeitsfeste zu disziplinieren. (Vgl. Roper 1985, S. 75 ff. für Augsburg; Müller 1985, S. 185 ff. für Nürnberg; Schröter 1985, S. 125).

19 Daß der Bettler sein Almosen sogleich ins Wirtshaus trägt (v. 4620 ff.), disqualifiziert ihn, nicht aber die caritative Zuwendung selbst, der angesichts der bedrängenden Armutsprobleme größte Bedeutung für die städtische Gemeinschaft zukommt (vgl. Troeltsch 1912, S. 588 f., Abel 1974, S. 25 ff.). Wickram betont in der Widmung das vorbildliche Verhalten Friedrichs von Hattstatt in der Armutspflege: »Also auch die armen von Ewer veste kasten nicht wenig / Sonder tåglich in grosser zal gespeißt werden« (S. 132,5 ff.).

20 Die Begründung für das Almosengeben in der Rede Raphaels: »Almosen leset von dem Todt / Tilckt auch die Sůnd in aller noth / Haltet die Menschen bei dem leben« (v. 4778 ff.) ist durch den Bibeltext vorgegeben: »Denn die Almosen erlösen von allen sünden / auch vom tode / vnd lassen nicht in der not / Almosen ist ein grosser trost für dem höhesten Gott« (VI,11 f.). Aus dieser Affinität zur katholischen Werkgerechtigkeit läßt sich also kein Indiz für eine konfessionelle Zuordnung Wickrams gewinnen, die in der Forschung umstritten ist. Auf die spätere Annäherung der lutherischen Position in der Almosenfrage an die der alten Kirche, die durch die überwältigenden Probleme städtischer Armenfürsorge erzwungen wurde, weist Troeltsch hin (1912, S. 589).

21 »Tobias, Eine schone, tröstliche Comoedia oder Spiel vom heiligen Ehestand«. Zu Leben und Werk Rollenhagens s. Sobel 1955, S. 762 ff.

22 Rollenhagen erklärt dies in der Widmung des gedruckten Textes an seinen Freund Hans Nagel (Bolte 1930, S. 4).

23 Der Hochzeit von Brunners Wittenberger Studienfreund und Gönner Wolfgang Urkauf. Ihm und seiner Frau, der »Tugenthafften Jungfrawen Margarethen Prefenhuberin« ist auch der Druck von 1569 zugeeignet. Brunners »Tobias« ist eine der kürzesten Dramatisierungen dieses Stoffes, zeichnet sich aber bei aller Lakonik durch eine geschickte Organisation und Motivierung der Handlung aus. Es ist das erste Tobias-Drama, dessen Handlung erst nach der Erblindung des alten Tobias einsetzt. Hinweise auf Brunners Abhängigkeit von Ackermann und auf Literatur zu Brunner in der Ausgabe von Michael 1978, S. 7*

24 Vgl. Widmung an Hans Nagel, Bolte 1930, S. 4.
Zur pädagogischen Funktion des Schulspiels vgl. den Prologus v. 21 ff. Eine Gegenüberstellung der Gliederung von Brunner und Rollenhagen bei Bolte 1930, S. VI ff., ein Vergleich der beiden Bearbeitungen bei Stumpfl 1932, S. 157 ff.

25 Ganz im Unterschied zum biblischen Buch Tobias, das zu etwa 2/3 die Glaubensprüfung des alten und zu 1/3 die Eheschließung des jungen Tobias umfaßt.

26 Zum Problem der richtigen Wahl s. Roper 1985, S. 100. Zu den Sprichwörtern s. Wander Bd. I, Sp. 1149, 1151; Bd. II, Sp. 435. Vgl. auch die allerdings nicht ganz vollständige Zusammenstellung bei Bolte 1930, S. XII. Die Gefährdung des jungen

Gesellen, der »umb zeucht in frembden land« (v. 61) und der Liebe zu einem fremden Mädchen anheimfällt, die von den Eltern unterbunden wird, weil »bey der Thür« gefreit werden soll, ist z.B. von Hans Sachs mehrfach literarisiert (Müller 1985, S. 244 ff.).

[27] Vgl. Roper 1985, S. 65 ff. Bei Brunner ist das Interesse der Brautleute aneinander nur angedeutet (v. 809, 864), die Eheschließung bleibt wie in der biblischen Vorlage auf das Zusammengeben durch den Vater beschränkt. Die Forderung nach der Einwilligung der Eltern hat ordnungspolitische Relevanz, soll sie doch das Entstehen ungesicherter Ehen und Familien verhindern, die in den großen Städten des 15. und 16. Jahrhunderts zum Problem wurden. Vgl. Schröter 1985, S. 393 f.

[28] Vgl. Schröter 1985, S. 70, 397. Roper 1985, S. 93.

[29] Zur Genese, zur unterschiedlichen Bedeutung und zur historischen Dynamik der verschiedenen Teilzeremonien einer Eheschließung vgl. Schröter 1985, bes. S. 266 ff., 280 f., 392 f.

[30] S. Roper 1985, S. 68 ff. Schröter 1986, S. 175 f.

[31] Vgl. Elert 1932, II, S. 88; Gewalt in der Ehe thematisiert eindrücklich Paul Rebhun in der »Hochzeit zu Cana« und im »Hausfried«, Hans Sachs in Spruchgedichten und Fastnachtspielen (Müller 1985, S. 254 ff.), aber auch der Eheteufel Asmodes rühmt sie als sein Werk (v. 1473 f., 1520).

[32] Vgl. auch Paul Rebhuns Spiel von der »Hochzeit zu Cana«, in dem der Bankrotteur Simon, einem beliebten Wortspiel folgend, Sieman genannt und am Frauentisch plaziert wird.

[33] Vgl. u.a. Roper 1985, S. 89 ff., Schröter 1985, S. 128 ff.

[34] Eissfeld 1964, S. 782 f. verweist auf das Märchen vom »dankbaren Toten«, das von einem Mädchen erzählt, dessen fünf Bräutigame in der Hochzeitsnacht von einer Schlange getötet wurden, die aus dem Mund der Braut kroch. Vgl. auch HdA Bd. III, 1930/31, Sp. 745 f. Der Erklärungswert des Märchens für die Entstehung des Buchs Tobias ist freilich umstritten (vgl. LThK Sp. 216). Die explizite Bedeutung des Eheteufels Asmodes ist hier die einer Strafinstanz für mangelnde Triebbeherrschung.

[35] Wer in der Hochzeitsnacht zuerst ins Bett steigt, regiert in der Ehe. HdA Bd. IV (1931/32), Sp. 160.

[36] Roper 1985, S. 90, 93, Schmidt-Wiegand 1985, S. 266, Sp. 3.

[37] Vgl. Schröter 1986, S. 178 ff.

[38] Rollenhagen entwertet das Rauchopfer sicher auch wegen dessen Affinität zu katholischen Praktiken. Die 'benedictio in thalamo' als Dämonenabwehr ist alter Bestandteil des Hochzeitsbrauchtums (Dieckhoff 1985, S. 349, Roper 1985, S. 90). Die Leber, die Tobias für das Rauchopfer verwendet, gilt als Dämpfungsmittel für Sinnlichkeit (HdA Bd. II, 1929/30, Sp. 1539).

[39] In dieser Funktion erscheint der Eheteufel zuerst in Rebhuns »Hochzeit zu Cana«.

[40] HdA Bd. IX, Sp. 78 f.

[41] Die Aufspaltung des biblischen Teufels Asmodes in einen Eheteufel und einen Hausteufel legt Luthers Etymologie des Namens nahe: »Der Teufel Asmodes heisst ein Vertilger oder Verderber / das ist der Hausteufel / der alles hindert vnd verderbet / das man weder mit Kind noch gesinde / fort kan« (Vorrede, S. 1732,4 ff.). Als

Projektionen der Überforderung des selbstverantwortlichen Individuums entfalten sie in der protestantischen Eheliteratur des 16. und auch des 17. Jahrhunderts ein reges Eigenleben: z.B. Andreas Musculus »Eheteufel« 1565, Adam Schubart »Haussteuffel« 1565, Georg Schwanberger »Der Engel Raphael wieder den Eheteufel Asmodeum« 1615, Tobias Wagner »Siebenfältiger Ehehalten-Teuffel« 1651.

42 Im Unterschied zu Brunners »Tobias«, in dem die Trennung endgültig ist: »Mir ist als hab ichs gsehen nie«, so verabschiedet sich die Mutter von der Tochter (v. 1690).

43 Zu den beiden Traditionen bes. Brinkmann 1930 und 1933. Das geistliche Spiel als laikale Erbauungsübung ist im Elsaß und besonders in Colmar im 16. Jahrhundert gut dokumentiert. Das Schuldrama hatte einen festen Platz im Programm des Magdeburger altstädtischen Gymnasiums (Sig 1906, S. 29 ff.; Michael 1984, S. 128 ff.; Bolte 1930, S. XVI ff.). Damit sind auch unterschiedliche Bildungs- und Literaturtraditionen angesprochen: Wickrams Schulbildung ist nicht nachgewiesen, sein literarisches Werk steht in der nicht-gelehrten Tradition von Meistergesang, Fastnachtspiel und geistlichem Spiel, er ist an der Aufführung der Passionsspiele in Colmar (1531 und 1534?) beteiligt (vgl. v.d. Lühe 1981, S. 191 f.), Georg Rollenhagen dagegen durchläuft nach seinem Studium in Wittenberg »a brilliant scholarly and literary career«. Unter seinem Rektorat (1575 – 1609) wird das Magdeburger Gymnasium zur wichtigsten Gelehrtenschule Deutschlands (Sobel 1955, S. 762).

44 Zur »Persistenz heilsgeschichtlich-typologischer Strukturen« in der protestantischen Literatur des 16. Jahrhunderts vgl. Müller 1985, S. 124 ff.; Hoffmann 1978, S. 190 ff.; zur Differenz zwischen biblischer Typologie und heilsgeschichtlicher Exemplarik in der Literatur des Mittlelalters vgl. Jentzmik 1973, S. 246 ff.

45 Die Gegenwärtigkeit der Handlung bringt einerseits Spielzeit und gespielte Zeit zur Deckung, wenn Raphael und der junge Tobias am Ende des ersten Spieltags ihr Nachtlager bereiten und am nächsten Tag mit Spielbeginn wieder aufbrechen. Andererseits wird die quantifizierende Aussage über die vierjährige Blindheit des alten Tobias (v. 1874) aufgehoben durch die Erfahrung qualitativer Zeit als eines ständigen Wechsels von Verfolgung und Rettung, Prüfung und Segen. Züge von Aktualisierung weisen am ehesten die Trabantenszenen und die Figur der faulen Magd Raguels auf, allerdings im Sinn gottferner Lebensführung, vergleichbar auch in der sprachlichen Drastik den Krämerszenen der Passionsspiele (Brinkmann 1930, S. 27.)

46 Vgl. Brinkmann 1930, S. 83. So tilgt Wickram beide Begründungen der biblischen Erzählung für den Auszug des jungen Tobias ins Mederland: den Todeswunsch des alten Tobias und die Not der Familie, für deren Absicherung das Geld benötigt wird. Damit wird die Handlung nur 'von hinten' motiviert – durch die vorbestimmte Eheschließung.

47 Allerdings gibt Böckmann zu bedenken, ob nicht der parabolische Stil des Schuldramas bereits im geistlichen Spiel vorbereitet sei, wenn dort mit dem großen heilsgeschichtlichen Zusammenhang auch exemplarische Lebensführung sichtbar gemacht wird (1948/1973, S. 299).

48 Wickram emanzipiert sich von dieser 'heilsgeschichtlichen' Tradition im Roman. Damit gewinnt er seinen Figuren neue Handlungs- und Differenzierungsmöglichkeiten. Seine Darstellung und Bewertung von Ehe, Familie und Nachbarschaft bleibt freilich dem Kontrastschema des »Tobias« verhaftet: unwägbar-gefährliche Außenwelt vs. Harmonie und Friede in der privaten Welt des Hauses.

[49] Böckmann 1948/1973, S. 298.

[50] Die Widmung an Hans Nagel begründet Rollenhagen u.a. damit, daß dieser »auch aus frembden Landen ankommen vnd eines Gottfůrchtigen Ehrbarn, Vornehmen, vermůgenen Mannes tugentliche tochter mit guter Wolfarth vnd glůck newlich zur Ehe genommen« habe (S. 5).

[51] Im gedruckten Text kommentiert Rollenhagen dies noch: »So nennet man ein Tantzhaus zu Magdeburg« (v. 2231 f.).

Quellen

Thomas Brunner: Tobias. Hrsg. von Wolfgang F. Michael und Donna Reeves. Bern / Frankfurt / Las Vegas 1978.

D. Martin Luther: Die gantze Heilige Schrifft Deudsch. Wittenberg 1545. Hrsg. von Hans Volz unter Mitarbeit von Heinz Blanke. Textredaktion Friedrich Kur. München / Darmstadt 1972.

Georg Rollenhagen: Spiel von Tobias. 1576. Hrsg. von Johannes Bolte. Halle 1930 (Neudrucke deutscher Literaturwerke des XVI. und XVII. Jahrhunderts).

Georg Wickram: Tobias. In: Georg Wickrams Werke. Hrsg. von Georg Bolte. Bd. 6. Tübingen 1905 (BLV 236).

Georg Wickram: Tobias. In: Georg Wickrams sämtliche Werke. Hrsg. von Hans Gert Roloff. Bd. 11. Berlin 1971 (Ausgaben deutscher Literatur des 15. bis 18. Jahrhunderts). Der Text ist nach dieser Ausgabe zitiert.

Sekundärliteratur

Wilhelm Abel: Massenarmut und Hungerkrisen im vorindustriellen Europa. Versuch einer Synopsis. Hamburg / Berlin 1974.

Paul Böckmann: Formgeschichte der deutschen Dichtung. 1. Band: Von der Sinnbildsprache zur Ausdruckssprache. Der Wandel der literarischen Formensprache vom Mittelalter zur Neuzeit. Hamburg 1949. Zitiert nach dem Nachdruck Darmstadt 1973.

Hennig Brinkmann: Die Eigenform des mittelalterlichen Dramas in Deutschland. In: GRM 18 (1930), S. 16-37 und 81-98.

Hennig Brinkmann: Die Anfänge des modernen Dramas in Deutschland. Versuch über die Beziehung zwischen Drama und Bürgertum im 16. Jahrhundert. Jena 1933 (Jenaer Germanistische Forschungen Bd. 2).

Reiner Dieckhoff: Liebeszauber – Von der Erotisierung des Alltags im Spätmittelalter und der beginnenden Neuzeit. In: Die Braut. Geliebt – verkauft – getauscht – geraubt. Zur Rolle der Frau im Kulturvergleich. Hrsg. von Gisela Vögler und Karin von Welck. 2 Bde. Köln 1985, S. 344-361.

Florentina Dietrich-Bader: Wandlungen der dramatischen Bauform vom 16. Jahrhundert bis zur Frühaufklärung. Untersuchungen zur Lehrhaftigkeit des Theaters. Göppingen 1972 (GAG 53).

Otto Eissfeld: Einleitung in das Alte Testament. Entstehungsgeschichte des Alten Testaments. Tübingen [3]1964.
Werner Elert: Morphologie des Luthertums. 2 Bde. München 1931/32. Nachdruck 1952.
Johann Gamberoni: Die Auslegung des Buches Tobias in der griechisch-lateinischen Kirche der Antike und der Christenheit des Westens bis 1600. München 1969.
Handbuch des deutschen Aberglaubens. Hrsg. von E. Hoffmann-Krayer und H. Bächtold-Stäubli. Berlin-Leipzig 1927 – 1942 (zitiert als HdA).
Konrad Hoffmann: Typologie, Exemplarik und reformatorische Bildsatire. In: Kontinuität und Umbruch. Theologie und Frömmigkeit in Flugschrift und Kleinliteratur an der Wende vom 15. zum 16. Jahrhundert. Hrsg. von Josef Nolte u.a. Stuttgart 1978.
Peter Jentzmik: Zu Möglichkeiten und Grenzen typologischer Exegese in mittelalterlicher Predigt und Dichtung. Göppingen 1973.
Lexikon für Theologie und Kirche. 2. völlig neu bearb. Aufl. hrsg. von J. Höfer und K. Rahner. Freiburg 1957 – 1965 (zitiert als LThK).
Irmela von der Lühe: Jörg Wickram: »Von guten und bösen Nachbarn«. In: Winfried Frey u.a. (Hrsgg.): Einführung in die deutsche Literatur des 12. bis 16. Jahrhunderts. Bd. 3: Bürgertum und Fürstenstaat. Opladen 1981, S. 190-210.
Wolfgang F. Michael: Das deutsche Drama der Reformationszeit. Bern / Frankfurt / New York 1984.
Maria E. Müller: Der Poet der Moralität. Untersuchungen zu Hans Sachs. Bern/Frankfurt / New York 1985.
Lyndal Roper: »Going to Church and Street«: Weddings in Reformation Augsburg. In: Past and Present 106 (1985), S. 62-101.
Rainer H. Schmid: Raum, Zeit und Publikum des geistlichen Spiels. Aussage und Absicht eines mittelalterlichen Massenmediums. München 1975.
Ruth Schmidt-Wiegand: Hochzeit, Vertragsehe und Ehevertrag in Mitteleuropa. In: Die Braut. Geliebt – verkauft – getauscht – geraubt. Zur Rolle der Frau im Kulturvergleich. Hrsg. von Gisela Vögler und Karin von Welck. 2 Bde. Köln 1985, S. 264-273.
Michael Schröter: Staatsbildung und Triebkontrolle. Zur gesellschaftlichen Regulierung des Sexualverhaltens vom 13. bis 16 Jahrhundert. In: P. Gleichmann u.a. (Hrsgg.): Macht und Zivilisation. Materialien zu Norbert Elias' Zivilisationstheorie. Bd. 2. Frankfurt 1984, S. 148-192.
Michael Schröter: Wo zwei zusammenkommen in rechter Ehe. Sozio- und psychogenetische Studien über Eheschließungsvorgänge vom 12. bis 15. Jahrhundert. Frankfurt 1985.
Ellen Schulz: Die Theaterstücke Jörg Wickrams. Diss. masch. Wien 1931.
Eli Sobel: Georg Rollenhagen, Sixteenth-Century Playwright, Pedagogue and Publicist. In: PMLA 70 (1955), S. 762-780.
Ludwig Sig: Das geistliche Schauspiel im Elsass. Straßburg 1906.
Robert Stumpfl: Thomas Brunners »Tobias« (1569) und Georg Rollenhagens Bühnenbearbeitung. ZfdPh 57 (1932), S. 157-177.
Ernst Troeltsch: Die Soziallehren der christlichen Kirchen und Gruppen. Tübingen 1912.

Paul Gerhard Völker: Das geistliche Schauspiel. In: Winfried Frey u.a. (Hrsgg.): Einführung in die deutsche Literatur des 12. bis 16. Jahrhunderts. Bd. 2: Patriziat und Landesherrschaft. 13. – 15. Jahrhundert. Opladen 1982, S. 282-315.
Karl Friedrich Wilhelm Wander: Deutsches Sprichwörter-Lexikon. Ein Hausschatz für das deutsche Volk. 5 Bde. Leipzig 1867 – 1880.
August Wick: Tobias in der dramatischen Literatur Deutschlands. Heidelberg 1899.

Henn vbern Eyrn/ Also bin ich ein Mann/ Der nimmer von Hauß außkommen kan.

Ach Gott wie ist es in der Ehe/
So viel trübsal/ sorg/ angst vnd wehe.
Viel armut/ hunger vnd kummer/
Mühe vnd arbeit/ Winter vnd Sommer.
Da ich mein Anna erstlichen nam/
Da war ich ein zwentzig järig Mann.
Wacker/ Hurtig/ vnd Vnverdrossen/
Welchs mein Anna gar offt hat gnossen.
Mit meiner arbeit frühe vnd spat/
Jetzund schildt sie mich einen vnflat.
Vnd spricht darzu ich tauge nicht mehr/
Weil ich nicht kan nach jrem beger.
Allezeit auff der Nasen ligen/
Deß nachts thun sechs mal oder siben.
Wie ich dann in meiner jugent thet/
Da ich mein zwentzig järign noch hett.
Vnd klage vber mich seltzam bossen/
Wie daß ich habe schon verschossen.

Mein beste Pfeil mit andern Weiben/
Das kün vnd mög sie gar nicht leiden.
Vergangen sey mir auch das rosen/
Daß mir nun schlappern meine Hosen.
Vnd habe meine Schuch hie vnden/
Darzu mit Haberstro gebunden.
Alle freud vnd lust sey mit mir auß/
Derwegen sol ich bleiben zu Hauß.
Vnd hinderm Offen bleiben sitzen/
Eyr außbrüten / daß ich thun schwitzen.
Auch darzu fleissig lehrnen kennen/
Welches sey ein Han oder Hennen.
Darmit ich jhr auch kün darneben/
Gute rechenschafft allzeit geben.
Welche Eyer gut oder böß/
Faul / verbrütet/ oder rösch.
Außzubrüten tüglichen seyen/
Vnd vbern Eyern sitzen bleiben.

Es ist noch mannicher junger Mann/
Der nimmer von Hauß außkommen kan.
Sitzt daheim bey seiner Anna eyn/
Wie ein Bruthenne vbern Eyrn sein.
Leßt sich sein Ann so gar regieren/
Mit Geckenschmaltz gar wol beschmieren.
Ein rechten Dieldappen auß jm Thren/
Muß nach seiner Anna willen Krehn.
Vnd bleibet also ein Vhrhan/
Ein Hünckelhenn/ vnd Jäckelman.
Vnd niergend dann vber die Eyr taugt/
Drumb hüt sich ein jedr vor Weiberlaug.
Daß sie jm nit zwag mit Geckenschmaltz/
Die Suppen würtze mit Hennensaltz.
Sondern behalt das Mannliche Recht/
Sey Herr in seim Hauß/ vnd nit der Knecht.
H. A. Z.

Gedruckt durch Matheus Boll. Anno 1588.

Henn vbern Eyrn / Also bin ich ein Mann / Der nimmer von Hauß außkommen kan.

ACh Gott wie ist es in der Ehe /
So viel truͤbsal/sorg/angst vnd wehe.
Viel armut/hunger vnd kummer /
Muͤhe vnd arbeit/Winter vnd Sommer.
Da ich mein Anna erstlichen nam /
Da war ich ein zwentzig jaͤrig Mann.
Wacker/Hurtig/vnd Unverdrossen /
Welchs mein Anna gar offt hat gnossen.
Mit meiner arbeit fruͤhe vnd spat /
Jetzund schildt sie mich einen vnflat.
Vnd spricht darzu ich tauge nicht mehr /
Weil ich nicht kan nach jrem beger.
Allezeit auff der Nasen ligen /
Deß nachts thun sechs mal oder siben.
Wie ich dann in meiner jugent thet /
Da ich mein zwentzig jaͤrign noch hett.
Vnd klagt vber mich seltzsam bossen /
Wie daß ich habe schon verschossen.
Mein beste Pfeil mit andern Weiben /
Das kuͤn vnd moͤg sie gar nicht leiden.
Vergangen sey mir auch das rosen /
Daß mir nun schlappern meine Hosen.
Vnd habe meine Schuch hie vnden /
Darzu mit Haberstro gebunden.
Alle freud vnd lust sey mit mir auß /
Derwegen sol ich bleiben zu Hauß.
Vnd hinderm Offen bleiben sitzen /
Eyr außbruͤten/daß ich thun schwitzen.
Auch darzu fleissig lehrnen kennen /
Welches sey ein Han oder Hennen.
Darmit ich ihr auch kuͤn darneben /
Gute rechenschafft allzeit geben.
Welche Eyer gut oder boͤß /
Faul/verbruͤtet/oder roͤsch.
Außzubruͤten tuͤglichen seyen /
Vnd vbern Eyern sitzen bleiben.
Es ist noch mannicher junger Mann /
Der nimmer von Hauß außkommen kan.
Sitzt daheim bey seiner Anna eyn /
Wie ein Bruthenne vbern Eyrn sein.
Leßt sich sein Ann so gar regieren /
Mit Geckenschmalz gar wol beschmieren.
Ein rechten Dieldappen auß jm Thren /
Muß nach seiner Anna willen Krehn.
Vnd bleibet also ein Vhrhan /
Ein Huͤnckelhenn/vnd Jaͤckelman.
Vnd niergend dann vber die Eyr taug /
Drumb huͤt sich ein jedr vor Weiberlaug.
Daß sie jm nit zwag mit Geckenschmaltz /
Die Suppen wuͤrtze mit Hennensaltz.
Sondern behalt das Mannliche Recht /
Sey Herr in seim Hauß/vnd nit der Knecht.

H.A.Z.

Gedruckt durch Matheus Boll. Anno 1588.

Herman Pleij

Arbeitsteilung in der Ehe. Literatur und soziale Wirklichkeit im Spätmittelalter

Ein Bauer kommt todmüde vom Feld nach Hause. Zu seinem großen Ärger steht das Essen noch nicht dampfend auf dem Tisch. Aber seine Frau beruhigt ihn, sie hat ja gerade angefangen: *Tsus lief, het wort terstont bereet* (Ruhig Blut, Liebster, es wird ja sofort zubereitet). Er läßt sich nicht hinhalten und murrt weiter. Was haben Frauen denn überhaupt zu tun? Während er sich hinter dem Pflug abrackert, werkelt sie hinter dem Haus. Und ausgerechnet im einzigen Augenblick am Tag, in dem sie ihre Aufgabe als Helferin des Mannes damit krönen darf, ihm ein deftiges Mahl zu bereiten, versagt sie! Jetzt ist für die Frau das Maß voll: ihr herzallerliebster Ehemann hat offensichtlich keine blasse Ahnung davon, was sie täglich schaffen muß. Sie schlägt ihm vor, einen einzigen Tag lang die Rollen zu tauschen, damit sie in Zukunft zumindest wissen, wovon sie reden, wenn sie sich über die tägliche Arbeitsteilung in die Haare geraten. Begeistert stimmt der Bauer zu, in der Hoffnung, auf ewig recht zu bekommen.

Für alle Fälle zählt die Frau noch kurz die Aufgaben auf: den Kühen und Schafen Heu geben, den Stall ausmisten, Kühe, Schafe und Ziegen melken, Milch karnen und Butter in Zweipfundstücke teilen, Teig kneten und Brot backen, Gänse, Hühner und Schweine füttern, Hähne und Tauben gesondert versorgen, Bier brauen, sich um das Kind kümmern, Windeln waschen, das Kind wiegen, wenn es schreit, das Zimmer putzen, Betten machen, die Kälber im Stall tränken und schließlich pünktlich zu ihrer Rückkehr vom Feld das Essen fertig haben. Und nicht vergessen, zwischendurch das Vieh auf die Weide zu treiben!

Was zunächst wie eine ziemlich willkürliche Aufzählung der Arbeiten einer Bäuerin aussieht, folgt doch einer bestimmten Reihenfolge. Einmal unterbricht die Frau ihre Arbeitsanweisung mit der Warnung, daß er das ganze nicht unterschätzen darf: *Ghi moet u cousen wel neder stroopen,* was soviel heißt wie: Denk daran, daß du dir die Hosen (wegen der Anstrengung oder der Wärme) wirst ausziehen müssen. Vorläufig scheint die Konsequenz dieses auf den ersten Blick so unschuldigen Hinweises dem Bauern zu entgehen. Aber davon später.

Am nächsten Tag genießt die Frau mit ihrer Tochter einen herrlichen Tag auf dem Feld. Sie pflügen und eggen, daß es eine wahre Lust ist, und kehren müde aber zufrieden gegen Abend heim. Dort treffen sie den Bauer beinahe hysterisch inmitten der Trümmer an, die er angerichtet hat, während Kind und Vieh brüllen, da sie nicht versorgt wurden. Er hatte mit dem Melken begonnen – und also, wie wir sehen, einige Aufgaben ausgelassen – es aber so ungeschickt angefangen, daß die Kuh ihn vollpißte. Er schwitzte Blut und Wasser. Danach war ihm alles schnell aus der Hand geglitten, was darin kulminierte, daß ihm die schmutzigen Windeln des Babys beim Waschen im Fluß wegtrieben. Der Schluß macht es deutlich: *Ic seg 't u claerlijc: 't is onmogelijck / mans te doen dat vrouwen connen!* (Ich sage es Euch deutlich: Es ist unmöglich / für Männer, das zu tun, was Frauen vermögen!).

Der Hennen-Taster

Dieser Reimtext, der um 1550 von der Witwe van Liesveldt in Antwerpen gedruckt wurde, trägt den Titel: *Vanden Hinnen Tastere*[1] – ein Ausdruck für einen Mann, der Frauenarbeit verrichtet. Auf der Titelseite wird er als Mann dargestellt, der heimlich eine Henne abtastet, um festzustellen, ob bereits ein Ei unterwegs ist (Abb. 1). Mit dem Hennen-Taster wird die Karikatur eines Mannes gezeichnet, der sich in für ihn unnatürliche weibliche Aufgabenbereiche einmischt und dabei durchdreht. Der Text muß wesentlich früher als Mitte des 16. Jahrhunderts entstanden sein. Nicht nur führt die Witwe van Liesveldt das Unternehmen ihres 1545 wegen Ketzerei hingerichteten Ehemanns mit Wiederauflagen (viel) älterer Bestseller fort, wir können auch feststellen, daß die Schlußstrophe des Textes das Acrostichon *Roovere* enthält. Und das bedeutet, daß er ursprünglich von keinem Geringeren als Anthonis de Roovere, dem berühmten Brügger Dichter, der 1482 starb, stammt.[2]

Aber kehren wir zum Hennen-Taster-Text zurück. Männer sollen sich nicht auf Frauenarbeit einlassen, denn das führt automatisch zu Katastrophen. Frauen dagegen scheinen keine Schwierigkeiten mit Männerarbeit zu haben. Eine derart verkehrte Welt evoziert ein alarmierendes Bild: In jeder Hinsicht drohen Männer ins Hintertreffen zu geraten neben Frauen, die lässig die Fäden in der Hand halten. Frühzeitige »feministische« Propaganda? Oder doch eher eine Warnung an die Adresse der Männer, sich nicht um den Haushalt zu kümmern?

Welche Bedeutung kommt der ungeheuren Popularität des Hennen-Taster-Themas in der spätmittelalterlichen niederländischen Literatur im besonderen, welche der Arbeitsteilung in der Ehe im allgemeinen zu? Von etwa 1400 bis zum Ende des 16. Jahrhunderts läßt sich verfolgen, wie ein mittelniederländisches Schwankmotiv zu einem Thema anschwillt, das viele Textsorten

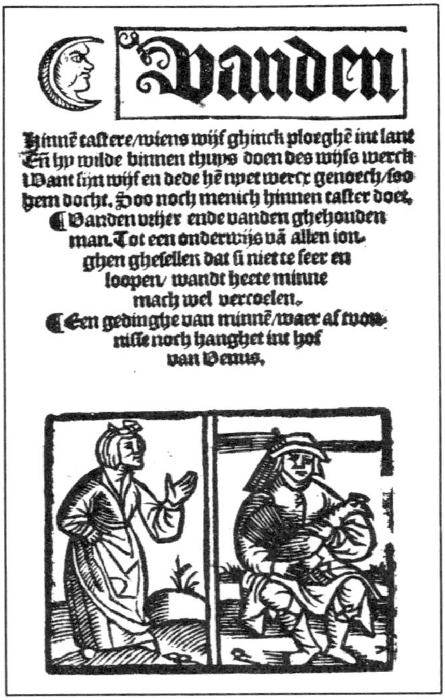
Vanden
Hinnē tastere/wiens wijf ghinck ploeghē int lant
Eñ hy wilde binnen thuys doen des wijfs werck
Want sijn wijf en dede hē niet werck genoech/soo
hem docht. Soo noch menich hinnen taster doet.
Vanden vchter ende vanden ghehouden
man. Tot een onderwijs vā allen ion-
ghen ghesellen dat si niet te seer en
loopen/ wandt heete minne
mach wel vercoelen.
Een gedinghe van minnē/waer af twon-
nisse noch hanghet int hof
van Venus.

Titelseite von 'Vanden hinnen tastere' (ca. 1550)

überflutet, nicht selten in Verbindung mit Illustrationen. Der Höhepunkt liegt zweifellos in der ersten Hälfte des 16. Jahrhunderts. Danach verengt sich die Vielfalt der Textsorten vorrangig zum Typus des komischen *refrein*.[3] Im 18. und 19. Jahrhundert sinkt das Sujet zur Colportageware in Form von Bilderbögen herab, die die verkehrte Ehewelt zum Gegenstand gutmütigen Spottes machen.[4] Aber ich beschränke mich auf die spätmittelalterliche Entwicklung in der Literatur des Südens der Niederlande, deren Texte in Form und Inhalt vom Milieu der *rederijkers* geprägt wurden.[5]

Die bereits in der klassischen Antike ausgebildeten Stereotypen der herrschsüchtigen Frau, flankiert von einem ängstlichen Pantoffelhelden[6], tauchen in der niederländischen Literatur erstmals in Schwänken gegen Ende des 14. Jahrhunderts auf, die das tradierte Paar mit Vorliebe in eine ländliche Umgebung versetzen. Meist führen sie eine junge vergnügungssüchtige Frau vor, die es mit der ehelichen Treue nicht allzu genau nimmt und ihren oft als gebrechlichen Greis dargestellten Mann für die Führung des Haushalts einspannt. Wenn er sich wehrt oder Fehler macht, bekommt er, etwa in *Lippijn* oder in *Drie Daghen Here*, eine Tracht Prügel.[7]

Von einer Privatsphäre mit deutlich sichtbaren Konturen kann man kaum sprechen. Dauernd gehen Nachbarn ein und aus, die scheinbar alles wissen und hören und eine wichtige Rolle bei der Konfliktlösung spielen. In der Tat ist die Solidarität zwischen Nachbarn und Nachbarinnen untereinander viel größer als die zwischen den sich bekämpfenden Eheleuten. Kinder kommen, wenn überhaupt von ihnen die Rede ist, nur als lästige Objekte vor, die brüllen und gewickelt werden müssen. Sie genießen weder Zuneigung noch wird ihnen ein fester Platz in der Familie zuerkannt. Es ist eine Welt ungezügelter Triebhaftigkeit, in der die bösartige Frau das Kommando an sich reißt.

Häufig sind diese Schwänke als derb-komische Genrestücke mißverstanden worden, an denen bestenfalls ein Publikum von betrüblich geringem Bildungsniveau Vergnügen finden konnte. Tatsächlich inszenieren sie aus stadtbürgerlicher Sicht, worauf man sich in besseren Kreisen nicht mehr einzulassen wünscht. Die Projektion verwerflichen Verhaltens auf Landbewohner muß man im Zusammenhang mit dem ansteigenden Zivilisationsdruck innerhalb der Stadt sehen. Noch bis weit ins 17. Jahrhundert karikieren Literatur und bildende Kunst Bauern als Vertreter eines unzivilisierten, närrischen und lächerlichen Verhaltens, gegen das sich Städter absetzen können.[8]

Im Laufe des 15. Jahrhunderts greift das Ehekampfthema, wie bereits erwähnt, auf andere Textsorten, etwa Tafelspiele, längere Rederijkergedichte und vor allem den *refrein* über. Typisch für die niederländische Literatur ist hierbei die Konzentration auf die Verteilung der Hausarbeit innerhalb der Familie. Wir befinden uns jetzt mitten im literarischen Leben der *rederijkers*, die mit ihren Kammern das hervorragendste Zivilisationsinstrument in den südlichen Niederlanden hervorbringen, das von der intellektuellen und materiellen Elite getragen und von der Stadtverwaltung gefördert wird.[9] In diesem wohletablierten Milieu wird die Darstellung einer (offenkundig) verkehrten Ehewelt in Literatur und bildender Kunst sehr beliebt.

Vorsicht ist jedoch geboten, wenn man versucht, Verbindungen zwischen dominierenden Themen in Kulturäußerungen und der gesellschaftlichen Wirklichkeit des Publikums herzustellen. Schon die Datierung der literarischen Texte dieser Periode ist schwierig. Häufig sind sie nur in jüngeren Sammelhandschriften überliefert, in undatierten Drucken oder gar nur in Neudrucken nachweislich älterer Vorlagen. Daß Literatur die gesellschaftliche Realität niemals ungebrochen wiedergibt, versteht sich von selbst. Darüber hinaus ahmt Literatur frühere Meinungen und Modelle nach, verbessert oder deformiert sie – eine Erscheinung, die man früher mit dem Terminus der immanenten literarischen Tradition belegte, die aber seit einiger Zeit auf den Namen Intertextualität hört.[10]

Gleichwohl läßt die karikierende Darstellung der verkehrten Ehewelt, die zwischen 1500 und 1550 in den besseren städtischen Kreisen der südlichen

Niederlande einen Höhepunkt erlebt, Rückschlüsse auf ihre Rezipienten zu. Ohne die Bedeutung intertextueller Bezüge in Frage zu stellen, verdankt sich die Attraktivität dieses Sujets offenbar den Möglichkeiten, einen Zusammenhang mit eigenen Erfahrungen, Wunsch- und Alpträumen zu entdecken. Einige Beispiele mögen das erläutern.

Neben zahlreichen Theaterstücken verdient vor allem die Textgruppe der Ständesatiren Beachtung, die sich zunehmend auf die Darstellung von Frauen eines bestimmten Standes einschießt. Unterschied man anfangs in der Ständesatire wenig mehr als die drei allbekannten Stände des Adels, der Geistlichkeit und der Bauern (mit verschiedenen Abstufungen innerhalb des Standes), verschiebt sich der Akzent gegen Ende des Mittelalters immer stärker auf unterschiedliche städtische Gruppierungen und Berufe. Die satirischen Stilisierungen haben ihr Pendant in den ausgelassenen städtischen Fastnachtsfeiern, die die Welt zeitweilig auf den Kopf stellten. Unerwünschtes Verhalten wird an ebenso unerwünschte Typen gekoppelt, und diese werden fröhlich dazu eingeladen, ihren Hang zum Saufen, Prassen und Unfugtreiben in einer Quasizunft fortzusetzen, die sich mit Wagen oder Schiff auf die Reise in ein Traumland macht.[11]

Auffällig ist, daß diese scheinbar so lustigen Texte sich immer mehr darauf richten, alte Jungfern, Wirtinnen, Kupplerinnen, Hebammen, Marktschreierinnen und Textilarbeiterinnen zu verdächtigen und auszugrenzen. Darüber hinaus finden auch die Hausfrauen und Dienstmägde besondere Aufmerksamkeit, die ihren Aufgaben nicht pflichtgemäß nachkommen, sondern lieber auf der Straße flanieren und in der Gesellschaft lüsterner Herren verkehren. Sie bekommen sogar sprechende Namen wie *laudate* (leichtes Frauenzimmer) und *dante (lorie)* (faule oder leichtfertige Frau) angehängt. Auch Texte wie die von der *Gilde van de Blauwe Schuit* (Zunft von der Blauen Schute), *Van den Langhen Waghen* (Vom langen Wagen) und *Den eedt van Meester Oom* (Der Eid des Meister Oom) geben implizit an, welche weiblichen Berufskategorien, Berufsauffassungen und Verhaltensweisen in der städtischen Gemeinschaft nicht oder nicht mehr erwünscht sind.[12]

Eine wichtige Gruppe von *refreinen*, die sich insgesamt der verkehrten Ehewelt widmen, zeigt die zunehmende Konzentration auf die unwillige und herrschsüchtige Hausfrau, die den Haussegen stört. Manchmal bestehen sie aus der Klage einer Ich-Figur, die sich als Hennen-Taster präsentiert. Einen Höhepunkt bilden drei *refreinen* mit diesem Aufbau, die Anna Bijns in den zwanziger Jahren des 16. Jahrhunderts geschrieben hat. Schon die *stokregels* (identische Schlußzeile jeder Strophe, die das Thema benennt) machen hinreichend deutlich, wie sehr die bedrängten *Jan Hennen* sich von ihren Gebieterinnen in die Enge getrieben fühlen: *Verwijft te zijne gaet boven alle plaghen* (Beweibt zu sein geht über alle Plagen), *Noyt man en gheraecte aen vuylder laudate* (Niemals geriet ein Mann an eine üblere Laudate), *Dus doende bringht zy den tyt vast duere* (So bringt sie die Zeit immer durch).[13]

Die Ehemänner sind unabänderlich zu Hausarbeiten verurteilt, die übrigens nun wirklich innerhalb des Hauses liegen und besonders die Versorgung des Kleinkindes akzentuieren. Im ersten *refrein* sind es wieder die schmutzigen Windeln, das Säubern und das endlose Bemühen, das Kind durch alberne Lieder zum Stuhlgang zu bewegen. Auch die Ernährung ist eine Quelle des Ärgers, wie das Pusten über den Brei, ehe der Kleine bereit ist, etwas zu sich zu nehmen. Aber das Schlimmste ist, nach Aussage des Ich, daß vermutlich nicht einmal ein Zeh von ihm sei, da er über sichere Hinweise verfüge, daß ihm viele bei der Herstellung des Kindes assistiert hätten!

In diese verkehrte Welt gehören schließlich sexuelle Forderungen von Frauen, die leider an Männer (nicht selten Greise) geraten sind, die diese nicht erfüllen können. So läßt Edewaerd de Dene, ein Brügger Dichter aus der Mitte des 16. Jahrhunderts, eine herrschsüchtige Frau selbstbewußt erklären, daß sie aus dieser Situation ihren Vorteil ziehen will, was der normale Gang der Dinge offenbar nicht zulassen würde: *en ghij moet, eer ghij up mijn ghetauwe mueght weven / mij cussen driewaerf achtereens* ***tmynder baeten*** (und Ihr müßt, ehe Ihr auf meinem Webstuhl weben dürft / mich dreimal hintereinander **zu meiner Zufriedenheit** küssen). Durch die der Textilarbeit entlehnte Bildsprache zur Kennzeichnung des Liebesaktes weist die Frau darauf hin, daß zuerst und überhaupt geküßt werden muß.[14]

Die erste Ehe

Bei der Beliebtheit von Darstellungen der verkehrten Ehewelt in der Literatur der südlichen Niederlande um 1500 spielen zeitgenössische Erwartungshaltungen eine große Rolle, die uns nicht mehr vertraut sind. Das Publikum erkannte in dieser Literatur die Verarbeitung biblischer und antiker Modelle. Vor allem die biblische Tradition stellte Argumentationsschemata und Exempel bereit, die der eigenen Gegenwart assimiliert wurden und diese interpretierten und legitimierten. Auch für die Familien- und Ehethematik boten die heilsgeschichtlichen Ereignisse überzeugende Bestätigungen und Parallelen. Von besonderer Bedeutung hierfür ist die Interpretation des Sündenfalls und der Josefsehe.[15]

Zunächst zu Adam und Eva. Von Anfang an verbinden mittelalterliche Exegeten das Übertreten von Gottes Gebot mit den drei Todsünden der Gefräßigkeit, Eitelkeit und des Hochmuts, zu denen der Teufel das erste Menschenpaar durch Eva zu bewegen wußte. Damit ist es nicht getan. Viele Autoren knüpfen daran noch eine Reihe von Fragen. Die wichtigsten sind, wer von den beiden nun eigentlich am schwersten gesündigt hat und weshalb Adam sich wider besseres Wissen von Eva überreden ließ, vom Apfel zu essen. Hierbei zeichnet sich eine vielsagende Entwicklung ab. Insbesondere nimmt Adam in der Literatur des Spätmittelalters immer stärker die Züge eines Pantoffelhelden an.[16]

In der *Vulgata* – dem üblichen Bibeltext des Mittelalters – wird nichts über die Gründe Adams gesagt: Eva reicht ihm den Apfel und er ißt. Die Exegeten behaupten jedoch, daß Adam sich seiner Sünde wohl bewußt war. In diesem Sinne wird die Geschichte in Comestors weit verbreiteter Historienbibel, der auch van Maerlants *Rijmbijbel* aus dem Jahr 1262 zugrundeliegt, ausgearbeitet. Dort scheint Adam vernünftig, weise und unerschrocken zu sein, sogar etwas schlau, denn er wartet kurz ab, ob Eva nach dem ersten Bissen nicht tot umfällt; Eva gibt Adam den Apfel, der *merken beghan / Dat soe (zij) te hant niet bleef doot: / Nochtan wiste hi al bloot / Dat quaet dat daer af soude comen (...) / Ende at, watter af soude ghescien* (er sah, / daß sie nicht starb: / Dennoch wußte er schnell, / daß daraus Übles entstehen würde (...) / Und er aß, was immer auch geschehen würde).[17]

Adam weiß also, daß er sündigt, aber – Eva lebt noch – wir werden schon sehen, wohin das führen kann! Die Frage wird umso dringlicher, weshalb Adam trotzdem so handelt. Van Maerlants *Spieghel Historiael* (um 1288) nennt eine direkte, in der lateinischen Exegese bereits früher entwickelte Begründung: Adam tut es aus Liebe.[18]

Ein halbes Jahrhundert später demonstriert Jan van Boendale nachdrücklich die Notwendigkeit, diese biblische Erzählung als Richtschnur für zeitgenössisches Eheverhalten anzuwenden. Auch bei ihm handelt Adam aus Liebe, aber es ist eine Liebe, die offenbar zu großen Katastrophen führen kann. Obwohl er weiß, was auf dem Spiel steht, werden seine Sinne von seiner närrischen Liebe so verwirrt, daß er jede Selbstkontrolle verliert. Hüte dich also vor der Liebe, sagt darauf van Boendale, liebe deine Frau mit Maßen und halte sie vor allem in emotionaler Distanz. Eva wird in dieser Tradition immer dümmer, unvernünftiger und bösartiger dargestellt neben ihrem vernünftigen und weisen Ehemann, der leider verblendet ist und immer abhängiger wird. Bei van Boendale trieft die Empörung: Adam verspielt mit offenen Augen die himmlische Glückseligkeit für eine Frau, die *cume twe voir drie kinde!* (kaum zwei von drei unterscheiden konnte).[19]

Diese Linie wird fortgesetzt und noch verstärkt im 15. Jahrhundert. Das berühmte Brüsseler Mysterienspiel *Die eerste bliscap van Maria* (Die erste Freude Mariens), seit der Mitte des 15. Jahrhunderts bis weit ins 16. Jahrhundert häufig aufgeführt, spinnt die Szene zwischen Adam und Eva breit aus. Eva wird von der Schlange angesprochen und wendet sich darauf an Adam. Dieser ist voller Entgegenkommen, zeigt Vernunft und Wohlwollen: *Wat soude dat wesen, / Vrouw Yeve, dat ghi met nernste (zo vurig) begeert / Aen mi? Eest dat ghij 't mij vercleert, / Ic salre in doen sonder verdrach /* ***Tuwer liefden****, dies ic* *vermach. / Want noode so soudic u* ***vererren*** *(boos maken), / Soet* ***redelic*** *si* (Was sollte das sein, Frau Eva, das Ihr so feurig von mir begehrt? Es soll so sein, wie Ihr mir sagt, daß ich ohne Zögern **aus Liebe zu Euch** das tun will, was in meinen Kräften steht. Denn ich würde Euch **erzürnen**, wenn ich **vernünftig** wäre).

Aber dann erschrickt er doch gewaltig über Evas Vorschlag, denn es wird ihm sofort klar, daß er gegen Gottes Gebot verstößt. Er versucht sie mit Vernunft auf andere Gedanken zu bringen. Gott habe es doch ausdrücklich verboten! Und es gebe doch genug Bäume, um ihr Verlangen zu stillen, warum gerade dieser eine? Aber Eva unterbricht ihn grob mit einem Fluch: *Keeren, sijt tevreden / Adam! (...) Hout, siet!* Und wir können das am besten paraphrasieren mit: »Jesus Christus (etwas vorzeitig: *Keeren* ist von Christus abgeleitet), quatsch nicht, Adam, nimm und iß!« Solcher bösartigen Gewalt kann Adam nicht standhalten und er beißt zu. Und von diesem Augenblick an ist Adam ein klagender Pantoffelheld, der auch nach der Vertreibung aus dem Paradies von seiner Frau dirigiert wird. Verurteilt zu Blut, Schweiß und Tränen in irdischer Mühsal, sinkt er verzweifelt nieder. Und wieder ergreift Eva die Initiative: sie drückt ihm eine Hacke in die Hand, um die Erde umzugraben, während sie eifrig ruft, daß sie jetzt in Armut und Elend für ihren Lebensunterhalt sorgen müssen.[20]

Törichte Liebe, Trägheit und Angst kennzeichnen den ersten Pantoffelhelden auf Erden, zumindest nach dem Bild, das das Spätmittelalter von ihm kennt. Ich bringe noch ein Beispiel, um zu zeigen, wie favorisiert diese Darstellung um 1500 wird und wie unmittelbar diese Typisierung als Modell für ein erwünschtes Eheverhalten der eigenen Zeit herangezogen wird. *Dbedroch der vrouwen* (Der Betrug der Frauen), 1531 gedruckt, aber sicherlich ein bis zwei Jahrzehnte früher entstanden, ist eine Novellensammlung über eine Reihe von Frauen, die zu den schlimmsten aller Zeiten gehören. Abwechselnd wird eine Frau aus der Bibel oder der klassischen Literatur präsentiert neben zeitgenössischen Beispielen weiblicher Arglist. Und natürlich beginnt die Sammlung mit Eva: *Ende si sach dat den appel schoon was in 't aensien, ende si nam den appel, ende adt daer af, ende ghaf hem voort haren man Adam, die daer ooc af adt,* ***als een die niet en wilde vertooren sijn wijf,*** *die nochtans die wijste man was die oyt opter aerden quam sonder alleen die sone Gods* (Und sie sah, daß der Apfel schön anzusehen war, und sie nahm den Apfel und aß davon und gab ihn ihrem Manne Adam weiter, der darauf auch aß **als einer, der sein Weib nicht erzürnen wollte**, der trotzdem der weiseste Mann war, der je auf Erden ging, außer dem Sohn Gottes).

Die Erläuterung, daß Adam davor Angst hat, seine Frau zu erzürnen, fällt umso mehr durch die nüchterne Erzählweise auf, die kaum von den geläufigen Bibelübersetzungen abweicht. Aber wichtiger ist, daß der Herausgeber der

Sammlung – vermutlich der Drucker Jan van Doesborch – die Geschichte für aktuelle Ehelektionen nutzt. Zuerst wiederholt er die schon früher entworfenen Argumente gegen die Auffassung, daß Eva Adam überlegen sei. Es wurde nämlich darauf hingewiesen, daß Adam lediglich auf einem kleinen Feld bei Damaskus aus weicher Pampe geformt sei, während Eva als erster Mensch im Paradies aus edlerem Material entworfen wurde, nämlich einer Menschenrippe. Es wäre unrichtig, sagt der Autor, hieraus zu schließen, daß Eva eigentlich der Herr über Adam sei: Gott tat dies allein, um Adam zu Respekt vor seiner Helferin zu nötigen. Und das festzuhalten ist wichtig, weil es heutzutage Frauen gebe, die *hier uut argueeren, dat si beter zijn dan die mannen, ende willen zijn der mannen meester, sodat dickwil noch veel ghebuert nu ter tijdt inder werelt* (hieraus ableiten, daß sie besser seien als Männer und Herren über die Männer sein wollten, wie es noch häufig geschieht zu unserer Zeit in dieser Welt). Hierin soll die Botschaft der vorsichtig in die angedeutete Richtung dirigierten biblischen Erzählung liegen. Und darum wird am Ende noch nachdrücklich an Gottes Wort erinnert, als er Eva ihren Platz zuweist: *(...)ende ghi sult zijn onder die macht van uwen man, ende hij sal heerschappie hebben over u, ende u meester zijn* ((...) und Ihr sollt unter der Macht Eures Mannes stehen, und er soll über Euch herrschen und Euer Herr sein).[21]

Die beste Ehe?

Das Interesse für das Thema der Rollenverteilung im Haushalt und des männlichen Unwillens, Aufgaben im Haushalt zu übernehmen, infiziert auch eine andere Bibelgeschichte. In der Literatur und bildenden Kunst des späten Mittelalters wird Josef als Gatte Marias in zunehmendem Maße als rührend emsiger *Jan Hen(ne)* dargestellt. Neben seiner jungen und wunderschönen Frau ist er ein Greis, der die größte Mühe hat, dem Lauf der Geschehnisse zu folgen. Mehrmals bedarf es eines Engels, um seine Wut und Angst anläßlich dieser wundersamen Ereignisse, begonnen mit seiner Auserwählung zum Ehepartner bis hin zur Flucht nach Ägypten, zu beschwichtigen. Auf Gemälden, Miniaturen und Drucken wie auch in Weihnachtsspielen und Weihnachtsliedern wirbelt er beflissen im Haushalt herum. Während Maria, stillgeworden, die Rolle der Auserkorenen über sich ergehen läßt – sie macht einen etwas abwesenden Eindruck und liegt manchmal sogar mit einem Buch im Wochenbett, mit der Bibel selbstverständlich, als Zeichen dafür, daß ihr auf jeden Fall die Bedeutung der Ereignisse nicht entgeht –, sammelt Josef Reisig, macht Feuer, kocht dem Kind einen Brei und sorgt mit einer kleinen Kerze oder einer Laterne in der Hand für die Beleuchtung. Auch kommt es vor, daß er seine Hosen *(cousen)* auszieht, die als Stoff für Ersatzwindeln dienen sollen.[22]

Diese Darstellung des Sachverhalts paßt reibungslos in die allgemeine Tendenz, einem breiten Publikum das Heilsgeschehen so ergreifend wie möglich zu präsentieren, um es zur intensiven Teilnahme an der Geburt und dem Leiden Jesu zu bewegen. Die Situation der tiefsten Armut, Kälte und Hilflosigkeit erhält immer 'realistischere' Akzente, die mit einer großen Erfindungsgabe dem biblischen Geschehen appliziert werden. Und daß Josef so offensichtlich ein Greis ist, soll die Tatsache verdeutlichen, daß diesem sichtlich impotenten Alten jedwede Vaterschaft abgesprochen werden muß. Das Auffällige dabei ist, daß Texte und Darstellungen so weit übertreiben, daß seinem Auftreten – vor allem bei seinen häuslichen Aufgaben, die er nicht selten ausgesprochen ungeschickt verrichtet – zweifellos eine lächerliche Dimension verliehen wird. Und dies aus der zeitgenössischen Perspektive des idealen Verhaltens in einem **richtigen** Haushalt, wie die übereinstimmende Darstellung weltlicher Greise und Pantoffelhelden in der Literatur *(Lippijn!)* belegt.[23]

Die Darstellung Josefs als greiser Pantoffelheld auf der Bühne und in der bildenden Kunst stößt im Laufe des 16. Jahrhunderts auf wachsenden Widerstand. Einen wichtigen Hinweis gibt ein Prozessionsspiel über die Ehe von Josef und Maria aus dem Limburg des frühen 16. Jahrhunderts. Der Autor hat als zwingende Regieanweisung hinzugefügt, man solle den Josef endlich einmal **normal** spielen, ihn vor allem nicht als alten Hanswurst herausputzen. Josef sei bei seiner Heirat 33 Jahre alt gewesen; ein ehrbarer Mann, der es nicht verdiene, so zum Gespött gemacht zu werden. Und der Autor fragt sich, wer es sich in den Kopf gesetzt habe, ihn so lächerlich darzustellen, wobei er sich dem Eindruck nicht entziehen kann, daß es die Maler sind.[24]

Die karikierende Verzeichnung Josefs muß zweifellos in Zusammenhang mit sich ändernden Auffassungen von Ehe und Familie gesehen werden. Es ist sogar möglich, daß Maria in diesem Rahmen einen herrischen Charakter bekommt, wie aus den folgenden Zeilen eines Weihnachtsliedes hervorgeht: *Joseph, maect ons een papken soet, / Haestelijck in corter tijt* (Josef, kocht uns einen süßen Brei, ganz schnell in kurzer Zeit)[25]. Der Zusammenhang zwischen Josefsehe und aktuellen Formen der Ehe wird klar dargestellt auf einem Gemälde von Henri met de Bles um 1530.[26] Hier wird das Thema der menschlichen Pilgerfahrt zum ewigen Leben behandelt. In einer wüsten Landschaft sehen wir, wie im Vordergrund Josef hinter dem Esel mit Maria und dem Kind her trottet auf dem Weg nach Ägypten. Sie beschreiten den engen Heilspfad in einer gebirgigen Landschaft voller Hindernisse, der wegführt von der im Zentrum in Form emporragender Städtekonturen dargestellten Welt. Diese Welt ist das Ziel einer (Reise-) Gesellschaft, die im Wagen rechts im Vordergrund auf der breiten Straße des Unheils zu Tal fährt. Damit kein Mißverständnis bezüglich dieses fragwürdigen Trajektes aufkommt, werden daneben noch einige wühlende Schweine mit einem Schweinehirten plaziert, der den Weg ins Verderben weist.[27]

Die Gruppe im Wagen führt unerwünschtes Benehmen in Ehefragen vor. Die Darstellung erinnert an den oben erwähnten Text *Van den Langhen Waghen*, einschließlich des Aufrufs an den Wagenführer, seine 'leichte' Fracht einmal genauer in Augenschein zu nehmen. Auf dem Gemälde sehen wir sich liebende, aber vor allem kämpfende Männer und Frauen, aufgeputscht von der Dudelsackmusik, die ganz besonders die mangelnde Zivilisierung betont. Der aggressive und dominierende Charakter der Frauen überwiegt. Zwei ragen empor, indem sie mit Spinnrocken und Webattributen nach Männern ausholen. Die Parallele zur verkehrten Welt in der Josefsehe wird gezeigt durch ein Ehepaar, das auf den Wagen zugeht. Wenn Josef in einer Situation, die schließlich auch keine echte Ehe ist, zum Pantoffelhelden wird, so zeigt das korrespondierende Ehepaar, daß die weltliche Übersetzung in eine wirkliche Ehe regelrecht zum Untergang führt. Die Frau hat das Sagen und stellt sexuelle Ansprüche: auf der linken Schulter trägt sie einen leeren Krug, die Öffnung zum Betrachter gewandt, ein einladendes Zeichen der Wollust. Sie dirigiert ihren ängstlich schauenden Mann, indem sie ihn am Arm nimmt. Durch den Spinnrocken als Attribut, der Frauenarbeit symbolisiert, gibt er sich als Pantoffelheld zu erkennen.

Auf diese Weise wird die Bibelgeschichte von Josef und Maria aktiviert und auf die aktuelle Eheproblematik mit spezieller Aufmerksamkeit für die Arbeitsteilung im Haushalt zugeschnitten. In ihrem Licht erhält die Warnung der Bäuerin in *Vanden hinnen tastere*, ihr Mann solle bei der Frauenarbeit die Hosen ausziehen, eine besondere Bedeutung. Man assoziiert nicht nur die bekannten Sprichwörter darüber, wer die Hosen anhat, zugleich drängt sich die Darstellung des ersten Pantoffelhelden auf, der sich bei der Hausarbeit die Hosen auszog: des braven Josef.[28]

Während die Druckkunst des 16. Jahrhunderts in der Darstellung von Weiberlisten immer wieder auf antike Vorbilder zurückgreift[29], präsentiert sie nur ein einziges klassisches Beispiel für die Verkehrung der geschlechtsspezifischen Arbeitsteilung im Ehe- und Familienleben: das der lieblichen Iole, die Herkules, seit jeher die Inkarnation männlicher Potenz, an die Kandare nimmt. Auch *Dbedroch der vrouwen* verwertet diese Geschichte. Das gebrochene Eheversprechen von Ioles Vater treibt Herkules zu großer Wut. Mit Heeresmacht unterwirft er seinen Gegner, wobei dieser getötet wird. Dann versucht er, Iole doch noch für sich zu gewinnen. Aber diese nimmt in subtiler Weise Rache. Zuerst zwingt sie den Schuft im Löwenfell, sich zu salben und zu parfümieren, seidene Kleider anzuziehen und sich mit goldenen Ringen und Blumenkränzen herauszuputzen. Dann befiehlt sie ihm: *dat hi ooc ginc sitten onder die vroukens vertellen raetselen ende avontuerkens als die kinderen, ende dat hi sadt en span cleyn garen vanden spinrocken als ander vrouwen* (sich auch zu den Frauen zu setzen und Rätsel und Aventiuren zu erzählen wie die Kinder; er

Herkules und Iole, die ihn zwingt, Frauenarbeit zu verrichten, aus 'Vanden doorluchtighen vrouwen', (Boccaccio, 1525)

setzte sich und spann von den Spinnrocken wie andere Frauen dünnes Garn). Und das soll in dieser Novellensammlung als Warnung davor dienen, was solche gemeinen und bösartigen Weiber anzurichten imstande sind![30]

Erklärungen?

Die verkehrte Welt in Familie und Haushalt wird um 1500 mit künstlerischer und rhetorischer Gewalt angeprangert. Diesem Zweck werden biblische Erzählungen und auch ein antikes Beispiel angepaßt. Die aggressiv-lächerliche Darstellung des Hennen-Tasters, der seine Frau nicht im Zaum halten kann, und die Stigmatisierung fauler Hausfrauen, die auf der Straße herumstreunen, korrespondieren mit der Tendenz vieler zeitgenössischer, im Druck verbreiteter Ehetraktate. Ungeachtet ihrer Zugehörigkeit zu scholastischen oder humanistischen Argumentationstraditionen, die nebeneinander im 16. Jahrhundert anzutreffen sind – in einem Punkt, der durch Paulus' Brief beglaubigt wird, herrscht Einigkeit: Der Mann ist der Herr, die Frau ist seine Helferin, und ihre Aufgaben liegen innerhalb der vier Wände des ehelichen Hauses.[31] Aber warum nun die handfeste Bestrafung des Pantoffelhelden, die überall um sich greift, und dies nicht nur in der Literatur und in der bildenden Kunst? Er wird auch eine beliebte Zielscheibe der städtischen Fastnacht und anderer Reinigungsfeierlichkeiten wie der Charivari (wörtlich: 'Kesselmusik') der Jünglinge.[32] Gibt es Entsprechungen in der Wirklichkeit?

Über Rollen- und Aufgabenveränderungen für Frauen in der Familie und auf dem Arbeitsmarkt in den Städten der südlichen Niederlande des 15. und 16. Jahrhunderts ist erst wenig bekannt. Trotzdem scheinen sich drei Gründe für die Gewaltthematik in der künstlerischen Produktion abzuzeichnen. Erstens gibt es im städtischen Milieu viele Ehepaare stark unterschiedlichen Alters. Männer heiraten in der Regel später als Frauen. Auch Wiederheiraten nach dem Verlust der Gattin im Wochenbett tragen zu diesem Altersunterschied bei. Für einen wohlhabenden Bürger war es durchaus nicht unüblich, drei- oder viermal zu heiraten. Die Karikatur des ungleichen Paars in der Literatur und bildenden Kunst[33] läßt sich verstehen als Abwehr unerwünschter Konstellationen: Der Ehebund zwischen Greis und jungem Mädchen stört den Ehe-Markt für Jüngere und beschwört überdies die Gefahr herauf, aufmüpfige junge Frauen könnten sich außerhalb des Hauses vergnügen und ihren alten Gatten zur Hausarbeit verurteilen.

Der zweite Punkt betrifft die sich verändernde Stellung der Frau im städtischen Leben. Neben unterschiedlichen Arbeiten bei der Herstellung und Vermarktung von Produkten wie Brot, Geflügel, Eiern und Bier spielt vor allem die ältere Frau auf dem Lande eine zentrale Rolle als Beraterin und Übermittlerin von Nachrichten in ihrer Umgebung. Sie leistet Beistand bei Geburt und Tod. Alle diese Funktionen – sogar die der Hebamme – werden in der Stadt von Männern in institutionalisierten Berufen wie Stadtarzt, Begräbnisunternehmer, Kaufmann, Rechtsanwalt und Bierbrauer übernommen. Die Nachrichten werden durch Boten, Handelsbriefe und gedruckte Neuigkeiten übermittelt. Aus Rechtsquellen und Stadtverordnungen geht hervor, daß Frauen unter keinen Umständen Mitglied in irgendeiner städtischen Behörde sein dürfen, was gleichzeitig impliziert, daß der Gedanke daran öffentlich wohl vorhanden war. Auch wird Frauen der Zugang zur Universität verwehrt, ihre Gildenmitgliedschaft ist ausgeschlossen oder unterliegt einschränkenden Bestimmungen. In diesem Fall kann sie nur als Ehefrau Mitglied sein, wobei ihr als Witwe erlaubt wird, eventuell das Geschäft oder Gewerbe ihres Mannes weiterzuführen.[34]

Es ist schwer zu sagen, ob im Laufe des 15. Jahrhunderts Frauen in den Städten der südlichen Niederlande konsequenter als zuvor vom Arbeitsmarkt verwiesen wurden. Es scheint sich allerdings eine Tendenz in diese Richtung abzuzeichnen. Dokumente der Behörde benutzen 'biblische' Argumente, um Frauen das Recht, verantwortungsvolle Aufgaben zu übernehmen, abzusprechen: sie seien dazu zu schwach, zu leichtsinnig, irrational, launenhaft und zu unkonzentriert. Daß es sich aber eher um Konkurrenzangst handelt, scheint offensichtlich. Diese ist in der Stadt deutlich erkennbar, denn die Existenz fast jeden Bürgers war unmittelbar mit Handel und Gewerbe verbunden. Dies führte zu protektionistischen Maßnahmen unterschiedlichster Art gegen Nichteingesessene, aber auch innerhalb der Stadt strebte man danach, das Hausgewerbe billig arbeitender Klosterniederlassungen einzudämmen. Zu solchen Restriktionen paßt die Angst vor der Konkurrenz von Frauen, die ja in der Regel weniger Arbeitslohn erhielten.[35]

Auch wurde behauptet, daß ein großes Potential mehr oder weniger arbeitsloser älterer Frauen in der Stadt von Männern als eine wachsende Bedrohung erfahren worden sei. Vor allem Witwen und alte Jungfern, die keinen ehelichen oder familiären Bindungen unterlagen, wurden verdächtigt, bösartige Zauberei zu betreiben. Nicht ohne Grund geht die literarische Polemik gegen illegal arbeitende Hebammen, Kupplerinnen, Marktschreierinnen, Wirtinnen und Textilarbeiterinnen einher mit der ersten Welle systematischer Hexenverfolgungen um 1500.[36]

Daß Frauen vor allem aus medizinischen und sozialen Berufen verdrängt wurden, belegt etwa eine Brüsseler Stadtverordnung aus dem Jahre 1424. Denunziert werden 'Hebammen, Marktschreierinnen und das Personal von Badestuben'. Es gäbe zu viele Todesfälle; außerdem benähmen sie sich ungebührlich. Auch schwatzten sie ihren Kunden aus Profitsucht allerlei Waren auf. Dagegen werden strenge Maßnahmen verkündet, die für die Hebammen beinhalten, daß sie regelmäßig von einer Jury beurteilt werden, während für die übrigen medizinischen Berufe im Prinzip ein akademischer Grad gefordert wird. Und Frauen – ich erwähnte es bereits – waren zum Universitätsstudium nicht zugelassen. Nur ausnahmsweise war es möglich (und dabei dachte man lediglich an die Männer), nach einer Eignungsprüfung für eine einzelne medizinische Tätigkeit eine Zulassung zu erhalten.[37]

Sollte diese Tendenz das städtische Leben im Spätmittelalter beherrscht haben, so dürfte sie ihren literarischen Niederschlag in Texten gefunden haben, die den Hennen-Taster anprangern, der innerhalb der eigenen vier Wände die gewünschte Ordnung gegenüber seiner Frau nicht durchzusetzen vermag. Hierfür spricht, daß mancher Text in diesem Zusammenhang mit der Aufforderung schließt, die Adam von Gott verliehene Herrschaft endlich auch zu praktizieren, wie es zum Beispiel im Text *Vanden .X. Esels* (Von den zehn Eseln) aus den zwanziger Jahren des 16. Jahrhunderts der zweite Esel, der den Pantoffelhelden darstellt, zu hören bekommt.[38] Das Theaterstück *Moorkensvel* (Moorkens Fell) aus derselben Zeit liefert ein Rezept für die Zähmung unwilliger Hausfrauen: nackt verprügeln und in ein Pferdefell voller Salz wickeln, bis sie versprechen, sich zu bessern.[39]

Schließlich gibt es noch einen dritten Punkt. Die Annahme, daß sich um 1500 in der Stadt eine absolute Trennung von Wohn- und Arbeitsbereich vollzogen habe – der Mann außer Haus bei der Arbeit, die Frau zu Hause hinterm Herd –, ist nicht zu halten. Vor allem für die Textilmanufaktur in Antwerpen ist bekannt, daß der Mann mit Hilfe seiner Frau und gegebenenfalls auch seiner Töchter zu Hause mit Produktionsmitteln und Rohmaterialien arbeitete, die

Unternehmen zur Verfügung stellten. Die Zunftregeln scheinen auch von einer solchen Situation auszugehen: Frauen sind nicht Mitglieder, aber es wird vorausgesetzt, daß sie ihren Mann bei der Arbeit unterstützen.[40] In einer derartigen Arbeitssituation liegen die Möglichkeiten einer Vermischung aller Aufgaben im Haushalt auf der Hand. Und eine derartige Praxis könnte die gewünschte Ordnung, die die Frau zu Hausarbeiten und der Erziehung der Kinder unter Aufsicht des Ehemannes zu verpflichten sucht, bedrohen. Die literarischen Texte würden dann vor allem als Warnung vor einer möglichen Machtübernahme im Hause fungieren, die gleichsam zum Greifen nahe war.

Diese Annahme – mehr ist es nicht – wird von der Tatsache unterstützt, daß in den angesprochenen *refreinen*, Liedern, Schwänken und *Esbattementen* (komische Spiele bei den Rederijkern) so gut wie nirgends die Rede davon ist, daß Männer außer Hause Arbeit zu verrichten haben; ebensowenig wird angedeutet, daß sie arbeitslos oder vermögend sind oder daß ihre Frauen das Einkommen beschaffen. Im Gegenteil, soweit diese faulen Xanthippen überhaupt etwas tun, verprassen sie nur schaufelweise das Geld, um ihrem Hang nach Luxus zu frönen. Die Überlegung, daß diese Arbeitssituation in den Angriffen auf den Hennen-Taster anklingen könnte, würde der bäuerlichen Stilisierung des Themas eine zusätzliche Nuance verleihen. Die Heimarbeit ist nämlich ein Importartikel vom Lande und verfällt damit gewissermaßen automatisch dem Verdikt des gehobenen Bürgertums.

Fürs erste scheint das in der Literatur und bildenden Kunst ausgiebig verwendete Thema der sowohl herrischen wie faulen Hausfrau mit ihrem bejahrten Pantoffelhelden auf einen gesellschaftlichen Konfliktherd im Übergang vom Spätmittelalter zu einer neuen Epoche zu deuten. Oder handelt es sich vielleicht doch um ein selbstbezogenes literarisches Spiel? Wir warten gespannt auf die Antwort der Historiker.

Anmerkungen

* Aus dem Niederländischen von Marlene Müller-Haas und Johanna F. Ridderbeekx, Mitarbeiterinnen der Niederländischen Philologie am FB Germanistik der FU Berlin.

1 Das einzige erhaltene Exemplar befindet sich in der Herzog August Bibliothek in Wolfenbüttel.

2 Zu diesem Text und zum Drucker vgl. Pleij/Resoort 1974/75, S. 392-400. Zu Leben und (gesammeltem) Werk Anthonis de Rooveres vgl. Ausgabe 1955; dort kommt dieser Text jedoch nicht vor.

3 Ein »refrein« ist ein Gedicht mit 4 oder mehr Strophen, bei dem jede Strophe mit derselben Zeile schließt; vgl. Coigneau 1980/83. Zu den zitierten Texten vgl. Pleij

1977; id. 1983, S. 212; id. 1984, S. 66-69 und die in Fußnote 13 zitierten Texte. Zum Hennen-Taster in der bildenden Kunst vgl. Grauls 1957, S. 141-147; De Meyer 1962, S. 463-465; Strauss 1975, I, S. 128 u. S. 433.

4 Dazu vgl. z.B. Dresen-Coenders 1976; vgl. auch Bailbé 1964.

5 Seit ungefähr 1400 wird das literarische Leben in der Stadt von städtischen Dichtern dominiert, meist Amateuren, die sich »rederijkers« (nach den französischen »rhétoriqueurs«) nennen. Sie organisierten sich in sog. Kammern und waren neben Theater und Reimwettkämpfen auch für die gesamte Festkultur ihrer Stadt verantwortlich, angefangen von Prozessionen bis zu Fürstenempfängen; vgl .Mak 1944; Coigneau 1984; Pleij 1985.

6 Vgl. z.B. Moser 1972; Moser-Rath 1981. Vgl. auch Wright 1968, S. 118-131; Gaignebet 1985, S. 48-49.

7 Vgl. Pleij 1981, S .77-78; id. 1986, S. 9-10.

8 Vgl. Miedema 1977; Vandenbroeck 1984; Raupp 1986, S. 52-53 und passim.

9 Vgl. die in Fußnote 5 genannte Literatur und speziell dazu noch Pleij 1987, S. 53-55.

10 Gibson 1979. Um ein Beispiel für derartige Gefahren zu nennen: Gibson bemerkt zu Bruegels Gemälde Dulle Griet, daß in ganz Westeuropa die Darstellung der Xanthippe in der zweiten Hälfte des 16. Jahrhunderts sehr populär war – auch in der Literatur (Sprichwörter). Nach dem Bild der Heiligen Margareta geschaffen, kann eine solche Frau den Teufel überlisten und die Hosen anziehen. Dafür findet Gibson die direkte Erklärung in dem Zufall, daß gerade damals in Westeuropa viele Herrscherinnen regierten, die zu satirischen Äußerungen Anlaß gaben.

11 Hierzu allgemein Pleij 1983, S. 127-186.

12 Herausgegeben in den Beilagen bei Pleij 1983, S. 257-272. Vgl. auch 'Schuit', ed. 1985, S. 66-67.

13 Coigneau 1980/83, II, S. 344-354, 386-388; Soens 1902, S. 319-327. Anna Bijns (1493 – 1575), die in der Art der 'rederijkers' schrieb, war die erste Autorin weltlicher Texte der niederländischen Literatur. Sie wohnte und arbeitete (als Lehrerin) ihr Leben lang in Antwerpen. Sie wurde vor allem berühmt wegen ihrer Schmähschriften gegen die Reformation, für die sie ausschließlich Martin Luther verantwortlich machte. Weniger bekannt sind ihre Anti-Ehegedichte, die nicht gut in das Bild paßten, das man im 20. Jahrhundert von ihr sehen wollte: eine Kämpferin für den katholischen Glauben. Vgl. Bijns, ed. 1987, in dem die genannten Texte vorkommen wie auch eine kurze Skizze ihres Lebens und ihrer Werke.

14 De Dene, ed. 1975/79, Teil 2, S. 178.

15 Vgl. Pleij 1980/81 und die dort angegebene Literatur.

16 Zum Allgemeinen vgl . Murdoch 1974.

17 Van Maerlant, ed. 1983, Zeile 640-646.

18 Van Maerlant 1857/63, I/1, Kap. 9, Zeile 21-28.

19 Boendale 1844/48, I, Kap. 21.

20 'Bliscap', ed. 1973, bzw. Zeile 219-225, 249-253.

21 'Bedroch' ed. 1532, Bl. $B1^r$-$B2^v$. Ausführlicher zu diesem Text Franssen 1982/83 und 1983/84.

22 Vgl. Mak 1948, pass.; Pleij 1981.

23 Die Thematik des Pantoffelhelden im Schwank 'Lippijn' aus dem 14. Jahrhundert

kehrt in der Essenz in allerlei späteren Schwänken bis ca. 1600 zurück. Der Gedanke, daß darin die Maria/Joseph-Geschichte widerhallt, wird bereits von Traver 1951, S. 46 vorgeschlagen.

24 Ampe 1978, S. 18.
25 Mak 1948 B, S. 85.
26 Kopenhagen, Statens Museum for Kunst.
27 Vgl. zu diesem Thema in der Malerei um 1500 Falkenburg 1985.
28 Vor allem von Josephs Hosen handelt De Coo 1965 und 1972.
29 Übersicht bei 'Heks' ed. 1985, S. 164-179.
30 'Bedroch', ed. 1532, Bl. (I3)^r-(I4)^r.
31 Vgl. z.B. 'Heks', ed. 1985, S. 129-159.
32 Pleij 1983, S. 43-44.
33 Vgl. z.B. Dresen-Coenders 1977; Stewart 1979.
34 Franssen 1983/84, S. 173-177 bespricht kurz die knappen Fakten über die Stellung der Frauen in den Städten der südlichen Niederlande (heute Belgien) um 1500. Vgl. auch Dresen-Coenders 1975.
35 Allgemein: Shahar 1981, S. 169-179; weiter Hermesdorf 1980, S. 279-284.
36 Dresen-Coenders 1983.
37 Spillemaeckers 1960.
38 'Esels', ed. 1946, S. 9-13.
39 'Dichten', ed. 1899, S. 21-39.
40 Vgl. Soly/Thys 1979, S. 32-33; Franssen 1983/84, S. 173-177.

Quellen

Jan Berntsz: Dat bedroch der vrouwen. Utrecht 1532. Ex: Niederlande, Privatbesitz.

Die eerste bliscap van Maria en Die sevenste bliscap van onser vrouwen. Eingeleitet und mit Anmerkungen versehen von W.H. Beuken. Culemborg 1973.

Jan Boendale: Der leken spieghel. Hrsg. von M. de Vries. 3 Teile, Leiden 1844 – 1848.

Anna Bijns: 't Is al vrouwenwerk. Refreinen. Zusammengestellt und mit einem Nachwort versehen von H. Pleij. Amsterdam 1987.

Eduard de Dene: Testament rhetoricael. Hrsg. von W. Waterschoot u.a. In: Jaarboek 'De Fonteine' 26 (1975), II; 28 (1976/77), II; 30 (1978/79), II.

Veelderhande geneuchlijcke dichten, tafelspelen ende refereynen. Neuausgabe Gent 1899.

Het volksboek Vanden .X. Esels. Hrsg., eingeleitet und kommentiert von A. van Elslander. Antwerpen 1946.

Vanden Hinnen tastere, wiens wijf ghinck ploeghen int land. Hrsg. von der Witwe Jacob van Liesveldt. Antwerpen (ca. 1550). Ex.: Wolfenbüttel, Herzog August Bibliothek.

Jakob van Maerlant: Spiegel Historiael. Hrsg. von M. de Vries und E. Verwijs. 3 Teile, Leiden 1857 – 1863.

Jacob van Maerlant: Rijmbijbel. In: Corpus van middelnederlandse teksten (tot en met het jaar 1300). Hrsg. von M. Gysseling. Reihe II, Bd. 3 und 4. Leiden 1983.

J.J. Mak: Middeleeuwse kerstliederen. Utrecht 1948.

Anthonis de Roovere: De gedichten. Nach allen bisher bekannten Handschriften und alten Drucken hrsg. von J.J. Mak. Zwolle 1955.
De blauwe schuit. Hrsg. und mit einem Kommentar versehen von H. Pleij. Muiderberg [3]1985.
'Onuitgegeven gedichten van Anna Bijns'. Hrsg. von E. Soens. In: Leuvensche bijdragen 4 (1902), S. 199-368.

Sekundärliteratur

A. Ampe: Jan van Denemarken's processiespel. In: Handelingen van de Zuidnederlandse Maatschappij voor Taal- en Letterkunde 32 (1978), S. 5-19.
J. Bailbé: Le thème de la vieille femme dans la poésie satirique du seizième et au debut du dixseptième siècles. In: Bibliothèque d'Humanisme et Renaissance 26 (1964), S. 98-119.
D. Coigneau: Refreinen in het zotte bij de rederijkers. 3 Teile, Gent 1980–83.
D. Coigneau: Rederijkersliteratuur. In: Historische letterkunde. Unter Redaktion von M. Spies. Groningen 1984, S. 35-37.
J. de Coo: In Josephs Hosen Jhesus ghewonden wert. In: Aachener Kunstblätter 30 (1965), S. 144-184; 43 (1972), S. 249-261.
L. Dresen-Coenders: Machtige grootmoeder, duivelse heks. In: Jeugd en samenleving 5 (1975), S. 213-247.
L. Dresen-Coenders: Over vrouw en gezin: niet veel wijzer. In: Jeugd en samenleving 6 (1976), S. 826-854.
L. Dresen-Coenders: De strijd om de broek; de verhouding man/vrouw in het begin van de moderne tijd (1450 – 1630). In: De Revisor 4 (1977), Nr. 6, S. 29-37; 77.
L. Dresen-Coenders: Het verbond tussen heks en duivel. Baarn 1983.
R.L. Falkenburg, Joachim Patinir: Het landschap als beeld van de levenspelgrimage. Nijmegen 1985.
P. Franssen: Dat Bedroch der Vrouwen: een onderzoek naar de functie van een 16e eeuwse verhalenbundel. In: Spektator 12 (1982/83), S. 270-289; 13 (1983/84), S. 167-181.
C. Gaignebet: Art profane et religion populaire au moyen age. Paris 1985.
W. S. Gibson: Bruegel, Dulle Griet, and sexist politics in the sixteenth century. In: Pieter Bruegel und seine Welt. Hrsg. von O. von Simson und M. Winner. Berlin 1979, S. 9-15.
J. Grauls: Volkstaal en volksleven in het werk van Pieter Bruegel. Antwerpen u.a. 1957.
Tussen heks en heilige. Het vrouwbeeld op de drempel van de moderne tijd, 15de/16de eeuw. Nijmegen 1985.
B.H.D. Hermesdorf: Rechtspiegel. Een rechtshistorische terugblik in de Lage Landen van het herfsttij. Hrsg. von P.J. Verdam. Nijmegen 1980.
J.J. Mak: De rederijkers. Amsterdam 1944.
J.J. Mak: Middeleeuwse kerstvoorstellingen. Utrecht 1948.
M. de Meyer: De volks- en kinderprent in de Nederlanden van de 15e tot de 20e eeuw. Antwerpen 1962.

H. Miedema: Realism and comic mode: the peasant. In: Simiolus 9 (1977), S. 205-219.
D.-R. Moser: Schwänke und Pantoffelhelden oder die Suche nach dem Herrn im Haus (AT 1366 A*, AT 1375). In: Fabula 13 (1972), S. 205-292.
E. Moser-Rath: Die widerspenstige Ehefrau. Eheschwänke und -witze. In: Enzyklopädie des Märchens, hrsg. von K. Ranke u.a. III (1981), kol. 1077-1082, 1095-1107.
B.O. Murdoch: The recapitulated fall. A comparative study in mediaeval literature. Amsterdam 1974.
H. Pleij und R. Resoort: Zestiende-eeuwse vondsten in de Herzog August Bibliothek te Wolfenbüttel. In: Spektator 4 (1974/75), S. 385-408.
H. Pleij: Wie wordt er bang voor het boze wijf? Vrouwenhaat in de middeleeuwen. In: De Revisor 4 (1977), Nr. 6, S. 38-42.
H. Pleij: Over de betekenis van middelnederlandse teksten. In: Spektator 10 (1980/81), S. 299-339.
H. Pleij: Jozef als pantoffelheld. Opmerkingen over de relatie tussen literatuur en mentaliteit in de late middeleeuwen. In: Symposion 3 (1981), Nrn. 1/2, S. 66-81.
H. Pleij: Het Gilde van de Blauwe Schuit. Literatuur, volksfeest en burgermoraal in de late middeleeuwen. Amsterdam [2]1983.
H. Pleij: Het literaire leven in de middeleeuwen. Leiden 1984.
H. Pleij: Vijftienhonderd. In: Literatuur 2 (1985), S. 342-348.
H. Pleij: The function of literature in urban societies in the later middle ages. In: Dutch Crossing Nr. 29 (1986), S. 3-22.
H. Pleij: Dutch literature and the printing press: the first fifty years. In: Gutenberg Jahrbuch 62 (1987), S. 47-58.
H.-J. Raupp: Bauernsatiren. Entstehung und Entwicklung des bäuerlichen Genres in der deutschen und niederländischen Kunst ca. 1470 – 1570. Erftstadt 1986.
S. Shahar: Die Frau im Mittelalter. Übersetzt von R. Achlama. Königstein 1981.
H. Soly und A.K.L. Thys: Nijverheid in de Zuidelijke Nederlanden. In: Algemene Geschiedenis der Nederlanden; Teil VI. Haarlem 1979, S. 27-57.
E. Spillemaeckers: Een Brusselse ordonnantie betreffende de uitoefening van de geneeskunde (1424). In: Scientiarum Historia 2 (1960), S. 49-58.
A.G. Stewart: Unequal lovers. A study of unequal couples in Northern Art. New York 1977.
W.L. Strauss: The German single-leaf woodcut, 1500 – 1600. 3 Teile, New York 1975.
H. Traver: Religious implications in the Abele Spelen of the Hulthem manuscript. In: The German Review 26 (1951), S. 34-49.
P. Vandenbroeck: Verbeeck's peasant weddings: a study of iconography and social function. In: Simiolus 14 (1984), S. 79-124.
Th. Wright: A history of caricature and grotesque in literature and art. New York 1968.

Jutta Eming / Ulrike Gaebel

Wie man zwei Rinder in ein Joch spannt. Zu Heinrich Bullingers 'Der Christliche Ehestand'

Die Latiner nennends Coniugium ein zamenfůgen / oder zů samen wåtten / wie man zwey rinder vnder ein joch zůsamen wåttet / glychen last vnnd glyche burde miteinandren zetragē oder zeziehen. (Bl. Aviii^r)

1. Einleitung

Heinrich Bullingers Traktat *Der christliche Ehestand* hat außerhalb des schweizerischen Theologenmilieus nach dem 16. Jahrhundert nur noch wenig Beachtung gefunden.[1] Das mag zum einen in Bullingers theologischer Ausrichtung begründet sein: Trotz seiner Bedeutung für die Geschichte des Schweizer Protestantismus, dem er durch die Einigung mit Calvin zur Einheit verhalf, ging er in Zürich einen Sonderweg, der sich langfristig nicht durchsetzen ließ. Zum anderen weist der Hauptteil des Traktats eine außerordentlich pragmatische Orientierung auf und erscheint konkret zugeschnitten auf die historischen Verhältnisse der Züricher Gemeinde, in der Bullinger sein Predigeramt ausübte. Für das Ehetraktat im besonderen gilt, was Gottfried Locher im allgemeinen über die Schriften Bullingers im Vergleich zu den »prinzipiell theoretisch-zeitloseren Systemen Calvins und Bezas« bemerkt:

> Ihre konkrete Praxisbezogenheit, die keineswegs mangelnde dogmatische Reflexion bedeutet, war der innere Grund dafür, daß mit dem Wandel der politischen Verhältnisse Bullingers Theologie zurückgedrängt wurde.[2]

Gerade die pragmatische Ausrichtung, die Adressierung an ein ganz bestimmtes Publikum in unverhohlen erzieherischer Absicht jedoch begründet unser Interesse an diesem Text. Da sie nicht zuletzt von der konkreten Gebrauchssituation des Textes abhängig zu machen sein wird, soll im folgenden in aller Kürze der theologische und historische Kontext skizziert werden, auf den diese und einige frühere Arbeiten Bullingers zur Ehe zu beziehen sind.

Bullingers besondere, sich sowohl gegen Luther als auch gegen Calvin abgrenzende theologische Ausrichtung ist in diesem Zusammenhang nur in einem Aspekt, nämlich hinsichtlich seiner Einstellung zur Kirchenzucht, von

Bullinger-Portrait von 1580

Bedeutung. Bullinger war seit 1527 Schüler des Reformators Zwingli, auf dessen Veranlassung 1523 in Zürich die Reformation durchgeführt worden war. Nach Zwinglis Tod und der Niederlage der reformierten Schweizer Kantone gegen die katholischen im Kappelner Konfessionskrieg wurde Bullinger 1531 sein Nachfolger als Domkirchenpastor. Indem er ebenso wie schon Zwingli die besondere Situation der seit dem Baseler Frieden (1499) von Fürsten- und Reichsherrschaft unabhängigen selbstbewußten Stadt Zürich berücksichtigt[3] und dabei die zu diesem Zeitpunkt sehr prekäre Lage der reformierten Kirche zu stabilisieren sucht, entsteht hier ein eigenes kirchenpolitisches Modell: Das Züricher Staatskirchentum. Anders als bei Luther oder auch Calvin hat die weltliche Obrigkeit das Recht, an Stelle der Gemeinde zu handeln. Der Züricher Stadtrat übernimmt die Aufgaben der kirchlichen Hoheit und organisiert die einzelnen Reformen. Auch nach der Reformation soll im weiteren Gemeindeleben nicht wie bei den Calvinisten ausschließlich die Gemeinde selbst, repräsentiert durch Konsistorium oder Kirchenrat, »unabhängig über die Reinheit der Kirche wachen«[4], sondern die weltliche Obrigkeit besitzt das Recht und die Pflicht, die Religion zu schützen. Sie ist zuständig für die Überwachung des liturgischen Ritus bis hin zu Strafzumessungen für Religionsverachtung und Gotteslästerung.[5] »Als eigentliche Kultform« gilt nun »das Bemühen um einen stets höheren Grad von Gerechtigkeit und moralischer Integrität. (...) Mit Zwingli begann man, den Vorrang der moralischen und bürgerlichen

Aufgaben vor den kirchlichen und liturgischen Funktionen zu betonen.«[6] Die Kirche, personifiziert im Prediger, hält den Gläubigen zum richtigen Leben an.

Das 'methodische Leben': die rationale Form der Askese, wird dadurch aus dem Kloster in die Welt übertragen. Die asketischen Mittel sind im Prinzip die gleichen: Ablehnung aller eitlen Selbst- oder anderen Kreaturvergötterung, der feudalen Hoffart, des unbefangenen Kunst- und Lebensgenusses, der 'Leichtfertigkeit' und aller müßigen Geld- und Zeitvergeudung, der Pflege der Erotik oder irgendwelcher von der rationalen Orientiertheit auf Gottes Willen und Ruhm, und das heißt: auf die rationale Arbeit im privaten Beruf und in den gottverordneten sozialen Gemeinschaften, ablenkenden Beschäftigung.[7]

Ebenso wie im Calvinismus ist auch bei Bullinger das die persönliche Lebensführung bestimmende Askeseideal deutlich ausgeprägt. Bullinger widmet dabei seine besondere Aufmerksamkeit der öffentlichen Organisation des privaten Wohlverhaltens. Das richtige Handeln im privaten Bereich wird wiederum Bedingung und Voraussetzung für ethisch verantwortbares Handeln in der Politik.

Schon früh befaßt sich Bullinger unter diesem Gesichtspunkt mit dem Thema der Ehe. Während der Zeit seiner Beschäftigung an der Kappelner Klosterschule arbeitet er 1526 den Lucretia-Stoff, den er vermutlich in Stainhöwels Übersetzung kennenlernte[8], zu einem Schuldrama um. Obwohl in diesem – entgegen dem Usus anderer mittelalterlicher Bearbeitungen – erstmals wieder die politische Handlung und nicht die an die eigentliche Lucretia-Handlung sich knüpfende Ehelehre im Zentrum steht, läßt sich hier besonders deutlich die Einbindung der Ehelehre in einen sozial funktionalisierten asketischen Tugendkanon beobachten. Die Lucretia-Handlung exponiert im häuslich-privaten Bereich ein über die Ehre des Ehegemahls definiertes Ideal der Keuschheit und Selbstdisziplin[9], welches an der eigentlichen Hauptfigur Brutus zur politischen Lehre umgemünzt wird. Die Fähigkeit der Selbstbeherrschung bis zur Konsequenz der Opferung des eigenen Lebens wird zu einer Herrscherqualität.

Bezüglich Form und Adressatenkreis näher am Ehestandstraktat steht ein Vortrag aus etwa derselben Zeit (um die Jahreswende 1526/27). Bullinger hielt während seiner Lehrtätigkeit im Kappelner Kloster regelmäßig exegetische Vorlesungen, die nicht nur für die Klosterinsassen, sondern auch für eine breitere Öffentlichkeit bestimmt waren.[10] Im Zuge einer dieser 'lectiones publicae' nutzte Bullinger die Gelegenheit, einen längeren Exkurs zu aktuellen Problemen des weltlichen Lebens einzufügen. Er beschäftigt sich innerhalb der Vorlesungen über Paulus' Hebräerbrief mit der Ehe, ausgehend von Kap. 13,4: *Die ee ist erlich by allen, und das bett der eelüten unbefleckt.*[11] Da die Ehe, wie Bullinger ausführt, in der ganzen Heiligen Schrift gerühmt und empfohlen wird, meint er, *nitt wyt ab dem wäg ganggen sin, wann ich jetzund kurtz und in der warheit erwysen, das nützid erlichers under allen völckeren, nützid lustigers, finers und ouch nutzlichers ist by allen menschen und under allen anderen dingen dann die göttlich ee.*[12]

Dieses emphatische Ehelob, das den Exkurs einleitet und legitimiert, verwundert in Anbetracht der doch überwiegend geistlichen Adressaten und der klösterlichen Umgebung[13], ist aber bezeichnend für die Grundhaltung und Intention des Exkurses: Ohne überhaupt nur die Möglichkeit einer gott- und kirchengefälligen zölibatären Lebensweise in Erwägung zu ziehen, wird die Ehe als einzig legitime Existenzweise propagiert und gegen alle möglichen aus dem Spektrum der katholischen Theologie oder der 'heidnischen' Philosophie kommenden Angriffe in Schutz genommen. Auf engstem Raum spielt hier Bullinger mit seinem ganzen Repertoire rhetorischer Überzeugungsmittel und philosophisch-theologisch-literarischer Kenntnisse. Der Gebrauch der vom Humanismus weiterentwickelten antiken rhetorischen Methoden geschieht jedoch »nicht einfach unreflektiert im Sinne naiven Gebrauches überkommener Methoden und Materialien: Bullinger weiß stets, diese 'Fremdkörper' theologisch einzubinden, seinem reformatorischen Anliegen unterzuordnen und dienstbar zu machen.«[14]

Anstelle der opinio (und praxis) communis, die im *Christlichen Ehestand* so ausführlich zitiert wird, bemüht Bullinger hier, vor einem teilweise theologisch gebildeten und geistlichen Fachpublikum, sehr viel häufiger antike Philosophen und literarische Anspielungen zur Artikulation der ehefeindlichen Position, gegen die er agitiert.[15] Die Schwerpunktsetzung innerhalb des Themas jedoch – die Rechtfertigung der Ehe in Anlehnung an eine Genesisexegese, ihre entschiedene Aufwertung als einzige moralisch akzeptable Lebensform, die leidenschaftliche Polemik gegen Hurerei und Ehebruch und schließlich auch die drei Güter, nach denen der Ehegatte ausgesucht werden soll – wird in vielen Punkten wieder aufgenommen.

Außer einer bislang nicht edierten, als Autograph überlieferten Schrift[16] können einige Briefe Bullingers an seine Braut Anna Adlischwyler als weitere Vorarbeiten für das Traktat angesehen werden. Während im *Christlichen Ehestand* sich bisweilen Rückschlüsse auf die Biographie des Autors geradezu aufdrängen, sind die in der Verlobungszeit entstandenen Briefe, gemessen an der Briefkultur späterer Jahrhunderte, auffällig arm an affektiven, auf eine persönliche Bindung verweisenden Wendungen. Auch hier überwiegt der allgemein belehrende, normative Ton trotz der äußersten Vertraulichkeit, die Bullinger von der Adressatin bei der Behandlung seiner Werbung fordert.[17] Während der erste dieser Briefe exemplarisch die in Form, Intention und Berücksichtigung aller äußeren Umstände richtige Werbung vorführt[18], beschränkt er sich in einem späteren Brief nahezu ausschließlich auf den *underrycht von wyblicher zucht.*[19] Besonders letzterer soll an gegebener Stelle in die Untersuchung des Traktats einbezogen werden.

Zwar benutzt Bullinger im *Christlichen Ehestand* z.T. die gleichen rhetorischen Argumentationstechniken wie in den früheren Texten – die humanistische Vorbildung ist auch hier nicht zu übersehen – , und einige Überlegungen werden fast wörtlich wieder aufgegriffen. Insgesamt jedoch erscheint das spätere Traktat deutlich auf ein Laienpublikum, auf die städtische Gemeinde zugeschnitten, die vom Prediger belehrt und zur richtigen Praxis angeleitet wird. Bullingers frühe Auseinandersetzung mit dem Thema ist stärker veranlaßt und geprägt von der kirchenpolitischen Debatte und zeigt sich weitgehend theologisch-gelehrten Argumentationstechniken verpflichtet. Hierfür lassen sich sowohl historische als auch persönliche Gründe anführen: Zum einen kann die Frage der Ehe um 1526/1527 noch als ein Kampfinstrument der Reformation gelten. Im Zuge der konfessionellen Auseinandersetzungen spielte das Bekenntnis zu Ehe oder Zölibat eine zunehmend wichtige Rolle – die Arbeiten von Kawerau und Falk vermitteln einen Eindruck von der Fülle der theologischen Ehetexte, die besonders in der ersten Hälfte des 16. Jahrhunderts entstanden sind.[20] Diesem theologischen Diskurs sind wohl auch Bullingers frühe Arbeiten zuzuordnen. Um 1540 hat sich in Zürich die Reformation endgültig durchsetzen können. Bullinger trägt jetzt als Prediger Verantwortung für eine große Gemeinde und richtet seine besondere seelsorgerische Aufmerksamkeit auf die Ausbreitung und Etablierung neuer ethisch überformter Modifikationen der Lebensform Ehe.[21]

Auf der anderen Seite richten die reformatorischen Theologen auch ihr persönliches Leben nach den neuen Maßstäben aus: Nahezu gleichzeitig mit Bullingers Verlobung 1527 heiraten der Abt und der Prior des Klosters Kappel, welches schließlich aufgelöst wird. Bullinger erhält einen Ruf der Gemeinde zu Zürich und hat sich dort zur Zeit der Abfassung des Traktats bereits eingerichtet in Predigeramt und Familie. Seine Erfahrungen mit dieser neuen Lebensform schlagen sich im *Christlichen Ehestand* wohl am prägnantesten nieder in den langen erörternden Passagen zur Abstimmung der Ehewünsche zwischen Eltern und Kindern (Kap. 5 und 6) und zum ehelichen Zusammenleben (Kap. 17 und 18), die keine Parallelen in Bullingers sonst häufig herangezogenen Vorlagen haben.

Unser Hauptaugenmerk wird sich im folgenden weniger auf Bullingers theologische Definition der christlichen Institution der Ehe richten als auf die die Ehepraxis und ihre soziale Funktion betreffenden Maßregeln und die Zurichtung der Partner – namentlich der Frau – auf die Erfordernisse des Ehelebens. Hierfür wird die Untersuchung der didaktischen Strategien und der impliziten Redesituation von besonderer Bedeutung sein.

2. Die Ehe als Stand

Die insgesamt 25 Kapitel von Bullingers Schrift über den *Christlichen Ehestand* (1540) lassen sich, unter Einbeziehung von Bullingers eigenen Zusammenfassungen an einigen Kapitelanfängen oder -schlüssen, in drei übergeordnete Abschnitte einteilen: Kapitel 1-3 wollen unter besonderer Anlehnung an die Bibel *der heiligen Ee harkum̄en vnd vrsprung / wen̄ / wo / wie vnd von waͤm sy vfgesetzt sye* (Aiiii^{r}) darlegen. Sie nehmen dafür nur einen relativ geringen Umfang in Anspruch; Kapitel 4 - 14 versuchen, allgemeine Voraussetzungen der Ehe und ihren Nutzen zu klären; in den Kapiteln 16 - 25 schließlich, die mit ca. $^{2}/_{3}$ des Gesamtumfangs den größten Raum einnehmen, erteilt Bullinger, indem er chronologisch über Gattenwahl, Hochzeitsfeierlichkeiten, Haushaltsführung und Kinderaufzucht den Kosmos des Ehelebens durchläuft, sehr konkrete, pragmatisch orientierte Ratschläge für seine Gestaltung. Auch hier bemerkt er selbst: *Vn̄ hiemit sind wir schon dahin kum̄en / dz man die frucht d' Ee / dz ist die kinder / yetzūd ouch in die Ee / versorget. Darum ist dz end diß bůchs zum anfang kum̄en / vnd der ring gantz worden.* (Ov^{v})

Als aufschlußreich kann an dieser Kapitelfolge noch gelten, daß in ihr kein eigener Raum für Betrachtungen zum 'Wesen der Frau' eingeräumt zu sein scheint, wie dies besonders in Juan Lodovico Vives' Schrift über die Erziehung von Mädchen und Frauen[22], die Bullinger häufig zitiert, ausgiebig unternommen wird. Ob vielleicht in das 23. Kapitel: *Von der eerlichen zierd wider die üppigen hochfart der kleidern* solches Räsonnement eingegangen ist, wird noch zu untersuchen sein.

In den drei sehr kurzen Kapiteln zu Beginn bewegt sich Bullinger zunächst stark in den traditionellen Argumentationsmustern[23]: Das erste Buch Mosis wird herangezogen, in dem geschrieben steht, daß Gott dem Menschen eine Gehilfin schaffen wolle, damit er nicht länger alleine sei (vgl. Av - Avi). Hier wird Bullinger durchaus auch gelehrten hermeneutischen Techniken gerecht, indem er z.B. neben der ansonsten überwiegend geübten historischen bzw. moralischen auch eine allegorische Lesart des Schlafes Adams bei der Entnahme der Rippe durchführt.[24] Schon anläßlich des für die Ehelehren konstitutiven Begründungszusammenhangs von Ehe und Sündenfall jedoch nimmt er eine spezifische Differenzierung vor:

> *Vnd also hat Moses zů dem das er den vrsprung der Ee anzeigt / ouch den grund der Eelichen gsatztē geleit / vß welichem alle andere gsatzten genom̄en werdend. Nach dem faal Adam vnd Eue wirt der Ee nützid wyters hinzů gethon / oder im̄ geordneten geenderet / onet das von des faals vnd der sünden wegen angst not vnnd schmertzen jnen beiden vn̄ vns allen angehenckt wirt.* (Avii^{r})

Die Vorstellung, daß der Sündenfall negative Folgen für die Ehe mit sich bringe, ist bezüglich der Ehelehren alles andere als neu – es zeigt sich jedoch, daß sie höchst unterschiedliche Ausformungen nehmen konnte. Bullingers vornehmliche Ableitung der Ehe aus dem unschuldigen, paradiesischen Zustand vor dem Falle stellt besonders gegenüber der katholischen Lehre[25], aber auch gegenüber Luther eine immense Aufwertung dar, wenn er verspricht, daß gläubige Eheleute *fast nach zů altem glücksåligem stand kum̄end. Dannēhar ich nit hab sorgfåltigklich vnderscheiden in disem capit. den Eestand vor vñ nach dem faal.* (Avii^r^)

Wenn Bullinger schließlich ausführt, daß die Ehe ein von Gott gestiftetes Bündnis zweier Menschen sei, *das sy beide fründtlich vnd erberlich by einandren wonind / einandren beholffen vnd beradten syend / vnküscheit vermydend / vñ kinder ziehind* (Aviii^r^), schöpft er wiederum aus den traditionellen Quellen. Schon bei Vives, Erasmus und Luther ist diese triadische Begründung nachzuweisen.[26] Im Unterschied zu Luther jedoch bezieht er die drei Ehezwecke nicht noch einmal wertend auf den Sündenfall;[27] die Lust an sich wird keinesfalls so stark diskriminiert, daß die Institution der Ehe nur mehr *eyn spitall der siechen ist, auff das sie nit yn schwerer sund fallen,* wie Luther betont.[28]

Auch bezüglich des Gemeinschaftsgedankens nimmt Bullinger gewichtige Umakzentuierungen vor. Dies sehen wir zunächst jedoch weniger dadurch bestätigt, daß »seine praktischen Angaben über die Ehe dieser Auffassung entsprechen«[29] – gerade sie müssen dahingehend in einigen Punkten problematisiert werden –, als durch die Ausführlichkeit, mit der er im folgenden diesen Gedanken wiederaufnimmt und erläutert.

Im Anschluß an die ersten drei Kapitel behandelt Bullinger die notwendigen Voraussetzungen der Ehe sowie ihren allgemeinen Nutzen. Zu den Voraussetzungen gehören die knappe, aber unmißverständliche Erklärung, daß, *ob glych wol die Ee ouch die Seel vnd inneren menschen angadt / hört sy doch ouch vnder die vsserliche ding / die der oberkeit vnderworffen sind* (Bii^r^), und also gilt: *wår sich denen widersetzt / d' widersetzt sich der ordnung Gottes / vnd wirt deßhalb von Gott gestraafft* (Bii^r^); außerdem einige Bemerkungen zu dem (möglichst zu vermeidenden) Fall der Ehe mit einem 'Ungläubigen' (Kap. 4, Bii^v^- Biv^v^) und zwei Kapitel, das 7. und 8., die die erlaubten Verwandtschaftsgrade erläutern.

Ausführlicher soll nun auf die Frage der wechselseitigen Einwilligung zur Eheschließung eingegangen werden. Sie betrifft nicht nur das Einverständnis zwischen den künftig Vermählten, sondern auch das zwischen Eltern und Kindern; gerade letzteres scheint ein besonderes Anliegen Bullingers gewesen zu sein, wird allein die Ausführlichkeit betrachtet, mit der er sich der Erörterung dieser Frage annimmt, und der Nachdruck, mit dem er vor dem elterlichen Machtmißbrauch warnt.[30] Allerdings ist dieses Problem bereits von Luther in einer eigenen Schrift thematisiert worden.[31] Bullingers Ausführungen ist vor allem zu entnehmen, **daß** Harmonie zwischen allen Beteiligten höchster Wert, nicht aber, wie sie zu erreichen ist. Gerade indem Bullinger die möglichen Konfliktkonstellationen recht ausführlich benennt, bleibt er letztlich im Einerseits – Andererseits argumentativ stecken. So werden zwar auch höchst komplizierte Fälle besprochen wie etwa jener, daß die Ehe ohne Einwilligung der Eltern geschlossen wurde. Gleichgültig, ob diese sich inzwischen an den Zustand gewöhnt haben oder nicht, gilt dann: Ehe ist Ehe und darf nicht mehr getrennt werden (Kap. 5, Bvii^{v} - Bviii^{r}). Heißt es einerseits, daß die Einwilligung der Eltern unabdingbar ist (Kap. 5), dürfen sie dies andererseits nicht ausnutzen und die Kinder zur Ehe zwingen (Kap. 6). Wie schon Luther erklärt Bullinger, daß gegen ihren Willen verheiratete Kinder der Gehorsamspflicht nicht mehr unterliegen (Kap. 6, Ci^{r}).[32] Dieser Gedanke ist auch an Bullingers Überordnung der ehelichen über die elterliche Liebe angelehnt (vgl. Avi^{rv}), die wiederum, da auch die genau umgekehrte Wertung in Ehelehren vorkommt [33], seinem Bemühen um allgemeine Aufwertung der Ehe geschuldet sein dürfte. Diese Auffassung wird jedoch nicht ganz konsequent durchgeführt, wenn es weiter heißt, daß die Kinder wiederum dieses Recht nicht unnötig in Anspruch nehmen sollten (Kap. 6, Ci^{r}). Bei oder gerade wegen aller Sorgfalt und Ausführlichkeit der Argumentation legen Bullingers Ausführungen vor allem das Fazit nahe, daß in jedem einzelnen Falle alle Umstände genau erwogen werden müssen und erst daraufhin eine Entscheidung getroffen werden kann.

Zu Beginn des 9. Kapitels faßt Bullinger die von ihm angeführten Prämissen der Eheschließung noch einmal zusammen:

> *(...) sol ein yetlicher Christen mensch im̄ beziehen d' Ee warnem̄en / namlich das sin Ee nach gmeinem råchten / nit zů nachteil dem waaren gloubē / mit wüssen vnd verwilligūg siner eltern / oder dero vnder welicher gwalt er ist / vnnd nit in verbotnen graden der blůtfründtschafft oder magschafft bezogen vn̄ zamengefůgt werde. Zů dem allem vnd vorab wirt erforderet beider frywillige hertzliche verwilligung / wie dan̄ in der beschrybung gemeldet ist* (Diiii^{v})

– und nun bis zur Ermüdung wiederholt wird. Unter der genannten Einwilligung ist nichts anderes als *begåben vnnd zůfallen dines hertzēs* (ebda), *ordenliche(r) vnd reine(r) Liebe* (Dv^{r}) zu verstehen, ex negativo nicht nur als Gegensatz zur *hůrischen liebe* (Diiii^{v}), sondern bemerkenswerterweise auch zur reinen Interessen- oder Vernunftbindung bestimmt:

> *Natürlich ists / das zwey menschen die glycher art vnd complexion / glychs wåsens oder wandels vnnd glycher gstalt vnd hantierung sind / mee willens zamen tragend / dan̄ die thůnd / die hierinn kein gmeinsame habēd / doch ist sôlicher will nit also gstaltet wie die verwilligung in der Ee (...) Vnd in summa / Eeliche verwilligung ist das hertz / die art vnd liebe / die Adam zů siner Eua trůg.* (Dv^{rv})

'Liebe' als »Wert an sich«[34] wird also im 9. Kapitel als Voraussetzung jeder wahren

Ehe endgültig etabliert, bevor nochmals Zwecke und Ziele, Ursachen (Kap. 10) sowie *frucht vnnd lob* der Ehe (Kap. 11) zur Sprache kommen.

Zunächst geht Bullinger nochmals auf die drei Ehebegründungen ein, um sie dann zu Beginn des 11. Kapitels ebenso als 'Frucht' der 'heiligen Ehe' hinzustellen. In aller Emphase heißt es:

Das ist der Ee end daruff sy lendt nit einsam syn / ein gsellen diß låbens haben / der lieb vñ leid hålffe tragen / den du lieb habist / vnd von welchem du widerumb geliebet werdist / das du der blődigkeit dines vnrůwigen fleischs artzny vñ stillung by jm findist / vnd also hůry vñ allerley wůst vnd vnreinigkeit vermydist / kind' Gott zů eeren / dir vnd anderen dinen nåchsten zů gůtem nutz vnd fromen erziehist etc. (Eiii^{rv})

Es ist nun von Interesse, daß z.B. Vives, wenn er von der Ehegemeinschaft handelt, durchaus eine andere Vorstellung hat als Bullinger – findet sich bei ihm doch eine durchgängige »Geringschätzung der Neigung«.[35] Luther legt bei der Liebe den besonderen Akzent auf ihre Gottgefälligkeit[36], und daß sie Marcus von Weida als Qualität gilt, wird für Dallapiazza zum Anlaß, sein Traktat aus den anderen von ihm besprochenen frühhumanistischen Ehelehren hervorzuheben. Gleichwohl begründen auch sie alle die Ehe als Lebensgemeinschaft zur Vermeidung von Unzucht und zur Kinderzeugung bzw. -erziehung.[37]

Es scheint unerläßlich zu sein, den jeweiligen Kontext, in dem solche Argumentationen erscheinen, mit zu berücksichtigen. Damit könnte sich ein Verfahren bewähren, das von Michel Foucault in anderem Zusammenhang beschrieben und erprobt worden ist: Um der Gefahr zu entgehen, beständig wiederkehrende Setzungen oder Moralkodizes immer nur als das bereits Bekannte zu identifizieren und vielleicht vorschnell zu rubrizieren[38],

sollte man sich fragen, wie unterhalb der Kontinuität die Übertragung oder die Modifizierung der Codes, die Formen des Verhältnisses zu sich (und die damit verbundenen Selbstpraktiken) definiert, modifiziert, umgearbeitet und diversifiziert worden sind. Weder sind die Codes bedeutungslos, noch sind sie einfach konstant. Aber es erweist sich, daß sie letzten Endes doch um einige recht einfache und wenige Verbote kreisen: vielleicht erfinden die Menschen im Bereich der Verbote nicht viel mehr als in dem der Vergnügen.[39]

Im folgenden soll versucht werden, Bullingers besondere Ausformung des Gemeinschaftsgedankens weiter zu verfolgen wie auch seine Behandlung von Kindererziehung und 'Unzucht' herauszuarbeiten.

Bullinger nutzt die Möglichkeit, die richtige Eheführung nicht nur im Guten, sondern ebenso ex negativo, mit Hilfe von Einschüchterungsstrategien, zu propagieren. Schon Luther verfährt in seinen Schriften zur Ehe bei der Wortwahl nicht eben zimperlich, doch greift er nirgends, wenn wir es richtig übersehen, zu solch massiven Drohungen wie Bullinger. Sicher kann ihm nicht nachgewiesen werden, daß er die Lust als solche verdamme[40] – im 10. Kapitel weist er darauf hin, daß der eheliche Beischlaf nicht nur ohne Sünde ist, sondern es den Eheleuten sogar verboten ist, sich dem jeweils anderen Partner zu verweigern. Dennoch gießt er sofort Schimpf und Schande über die Sexualität aus, wenn sie *schantlich wuͤst vñ lasterlich*[41] auftritt: als *huͤry* (also der gern als exzessiv gedachte außereheliche Geschlechtsverkehr allgemein) und als Ehebruch. Ihnen ist ein jeweils eigenes, das 13. und 14. Kapitel gewidmet. Dort läßt sich Bullinger auf insgesamt 13 Blättern aus, um schließlich aus allem Schmutz und Elend die Ehe als unausweichliche Institution erstehen zu lassen. Sein Verfahren entbehrt hier wie an anderen Stellen nicht der Raffinesse: Ständig werden Argumente von imaginierten Ehegegnern 'zitiert', um ihnen sodann nachzuweisen, daß sie mit ihrer 'Hurerei' doch den schlechteren Teil gewählt haben[42]:

Sy sagend vil von boͤsen eeweybern / die einer mal nam̄ / vnd jro nit mee mit keinem lieb abkummen moͤge. Vnd zühend aber sy oͤde üppige falsche vnd vntrüwe schleppseck herumb / von denen sy ouch zum hoͤchsten gschmåcht vnd geschendt / nit lassend koͤnnend / darzuͦ muͤssend sy von denen wuͤsten vnflåten mee lyden / dañ kein biderman von siner eeren frowen. (Fiiii^{r})

Wer hurt, versündigt sich nicht nur am eigenen Leib, sondern auch am Leib Christi, dessen Glied er ist; ist es auch jedem zugestanden, sich mit dem Heiraten Zeit zu lassen, ist dies noch lange kein Grund, derweil Bordelle aufzusuchen;[43] Hurerei zieht nicht nur schwere Krankheiten nach sich (Fiiii^{r}), sondern auch die Bettelei (Fvi^{v}) – sie

truckt vns gar mit geist vnd fleisch ins kadt vnnd in allen wuͤst / macht vß vns vihische menschen / befleckt lyb vnd seel / bringt vns vmb all vnser haab eer vnd guͦt / schåndt / verderbt vñ fuͤrt zur hell / mit ellend jomer vnd nodt. (Fvii^{r})

Es scheint nach solchen Verwünschungen kaum noch möglich, den Ehebruch als die dem Verderben noch nähere Sünde hinzustellen. Dies gelingt Bullinger jedoch dadurch, daß er eine ganze Reihe von Beispielen (aus der römischen Geschichte wie aus der Bibel und der Bambergischen Halsgerichtsordnung) für die entsetzlichen Strafen anführt, die auf den Ehebrecher warten. Kein, aber auch gar kein Pardon kann hier noch gegeben werden:

Diser anzug vō der straaff des Eebruchs / weiß ich wol / wirt vil lüten befroͤmbdē vnd für schwår vnd vntraglich ansåhen. Weñ sy aber die sach råcht bedåchtind / die anfåchtūg vnd die boͤsen gewonheit an ein ort satzind / vnd ermåssind was doch der Eebruch wåre vnd was jm volgte / wurdind sy sich ab der straaff nit so tråffenlich verwundern. (Gii^{rv})

Nach diesem etwas befremdend anmutenden Appell an die Vernunft werden mögliche Einwände oder Rechtfertigungen antizipiert (*Doch woͤllend wir ouch hoͤrē wie die Eebråcher jren wuͤst beschoͤnind,* Giv^{v}), um nur desto deutlicher und unerbittlicher mit dem Verbot auftrumpfen zu können. Tröstende Worte zum Schluß: *Dañ ye Gott keinen lust hat am̃ verderben des armen sünders / sunder vil mer wil er dz sy sich bekeerind vnnd låbind* (Gvi^{v}) bieten dem Ehebrecher dann schließlich doch noch die Möglichkeit der religiös-gesellschaftlichen Reintegration. Dies kann jedoch weder die vorher entwickelte Tabuisierung des Ehebruchs entkräften, noch steht es zu ihr wirklich im Widerspruch, es bestätigt vielmehr noch einmal den Tenor aller vergangenen Kapitel: Daß sich nämlich zur Ehe keine Alternative stellt, daß an ihr kein Weg vorbeiführt.

Auch die Möglichkeit des enthaltsamen, weltabgewandten Lebens wird nicht mehr ernsthaft diskutiert. Das ganze Netz von Drohungen, mit dem Bullinger im 13. und 14. Kapitel die außereheliche Sexualität überzieht, macht im Gegenteil den historischen Zwangscharakter der Institution Ehe offenbar:

> (...) das ganze 16. Jahrhundert, vor allem seine zweite Hälfte, (kennzeichnet) ein unermüdlicher Kampf gegen Prostitution, Konkubinat, Ehebruch, dann auch gegen Vergewaltigung, Sodomie und Homosexualität. Gegen alle diese Formen illegaler Sexualität wurde allein die von der Kirche abgesegnete Ehe zum legitimen Ort der Sexualität erklärt (...).[44]

3. Der Ehealltag

Mit dem 15. Kapitel beginnt der eher pragmatische, die Alltagsbewältigung thematisierende Teil von Bullingers Schrift. Er selbst leitet ihn, gewissenhaft wie so häufig, mit einem Resümee des Bisherigen ein *(VNnd bißhar hab ich erzellt wannenhar die Ee kumme / wår sy yngesetzt habe / was sy sye / wie man sy ordenlich beziehen sölle (...),* Gvi^{v} - Gvii^{r}) und geht dann zum folgenden mit der Begründung über, daß zur Durchsetzung aller vorher entwickelten Zwecke der Ehe *vil (an dem) wil gelågen syn / was gesellen vnd gspanen dir hierzů erwöllist.* (Gvii^{r})

Das 15. Kapitel: *Wie man ein kom̃lichen råchten vnnd gůten Eegmahel erkiesen sölle* basiert stark auf humanistischem Gedankengut; dies gilt auch oder gerade für besonders auffällige Punkte wie etwa die ungeheure Genauigkeit der Beobachtung, die Bullinger bei der Gattenwahl anempfiehlt.[45] Das penible Studium einer anderen, als Ehepartnerin in Frage kommenden Person läßt schon einiges erahnen von den Schwierigkeiten, die die Ehepartner realiter miteinander gehabt haben mögen. Seine Fluchtpunkte sind Tugenden wie Züchtigkeit, Gottesfurcht, Vernunft (Gviii^{v}), die sich deutlich in Rede und Gespräch offenbaren. Dabei findet sich die »Anführung von 'Verstand und Wissen'«[46] ebenso schon bei Erasmus wie die Bedeutung, die »dem guten Ruf und dem ganzen Auftreten« beigemessen werden.[47] Es soll also geachtet werden auf

gebården vnd sittē / wie der mensch sich yetzūd schicke / wie er es bißhar gefuͤrt habe / was namens vnd geschreys er gehebt / vnnd noch habe / was andere verstaͤndige eeren lüt vff jm haltind / wie er sich in ston vnnd gon / ouch aller glidmaß halte / was kleidung er bruche / üppige / huͤrische / bůbische / lychtferige / oder züchtige vnnd sinem stand eeren vnnd vermügen gemåsse / das ist råchtgschaffne. (Gviii^{v} - Hi^{r})

und über eine – ebenfalls von Erasmus übernommene[48] – Hierarchisierung dieser Qualitäten in *gůter des gmůts / des lybs / vnd zytlichs vermoͤgens* (Gviii^{r}) gibt Bullinger schließlich folgende Prioritäten an:

so såhe hie yederman trüwlich vff die gůter des gmůts / ob die person gottsfoͤrchtig / (...) zůchtig / måssig vnd fruͤndtlich sye / item ob sy gsund vnnd nit mit schwåren kranckheiten beladen / vngstaltig / vnflåtig / wůst / håßlich / ouch was jr stand sye / was sy vermoͤge vnd koͤnne (...) wie fruͤtig / gschickt / hußlich / arbeitsam vnnd redlich sy sye. Findst du dañ über soͤlichs überige grosse gůter mit Gott vnd eeren / schoͤne vnnd derglychen gaaben / so hast du Gott so vil mee danck zesagen. (Hiv^{v})

Daß Bullinger besonders Mäßigkeit und Selbstdisziplin nicht nur als notwendige Qualitäten einer Ehefrau, sondern als Maximen der Lebensführung überhaupt, der Haushaltung, später auch der Kindererziehung begreift, wird sich bei dem weiteren Gang durch die Kapitel abzeichnen – an wenigen Stellen wird es jedoch so schlagend vor Augen geführt wie im 16. Kapitel: *Von der Hochzyt*, in dem ex negativo aus der Darstellung eines orgiastischen Hochzeitsgelages das Ideal von Tugendhaftigkeit und Disziplin erstehen soll, wie z.B. anläßlich des Hochzeitstanzes:

Nach dem maal vñ åssen gat es erst an ein wůst vnsinnig vnzůchtig wåsen. Dañ man fuͤrt die brut heruß an einen offnen dantzplatz. Da erhebt sich dañ ein soͤmlich rennen louffen vnnd durch einandren zwirbeln / da sicht man ein soͤmlich fleischē vfwerffen vnd emploͤßen der meytlinen / das yemants gedencken moͤchte / alle dise tåntzer håttend alle schañ hinder die oren gschlagen / wårend luter all toub vnnd vnsinnig vnnd sprungend Sant Vyts reyen. Da můß die arm brut allen dåntzeren fůß halten / niemants mitzůhåtschen abschlahen / er sye glych wie schebig / wůst / truncken / grob vnnd vnuerschampt er woͤlle. Da můß sy offt vil vnradts vnnd vil vnzüchtē hoͤren vnd såhen. Vnd das sülhen vnd bangglen wåret biß zů dem nachtåssen. Im̃ nachtåssen gadt es so vil wůster vnmåssiger vñ vnzüchtiger zů / so vil vnschamhafftiger vnd trünckner der abend dañ der morgen ist. Nach dem nachtåssen můß es aber vff ein nüws gegumppet vnd gehoppet syn. Vnd weñ die jungen Eemenschen schon ein mal vß dem gwůl gschrey vnd vnradt / můd vñ hellig / an jr růw kum̃end / so ist dennocht noch kein růw. Dann man findt vnzüchtig vnd vnrůwig lüt / die jnen erst für jr kammer ziehend / vnd da wůste grobe lieder singend / damit dem tüfel nun trüwlich vnd gnůg gehofiert werde. (Iii^{v})

Es liegt zunächst nahe, diese Passage als ein lebendiges Zeugnis der in ihrer

Vitalität, aber auch Exzessivität heute nur noch schwer nachzuvollziehenden Formen des Feierns im 16. Jahrhundert aufzufassen, dem Zeitalter der »Spiele, geselligen Vergnügungen und Feste«[49], dem »Jahrhundert der Reformation also, die ihrerseits alles daransetzte, gerade die traditionelle Geselligkeits- und Festkultur entweder aufzuheben oder zu verchristlichen«.[50] Und wenn auch beispielsweise der Tanz wohl eher aufgrund seiner die Kirchen an »Teufelswerk« gemahnenden Exzessivität und Erotik denunziert wurde[51], spielten doch bei der kirchlichen und obrigkeitlichen Ablehnung der Feiern sicher auch ökonomische Aspekte eine Rolle: »Gerade tagelange Hochzeitsfeiern mit großen Eßgelagen, die durch Tanz und Spiel unterbrochen wurden, hatten den Ruin mancher Familie zur Folge«.[52] Bullinger selbst moniert: *Der armen wirt nienan gedacht. Vnd vergüdet man doch vff einen tag / das die zwey Eemenschen deß zur notturfft ein halb jar gnůg hättind* (Iii^{r}). Es ist gerade diese sozialdisziplinatorische Stoßrichtung von Bullingers Schrift, die es verbietet, die zitierte Passage schlicht als Spiegel bürgerlicher Alltagswirklichkeit aufzufassen. Ihr polemischer Ton sagt einiges aus über den Widerstand, mit dem gerechnet werden mußte, und den Übertreibungen, die zu dessen Überwindung wahrscheinlich vonnöten waren. Bullinger bedient sich hier, ebenso wie im gleichen Zusammenhang auch Erasmus, bestimmter Topoi der grobianischen Literatur. Diese brandmarken in negativ-didaktischer Intention Verhaltensweisen, die sich zumeist durch einen gemeinschaftsschädigenden Mangel an Selbstdisziplin auszeichnen. Webers lapidare Bemerkung, daß das Hochzeitskapitel »uns keinen besonderen Einblick in Bullingers eigene Gedankengänge gibt«, ist so dennoch nicht aufrecht zu erhalten.[53]

Auch das 17. und 18. Kapitel: *Von der ersten bywonung vnd eelicher liebe* und *Wie man Eeliche liebe trüw vnd pflicht halten vnd meeren möge* verweisen auf sozialhistorische Problemstellungen, verdanken sich dabei jedoch einem etwas anderen Umgang Bullingers mit seinen Quellen. Zunächst einmal fällt die – ihr Vorbild allerdings bei Erasmus findende[54] – Modernität auf, die aus Bullingers Ratschlägen spricht, wenn er regelrecht psychologische Schwierigkeiten bei der Eingewöhnung ins Eheleben konzediert. Dabei geht er offenbar davon aus, daß mit der Heirat zwei Individuen aufeinandertreffen, die, weil sie *nie by einandren gsyn / vnd eins noch des anderen nit gewonet hat / etwan ouch widerwärtig wysen vnd arten wider einandren habend* (Iiv^{r}), Anfangsprobleme zu bewältigen haben. In der besonderen Ausarbeitung dieses Problems ist sicher eine eigene Leistung Bullingers zu sehen.[55] Denn so einfühlsam wie eindringlich plädiert er dafür, sich diese Voraussetzung vor Augen zu halten (Iv^{r}), Geduld zu zeigen (Iv^{v} - Ivi^{r}) und Gemeinschaftsbewußtsein und Vertrauen zueinander zu entwickeln (Kii^{v}). Liebe- und verständnisvoll sollte der Umgang miteinander sein, und wer dem Partner keine zärtlichen Gefühle entgegenzubringen vermag, sollte sich zumindest freundlich und höflich verhalten

(Kiii^{v}). Für alle Beschwerden muß grundsätzlich der richtige Zeitpunkt abgewartet werden (Kiii^{v} - Kiiii^{r}). Das rechte Verhalten der Frau den Stiefkindern gegenüber wird ebenso bedacht (Kvi^{rv}) wie Unstimmigkeiten, die durch Eifersüchteleien und Vorhaltungen, Verdächtigungen und Gängeleien entstehen können (Kviii^{r}).

Diese Argumentationsweise, die gekennzeichnet ist durch das ausgiebige Bemühen, den ganzen Facettenreichtum der psychischen Probleme des Ehealltags zu erfassen, findet besonders dann Anwendung, wenn unter Beachtung aller Vorschriften auch noch der Hausfrieden erhalten bzw. hergestellt werden soll (Kap. 5, 6, 9, 17 und 18).

Es wurde bereits erwähnt, daß Bullinger selbst einige Erfahrungen mit dem Ehealltag sammeln konnte, und seine erstaunliche Sensibilität für möglicherweise auftretende Konflikte legt den Verdacht nahe, daß sich auch eigene Betroffenheit dahinter verbirgt. Doch nichtsdestotrotz verhandelt er hier ebenso ein verbreitetes zeitgenössisches Problem:

> Obwohl die Ehepartner oft nur kurz zusammen lebten und mit viel Arbeit belastet waren, war das Eheleben höchst konfliktreich (...). Die Verhaltensvorschriften für Männer und Frauen waren vergebliche Versuche, durch Stärkung der Autorität des Ehemanns wie der Gehorsamshaltung der Frau den häuslichen Frieden zu stiften.[56]

Dieses Lösungsmodell findet bei Bullinger eine weitaus differenziertere Ausformung. Zwar postuliert auch er in extenso die in Ehezuchten stets als Grundlage des Hausfriedens geltende eheliche 'Arbeitsteilung' zwischen weiblichem Gehorsam und männlicher Liebe (bzw. der Anerkennung der Unterwerfung der Frau).[57] Einfühlungsvermögen und Nachsicht im Umgang werden aber nicht mehr nur, wie dies in den 'Ehedialogen' des Erasmus von Rotterdam / Erasmus Alberus noch in aller Radikalität ausgestaltet ist[58], allein der Frau nahegelegt, sondern eben beiden Ehepartnern: *Bedenckend doch zů beiden teilen eigentlich / wenn üwer yetlichs also vff syner wyß stotzen wil / das jr nim̃er lieben tag darby habē werdend (...) Ist vernunfft da / so wirts beschiessen* (Iv^{r}). Bemerkungen wie diese haben zumindest in den zu eruierenden Quellen Bullingers »keine Parallele«[59], sie verdanken sich im Gegenteil teilweise einer fast spektakulär zu nennenden Umarbeitung: So übernimmt Bullinger die von Erasmus einseitig angewendeten Bilder und überträgt sie auf beide Ehegatten[60], wie z.B. anläßlich des Bildes von den zwei Brettern:

> *Weñ zwey bråtter zum ersten nit wol gefůgt vnd an einandren gelymt werdend / so hafftends hernach nim̃er råcht. Wenn aber die erst fůg vnd das erst lymen wol geradt / so mag hernach die bråtter kein gwalt voneinandrē tryben / ja dz gantz brått bricht ee / dañ die råchte fůg. Darumb so̊llend sich die Eelüt insonders flyssen das die erst bywonung früntlich sye / vnnd durch kein håßlich gezenck vnfůg werde / dann der gantz Eestand durch all üwer låben wirt dester glückhaffter vnnd růwiger syn.* (Iiv^{rv})

In Bullingers Schrift ist diese Gleichstellung eng angebunden an die Notwendigkeit des guten Funktionierens der ehelichen Haushaltung. Weber sieht denn auch gerade in der »wirtschaftlichen Seite der Ehe« die »Gleichstellung der Gatten« bestätigt.[61] Dies wird jedoch noch zu überlegen sein.

Nach Richard van Dülmen zeichnet sich die in der für bürgerliche Kreise bestimmten Literatur des 16. Jahrhunderts zu beobachtende »Moralisierung der Familie« u.a. aus durch »ein definierbares Rollenverständnis mit genauer Abgrenzung dessen, was Männer, Väter, Frauen, Kinder und Gesinde zu tun und zu lassen haben (...). Die Hausökonomie gab nicht nur Anweisungen für die Ordnung des Haushaltens, sondern auch für die Tugend der Mitglieder des Hauses«.[62] Bullingers 19. Kapitel: *Von gebürlicher sorg vnd råchter Christenlicher hußhaltung* sowie auch die späteren zur (geschlechtsspezifischen) Kindererziehung können in manchen Teilen schlechterdings als Illustrationen dieser Tendenz aufgefaßt werden, wenn seine Ratschläge auch nie einen gewissen allgemeinen Charakter verlieren.

Die männlichen und weiblichen Arbeitsbereiche sind, was wenig überrascht, voneinander unterschieden wie folgt: *Was vssethalb dem huß zehandlen ist / als hin vn̄ har reisen / gwün vn̄ gwårb fertigen / kouffen vnd verkouffen / vn̄ derglychen eehafte stuck / ist des mañs arbeit* (Liii^{r}). Ihm gibt Bullinger, bemerkenswert genug, vor allem die dringende Empfehlung, bei seinen Geschäften nicht betrügerisch zu verfahren (Liii^{r} - Liiii^{r}), zwar fleißig, jedoch nicht geldgierig zu sein (Liiii^{rv}). Die Ratschläge für die Männer sind notwendig allgemeiner, da er nicht berufsspezifisch differenziert. Bullingers Adressat lebt jedenfalls von Handel und Gewerbe und kann es sich leisten, die Frau ausschließlich mit der Haushaltsführung und der Anleitung des Gesindes zu beschäftigen. Körperlich anstrengende Arbeit scheint nur ihr zuzukommen; während der Mann wie *ein empsiger vogel* (Liii^{r}) hin- und herfliegt und Nahrung beschafft, sollen die Hände der Frau *ruch von der arbeit* (Ov^{r})werden. Immerhin wird erwartet,

> *dz ein eerlicher mañ syn wyb nit überladen sol mit zeuil vnd vnlydenlichen vntraglichen burdinen. Sicht er das die die sorg des huses vnd der kindē jro wil zeüberlågen syn / so dinge er jren gůte from̄e dienst / uff das sy sich nit ee zyt vßarbeite vnd verdåbe. Willige rossz sol niemāts übertryben.* (Mi^{r})

Die Wirkungsstätte der Frau ist das Haus, dort soll sie *alles dz daryn gebracht wirt oder was im̄ huß ist rüsten / bewaren / radtsamen / besseren vnd meeren.* (Lv^{r})

Ihr obliegen die Aufsicht über die Küche, über Ordnung und Reinlichkeit des ganzen Hauses und seiner Gerätschaften, Kinderpflege und -erziehung (Lv^{rv}), sowie als *die råchten vnd eigentlichen wyberwerck (...) spinnen / wåben /*

nåyen / würckē etc. (Lv^v^). Vor allem ist der Müßiggang verpönt. Sie *sol allwåg ouch etwas arbeiten ordnen oder besseren / das sy allwåg etwas thůye* (Lv^v^), denn die Muße bewirkt letztlich den *schiffbruch aller zucht, eer und scham.*[63] Dem Entwurf des rechtschaffenen, fleißigen Biedermannes, gefaßt in der Metapher des 'emsigen Vogels', korreliert auf weiblicher Seite das Bild der schwerfälligen Schildkröte oder Schnecke, *die enthaltet sich ouch allwågen in jro hüßli oder schalen / vnd streckt jren kopff vnd ire füßle nimmer herfür / dañ allein wenn es die lybs notturfft erheischt* (Lvi^r^). Nicht ohne Entschuldigungsgeste den männlichen Lesern gegenüber (Lvii^v^) fügt Bullinger in die Haushaltslehre eine lange Reihe teilweise imperativisch formulierter Spruchweisheiten explizit als Frauenlehre ein. Im Mittelpunkt der Lehre steht strikte Sparsamkeit:

Du můst nit gedenckē was du gern hettist / sunder weß du überein nit manglen mögist. Streck dich nach dem du decke hast. Was du nit bedarffst vnd dir nit gar notwendig / ist ouch vmb ein haller zethür. Wår des hallers nit achtet vnnd jn nienerfür schåtzt / der überkumpt nim̃er nüt. Spaaren ist ein ryche gült. Ein ding ist ee erspaart dañ gewunnen. Spaar als ein vnsterblicher / vnd bruch mit maaß als ein sterblicher. (...) Böse gsellschafft oder gspilschafft / nimpt zur Ee die Armůt / vnd gebirt ein sun der heißt Gspött / låbt prachtlich vnd kostlich one maaß / vnnd laßt dir ein letze die heißt Im̃ alter båttlen gon etc. (Lvi^rv^)

Zur Sorge um die Haushaltung, als deren oberste Zwecke Bullinger sowohl ökonomische Unabhängigkeit als auch die weitere Befestigung von *vil einigkeit vnd liebe* (Lvii^r^) angibt, soll also jeder der beiden Ehepartner auf eigene Weise beitragen. Eine solche Zuständigkeit für die je verschiedenen, verantwortungsvollen Aufgabenbereiche kann jedoch noch keinesfalls als Ausdruck einer grundsätzlichen Gleichberechtigung angesehen werden, wie wir unten zeigen.

Es ist bekannt, daß Kindern in der mittelalterlichen Gesellschaft weder eine heutigen Verhältnissen auch nur annähernd vergleichbare emotionale Zuwendung zuteil wurde, noch daß überhaupt die Kindheit als eine eigene Lebensetappe mit entsprechenden Besonderheiten galt.[64] Im 16. Jahrhundert scheint es besonders im Zuge der Reformation mit »der bewußten Erziehung von Kindern«[65] erstmals zu Veränderungen gekommen zu sein; es wurde insbesondere »im Kalvinismus (...) den Eltern diese Verantwortlichkeit auf das Gewissen gelegt«[66], schließlich entstand vor allem für die Frau mit diesem Erziehungsauftrag eine neue »Arbeitsrolle«.[67]

Wie sehr diese Aufgabe, wenn sie an eigenes vorbildhaftes Verhalten und damit an Selbstkontrolle appelliert, über eine Gewissensinstanz vermittelt ist, läßt sich an Bullingers Schrift recht gut nachvollziehen. Schon anläßlich des Problems, wie das Gesinde zu Fleiß und Ordnung anzuhalten sei, argumentiert er damit, daß das eigene tadellose Verhalten die entscheidende Rolle spiele.[68]

Im 21. Kapitel *Wie man die kinder wol vnd råcht vfziehen sölle* heißt es nun explizit: *Vor allen dingē aber werdend die elteren mit jrem erbaren wandel vil mee gůts die kinder leeren / dann mit dem mundtlichen berichtē* (Miiii^{r}). Dies bedeutet unter anderem, daß das Familienleben keine irgendwie intime oder auch nur private Sphäre darstellen soll – stattdessen heißt es in aller Radikalität: *Flyß dich vor inē nit anders zewandlen dann wårist du in einem offnen tempel vor Gott vnd vil eeren lüten* (Miiii^{r}). Nicht nur sexuelle Anspielungen sind in ihrer Gegenwart verpönt, auch Zärtlichkeitsbekundungen wie etwa eine Umarmung.[69] Auch im weiteren Verlauf des Kapitels entsteht nicht der Eindruck, daß hier eine besondere Rücksichtnahme auf Kindlichkeit nach heutigem Verständnis eingefordert wird – dem Leser schlägt im Gegenteil immer wieder der kalte Hauch der Askese entgegen. Dies kann anhand des Umgangs mit Literatur verdeutlicht werden: Bullinger gibt die Empfehlung, den Kindern *keine fablen oder andere erlogne aberglöubige ding* (Miii^{r}) zu erzählen oder zu lesen zu geben, sondern kurze Bibelstellen und einprägsame Glaubenssätze (vgl. Beispiele ebd.), wie er ähnliche schon zur Unterrichtung der Frauen anführte. Bullinger bewegt sich mit vielen seiner – besonders auf diesem Gebiet den calvinistischen Vorstellungen nahen – Vorschläge zur Kindererziehung offenbar auf der Höhe der »religiös betonten allgemeinen Erziehungsideen seiner Zeit«[70], und die zitierte Stelle findet sich in ähnlicher Form schon bei Vives.[71] Zwar heißt es zum Umgang mit den Kindern: *Darzů hůte man sich das man nit zeuil von inē erfordere / sy übertrybe / vnd zemal überschütte* (Mv^{v}); zwar soll auf die unterschiedlichen Anlagen von Kindern geachtet werden (Mv^{r}), wird die Unmenschlichkeit mancher Bestrafungen von Bullinger scharf verurteilt und fordert er dazu auf, die Einstellung der Kinder zu den von ihnen verübten Vergehen zu berücksichtigen. Doch es dominiert die Einübung in die schon bekannten disziplinierenden Tugenden: Sittsamkeit, Ordnungsliebe, Fleiß und Mäßigkeit. Kinder sollen so früh als möglich in die christliche Lehre eingewiesen werden (Mv^{rv}) – und ansonsten sollen sie Lesen und Schreiben lernen (Mv^{v}), guten Umgang pflegen (Mvii^{r}), einfach gekleidet sein (Mvi^{v}) und manierlich essen.

Wenig überraschend ist schließlich, daß die Erziehung einer geschlechtsspezifischen Trennung unterliegt. Im 22. Kapitel: *Warzů man die knaben vnd töchtern yetlichs insonders ziehen sölle* – und in dem dann doch nahezu ausschließlich von den Jungen die Rede ist – wird die Vorbereitung der Jungen auf ein Handwerk, vorzugsweise jedoch den geistlichen Lehrberuf dargestellt; das 24. Kapitel erörtert: *Wie man die töchtern oder jungkfrowen leeren vnnd bewaren sölle*, nämlich durch Einübung in die Pflichten der Hausfrau. Und wenn die Jungen vor allem zu Fleiß und Gründlichkeit angehalten werden, ist es bei den Mädchen von Bedeutung, daß sie es lernen, sich zu bescheiden: Weder sollen sie sich vor Hausarbeiten zieren (Ov^{r}), noch überhaupt deshalb ihre Glaubenssätze lernen, *das sy mit den mannen von dem gloubẽ disputieren / oder den lüten predigen / sunder weñ sy hußmůtern werdend / das sy dann jre kinder vnd hußuolck berichtẽ vnd leeren kŏnnind* (Oii^{v}). Bullinger hat sich offenbar gerade bei der Mädchenerziehung an Vives orientiert.[72] Dabei sollte es nicht unerwähnt bleiben, daß er dessen »besondere Betonung der Abgeschlossenheit der Jungfrau« nicht übernimmt.[73] Im Gegenteil formuliert er, Erasmus folgend, dessen Worte an entsprechender Stelle »offenbar gegen Vives gerichtet sind«[74]:

Wievol ich ouch nit wil das die tŏchteren gar in ein vogel keffe ynbeschlossen / nim̃er herfür / für die lüt kum̃en / oder das sy nim̃er nüt reden sŏllind / sunder das ein maß in der gmeinschafft ouch im̃ reden / glych wie in allen anderen dingen / ist / vnd das from̃en tŏchteren wol anstat das sy nüt vnnŏtigs vnd vngefragets vß inẽselbs / besonders in gegenwürtigkeit biderber lüten / schwătzind. (Oii^{v})

Es wurde schon darauf hingewiesen, daß sich in Bullingers Schrift trotz aller Betonung von Gemeinsamkeit und Gegenseitigkeit durchaus auch noch die Überzeugung von der Inferiorität der Frau zur Geltung bringt. Diese wird jedoch nochmals durch eine im 23. Kapitel: *Von der eerlichen zierd wider die üppigen hochfart der kleidern* regelrecht ausufernde Misogynität krass gesteigert. Sie bricht sich Bahn in Bullingers schon aus den Ausführungen zu Hurerei und Ehebruch bekanntem, hier durchgängig vertretenen polemischen Duktus. *Lieber halt din leimknollen / din stinckend fleisch / nit so hoch: was wilt jm die syden / den sam̃et / das gold anzelegen (...)* (Nvi^{r}), so giftet Bullinger und droht in bewährter Manier mit einer ganzen Reihe von Verboten der Märtyrer, Kirchenväter und Bischöfe; wenn er schließlich die Strafe für prunksüchtige Frauen in Jesaja IV. zitiert, wird besonders deutlich, zu welch alttestamentlicher Gewalt er hier greift: *Vnnd wirdt by jnen an statt des gůten geschmacks / gstanck werden / vnnd für gürten vnnd prysen lummen: anßtatt der guldinen gflăcht wird kale syn / an statt des brusttůchs ein sack etc.* (Oii^{r}).[75]

Wird die Sozialgeschichtsschreibung zum 16. Jahrhundert zu Rate gezogen, zeigt sich zwar, daß Bullinger hier nicht einfach eine uralte Tradition misogynen Schrifttums anspricht:

Den weitaus größten Aufwand betrieb die Gesellschaft des 16. und auch noch des 17. Jahrhunderts für die Kleidung. Sie konnte weit mehr als Gastereien und Wohnen der individuellen Selbstentfaltung und für Adel und Bürgertum als Symbol kultureller Vorherrschaft und Distinktion dienen.[76]

Der daraus entstandene regelrechte »Zwang zum Luxus in der Kleidung«[77] dürfte teilweise nicht weniger ruinös gewesen sein als üppige Festgelage und wurde mit Kleider- und Luxusordnungen entsprechend heftig – und reichlich erfolglos – bekämpft.[78] Die Argumente, derer man sich dabei bediente, tauchen auch bei Bullinger auf: 'Äußere' wird von 'innerer' Schönheit, 'falscher' von 'wahrem' Schmuck abgesetzt, dieser *staat nit in silber / gold / edelgstein / oder in kostlicher kleidūg / sund' in from̄keit / zucht / erbarkeit / demůt / vn̄ anderen tugendē.* (Niv^v^)

Dennoch fällt das 22. Kapitel mit seinem Thema, seiner Ausführlichkeit sowie besonders durch den in ihm angeschlagenen scharfen Ton deutlich aus dem Rahmen und wirft einen Schatten auf jene anderen Teile von Bullingers Schrift, in denen soviel Verständnis für Frauen laut wurde.

Wenn über einige frühhumanistische Ehetraktate gesagt werden kann, daß in ihnen die Frau – als Hausfrau – »in ihrer Funktion innerhalb patriarchalisch-bürgerlicher Verhältnisse erkannt (ist) und (...) so zum Objekt der Belehrung (wird)«[79], trifft dies sicher auch für Bullingers Schrift noch zu. Auch hier bedarf es jedoch einiger Differenzierungen. Keinesfalls verfährt Bullinger »ungebrochen patriarchalisch«.[80] Er zeigt erkennbares Verständnis, deutliche Sensibilisierung für die emotionalen wie intellektuellen Voraussetzungen, die auf **beiden** Seiten für das Gelingen des ehelichen Zusammenlebens vonnöten sind. Für Bullinger sind weiterhin eheliche Liebe und eheliches Glück nicht, wie in den meisten frühhumanistischen Ehelehren, mit »keine(r) konstitutive(n) Funktion« bedacht[81], also bestenfalls Nebenprodukt der Ehe, sind vor allem nicht, wie bei Vives, ausgesprochen negativ besetzt, sondern als notwendige und wünschenswerte Voraussetzung für die Ehe endgültig etabliert. »Bei Bullinger erfährt die Wertschätzung der Ehe keinerlei Einschränkung«[82] – und dies zeichnet sein Traktat gegenüber anderen Ehelehren, auch derjenigen Luthers, aus.

Ebensowenig stellt Bullinger in »den praktischen Ausführungen (...) Mann und Frau vollkommen gleich«.[83] Welche Fähigkeiten er der Frau unter Absehung von ihren Hausfrauenpflichten im engeren Sinne zutraut, sollte, da er ja nicht mehr gesonderte Überlegungen zum 'Wesen der Frau' anstellt, unter anderem durch seine Ratschläge für ihre intellektuelle Bildung deutlich werden.[84] Neben dem schon erwähnten Sprichwörterschatz hat Bullinger außerdem präzise Lektüreempfehlungen für junge Mädchen parat:

> *Man hat yetzund allenthalb die Psalmen / züchtige vnnd liepliche lieder getruckt. Man hat schöne historien der iiij Euangelisten vnd geschichten der apostlen / ouch sunst erbare gschichten / darzů Catechismos vnd vil ander lieplicher gůtter vn̄ nutzlicher bůchern / daruß sich ein from̄e tochter wol erbesseren / vn̄ mithinzů ouch jr kurtzwyl haben mag.* (Oiiii^r^)

Von der 'schönen' Literatur dagegen sollen sie wie von Gift ferngehalten werden. (Oiii^v^)

Das Refugium des »gelehrten Frauenzimmers«, das sich seit dem 16. Jahrhundert in zunehmendem Maße für Frauen eröffnete[85], bietet seine Schrift nicht an – und sicher ist grundsätzlich zu bezweifeln, ob es in dieser Zeit positiv theoretisch reflektiert worden ist. Vielleicht steht schon Bullingers Traktat im Zeichen von jenem »Streit um das gelehrte Frauenzimmer«, der

> die mittelalterlichen scholastischen und literarischen Auseinandersetzungen um das 'Wesen der Frau' unter neuen Prämissen fort(führte). Es ging nicht mehr um die Art der Gottesebenbildlichkeit Evas oder um Evas Schuld am männlichen Sündenfall, sondern um die Verstandeskräfte von Frauen und wie diese für die Gesellschaft nützlich zu machen seien – in der Familie oder in einem öffentlichen Beruf.[86]

Sollte Bullinger also von solcher Auseinandersetzung Kenntnis gehabt haben, dürfte seine Position eindeutig zu benennen sein. Es wäre jedoch verfehlt, Bullingers Frauenbild umstandslos als Vorboten moderner Verhältnisse zu identifizieren. Denn das »Hausfrauendasein« der Frauen im 15./16. Jahrhundert

> (...) unterschied sich (...) in einem Punkt ganz entscheidend von den im 19. Jahrhundert ausgeprägten Formen: Sie waren Vorsteherin eines Haushaltes mit Schlüsselgewalt und Herrschaftsbefugnissen gegenüber Kindern und Gesinde. In dieser Funktion waren sie nicht nur für den Ehemann von unschätzbarem Wert, sondern hatten teil an den damaligen Formen von Herrschaft und Öffentlichkeit.[87]

Es ist genau das Bewußtsein über diesen »unschätzbaren Wert«, das sich in Bullingers Werk niedergeschlagen hat und trotz aller Reduzierungen in Form eines eher partnerschaftlich ausgerichteten Ehemodells reflektiert wird.

4. Die Argumentationsstrategien

Bullinger stellt an den Anfang seiner Ehelehre das (heilige) Wort des Schöpfungsberichts, um vor allem anderen ein richtiges Verständnis der Institution Ehe zu erzeugen. Eine ähnlich ausführliche Exempelerzählung und -exegese finden wir im ganzen Text nur noch am Ende des 15. Kapitels, wo Eliesers Werbung um Rebekka genauer Betrachtung unterzogen wird. Diese beiden exegetischen Passagen umrahmen den Teil des Textes, in dem Bullinger die sittlich-moralischen Voraussetzungen für die Ehe im Bewußtsein seiner Rezipienten herzustellen sucht. Hierauf folgen, wie bereits dargestellt, die praktischen Hinweise zur eigentlichen Eheführung, zu Haushalt und Kindererziehung. Während die Exegese des Schöpfungsberichts auf induktivem Wege zur Ableitung und Ausführung von Ursprung, Wesen und Funktion der Ehe führt, dient die Erzählung von der Werbung um Rebekka zu einer auf deduktivem Weg gewonnenen, das bisher Gesetzte exemplifizierenden Verhaltensanleitung.

Bereits in dieser formalen Anordnung drückt sich die große Bedeutung aus, die für Bullinger dem richtigen Denken im Verhältnis zum richtigen Handeln zukommt. In keinem der uns bekannten Ehetraktate wird so systematisch getrennt zwischen praktischer und ideeller Lehre, zwischen handlungs- und bewußtseinsorientierter Argumentation. Das Wort als Medium der Vermittlung wird von Bullinger daher auch außerordentlich reflektiert und gezielt angewendet. Bereits in der Vorrede motiviert Bullinger sein Vorgehen, wenn er die – im übrigen stereotype – Klage über den Verfall der Sitten gipfeln läßt in der Feststellung:

Das kumpt alles da har / das die laster nit me jren rechten nam̃en tragend / deßhalb sy niemants dermassen schetzt / wie sy aber an jnen selbs vnd vor Gott sind. (Aii^{r}) *Darumb diewyl die laster jren rechtē namen verloren habend / vnd schand eer worden ist / so erwachßt vns die frucht daruß / das die vnreinigkeit (...) in d' wålt nun gantz gmein vnd vnuerschampt worden ist.* (Aii^{v})

Ebenso erschreckend wie die Laster selber sind also die *vnwüssenheit* und *boͤse gewonheit* (Aiii^{v}), in der sie sich aussprechen und gedeihen.[88] Das Rechts- und Unrechtsbewußtsein drückt sich primär im Reden über eine Sache und nur sekundär in den Handlungen aus. So geht etwa aus seinen Anweisungen zur Brautwahl hervor: Die Eigenschaften des Gemüts *verligend noch verbergend sich nit / wo sy sind / sunder thůnd sich in vil waͤg herfür / das man jro gwaar werdē kan / fürnåmlich aber mit d' red* (Gviii^{rv}). Folgerichtig zielt Bullingers Lehre zunächst einmal auf die Wiederherstellung eines sittlichen Gewissens und danach erst auf die Koordinierung eines vom Gewissen angeleiteten richtigen Verhaltens. Zunächst wird die religiöse und weltliche Institution der Ehe in ihrem Wert und ihrer Bedeutung als einzige der menschlichen Bestimmung entsprechende Lebensform vorgestellt. Dadurch soll der (immer als männlich zu denkende) Rezipient in die Lage versetzt werden, auch bei anderen Menschen diese Einstellung zu erkennen (bei der Brautwahl), bzw. sie ihnen später selber einzupflanzen (Erziehung von Frau, Gesinde und Kindern).[89]

Die bevorzugte Wendung an den männlichen Stadtbürger ist hierbei nicht nur der Tradition geschuldet, sondern auch Bullingers Gesellschaftkonzept und der hierin implizierten Rolle der Familie: Sie wird als Keimzelle des Sozialwesens, als Produktionsstätte moralischer Wertbegriffe angesehen. Hier, in der Vermittlung der Moralbegriffe an das Gesinde und besonders die Kinder, liegt ihre Aufgabe. Der von seiner früheren familiären Erziehung seinerseits konditionierte Mann trägt zur Hebung der öffentlichen Moral bei, da nur er an der – die Moral konstituierenden – öffentlichen Kommunikation teilhat. Dies gilt in besonderem Maße natürlich für den gesellschaftliche Verantwortung tragenden, in exponierter Position stehenden Vertreter der Obrigkeit.

Um sein erzieherisches Ziel zu erreichen, muß Bullinger die Sünde beim Namen nennen – ein für Prediger stets heikles Unterfangen, da die Sünde, um öffentlich diskriminiert werden zu können, erst einmal öffentlich ausgestellt werden muß. Zu diesem Zwecke – der unmißverständlichen Verurteilung des Fehlverhaltens und der erläuternden Propagierung des Ideals bedient Bullinger sich einer außergewöhnlichen Vielfalt von differenzierten Argumentationsstrategien, die im folgenden noch einmal kurz rekapituliert werden sollen.

Bullinger will vom Eheideal zunächst überzeugen. Daher die ausführliche Exegese zu Anfang, auf deren Ehedefinition alles weitere aufgebaut und bezogen ist. Weiter wird zur Ehebestimmung auf die Etymologie sowohl des deutschen als auch des lateinischen Begriffs (coniugium: Ehe; 'Zusammenjochung') verwiesen und durch einen historischen Abriß die Entstehung des Zölibats und der ehefeindlichen Haltung der Papstkirche verständlich gemacht. Zwar führt Bullinger viele Gestalten des Alten Testaments und der Römischen Geschichte an, um seine Lehre zu belegen, verfällt aber nie in eine simple Summierung von Beispielen und führt auch nur sehr vereinzelt Exempelerzählungen aus.[90] Wesentlich häufiger als Exempel verwendet Bullinger kurze 'Wahrheitssprüche', Ein-Satz-Formeln biblischer Provenienz oder aus dem in Sprichwörtern konzentrierten kollektiven Erfahrungsschatz. Kindern und Frauen bleiben fast ausschließlich diese autoritären Formen der Wissensvermittlung vorbehalten – den Frauen als lebenslänglichen Erziehungsobjekten wird ein eigener Zugang zu den Autoritäten nur mit Einschränkungen zugestanden; sie empfangen Wissen aus zweiter Hand. Bei diesem didaktisch funktionalisierten Umgang mit Exempeln und Sprichwörtern, für den, wie dargelegt, das starke Kürzen der Exempelvorlagen und das extensive Verwenden von Sprichwörtern charakteristisch ist, macht sich der Erzähler zum autoritären Monopolisten der Lehre. Er allein verfügt über die Moral, filtert Problematisches aus, selektiert Ambivalenzen. Fragwürdigkeit und Zweideutigkeit ist so aus dem Lehr- in den Anwendungsbereich verbannt.

Trotz dieser Ablehnung von Exempelerzählungen wirkt die Ehelehre keinesfalls trocken, da sich Bullinger einer sehr bilderreichen Sprache bedient. Dabei werden einzelne Bilder (besonders das des Jochs für die Ehe: Aviii^{r} und Biii^{r}) oder Bildkomplexe (z.B. aus der Pflanzenwelt und Landwirtschaft: Gvii^{r} und Hv^{v}) über mehrere Argumentationssequenzen hin fortgeführt und immer wieder neu ausgelegt. Aber nicht nur derartige Metaphern, auch Beispiele aus der alltäglichen Erfahrungswelt dienen der Illustration, besonders im Rahmen der anwendungsorientierten Passagen. Gerade diese wirken – im Vergleich zur Stringenz und Durchgeformtheit der systematisch-abstrakteren Teile – in ihrem Bemühen, aber auch alle denkbaren Problemkonstellationen zu diskutieren, merkwürdig uneindeutig. Das eindeutige Schwarz-Weiß-Bild der Lehre verschwindet hinter einem Grauschleier der Anwendungsprobleme; die 'reine' Lehre wird bei ihrem Zuschnitt auf die Realität zuweilen zugunsten des kaum abwägbaren Möglichen aufgegeben. Aus diesen Bemühungen resultiert jedoch ein außerordentlich differenziertes, anscheinend auf empirischer Beobachtung basierendes Psychogramm des Ehe- und Familienlebens.

Keine Kompromisse allerdings kennt Bullinger bei den in negativ-didaktischer Intention angeführten polemischen Zerrbildern der gegenwärtigen moralischen Praxis. Opfer einer Polemik wird natürlich auch, wie für die protestantischen Ehelehren nicht anders denkbar, der Papst, den Bullinger – nach einer langen Schmährede – mit der rhetorischen Frage erledigt: *Was gadt vnns der Indianer an? Was gadt uns aber ouch der Bapst zuo Rom an?* (Diii^{v})

Bullinger bemüht sich so zwar sehr um Handlungsrichtlinien und besonders um ihre Durchführbarkeit, bleibt hier jedoch zuweilen gerade wegen ihrer extremen Differenzierung und pragmatischen Anpassung an die Lebenswirklichkeit unklar. Primär geht es ihm um die richtige Haltung, um die Internalisierung der Lehre. Priorität genießt Gott, alles Handeln wird auf ihn bezogen; der richtigen Haltung zu Gott folgt das richtige Handeln. Die nächsten Instanzen unter Gott bilden Obrigkeit und Öffentlichkeit. Die Grammatik der Didaxe wird nicht vom Imperativ bestimmt. Der Imperativ und die ihm folgenden Sanktionen werden zurückgenommen auf das Gebiet des Glaubens. Die moralische Praxis wird mit individualisierbaren Appellen, mit dem Konditionalis geregelt.

Anmerkungen

1 Nach dem Erstdruck von 1540 (Zürich) gab es noch zwei weitere Auflagen im 16. Jahrhundert (1548 und 1579 ebenfalls in Zürich). Danach bemühte sich erst 1853 der Schweizer Pfarrer Raget Christoffel darum, die Schrift nicht zuletzt aus lokalpatriotischen Beweggründen (vgl. seine Einleitung S. XX) zu neuem Leben und neuer – d.h. alter – Wirksamkeit zu erwecken unter Berufung auf die zu Geschichte erstarrte autoritäre Vorbildlichkeit der »seligen Reformatoren« (S. VIII). Bisher gab es außerhalb von Bullingers unmittelbarer Wirkungsstätte Zürich keine deutschsprachige Neuauflage; auch die kritische Neuedition von Bullingers Gesamtwerk ist in Zürich beheimatet (Heinrich Bullinger Werke, hrsg. vom Institut für Schweizer Reformationsgeschichte, Zürich 1973 ff.; im folgenden zitiert mit HBW). Vereinzelte Rezeptionshinweise für das 16. Jahrhundert finden sich etwa bei Erasmus Sarcerius (1553) oder bei Cyriacus Spangenberg, der in seinem 'Ehespiegel' (1561), einer Sammlung von 'Brautpredigten' enzyklopädischen Zuschnitts, unter die Obligatorik der kompilierten Autoritäten auch Bullinger zählt. Ganz anders stellt sich die Rezeptionssituation in England dar, wo bereits 1541 die erste Übersetzung in den Druck geht. In rascher Folge erscheinen bis 1575 neun weitere Auflagen verschiedener

Übersetzungen (vgl. HBW I., Bd. 1, Nr. 129-141). Während der 'Christliche Ehestand' sich so innerhalb der deutschen Eheliteratur eher als folgenlos erweist und seinerseits am Ende der Reihe humanistisch beeinflußter Werke dieser Gattung steht, wird er in England zum Grundstein einer neuen, puritanischen Tradition der Familienliteratur.

2 Locher 1956, S. 1

3 Zur politischen Situation vgl. Hartmann 1973 (Einleitung zu: Bullinger, Lucretia), bes. S. 9 f., 20, 22.

4 Locher 1975, S. 3

5 vgl. ebda., S. 253-257, bes. unter Punkt 7.

6 Romano/Tenenti 1967, S. 261

7 M. Weber 1984, S. 347

8 vgl. Hartmann 1973, S. 15 f.

9 So formuliert der 'Herolt' die für christliche Ehefrauen zu adaptierende Lehre: »Ee sôlt jhr sterben / dann verlieren Dem Man syn eer (...).« (Bullinger, Lucretia S. 60, v. 35 f.)

10 vgl. hierzu HBW II, Bd. 1, S. 24 und HBW III, Bd. 1, S. 8

11 HBW III, Bd. 1, S. 246

12 ebda., S. 247

13 Als Bullinger 1523 dem Ruf nach Kappeln folgte, hatte er sich bereits der reformatorischen Lehre zugewendet. Er konnte sich von den Mönchsregeln dispensieren lassen und trug maßgeblich bei zur Reformierung und schließlich Auflösung des Klosters (vgl. HBW II, Bd. 1, S. 24; HBW I, Bd. 1, S. 8 und Hollweg 1956, S. 8).

14 HBW III, Bd. 1, S. 10

15 So z.B., wenn er die Einwände der Eheunwilligen abtut mit der Bemerkung: »Es sind nützid dann ful uszüg. Glich wie ouch Marckolphus gheinen boum fand, daran er gern hangen wölte« (HBW III, Bd. 1, S. 255 f.). Beispiele unernster Rede wie dieses, wo zudem noch das Bild die intendierte Aussage so krass verfehlt, sucht man im ganzen Ehestandstraktat vergeblich.

An anderer Stelle bezieht sich Bullinger auf die Kenntnis seiner Zuhörer vom vierfachen Schriftsinn, wenn er eine wörtliche Lesart der Genesis einfordert: »Ja, was findstu anders in dem aller schönsten bůch der gschrifft – das ist in Genesi – dann eewyber, hochzyt, geburten, kinder mitt iren wiegen? Wann, das ettlich hie vil allegorias sůchend, irrt nüt, wann sy allwägen můssend den wäsenlichen sinn ston lassen, der ouch der fürnemist ist.« (HBW III, Bd. 1, S. 249)

16 'Volkommne underrichtung deß christenlichenn eestands, wie er möge und sölle in allen stucken mit Gott, nutz, eer und fröüd gschicktlich volfürt werdenn' (Datum der Vorrede: 18. Juli 1527). Autograph ZB Zürich Msc D 200, Nr. 2

17 vgl. HBW II., Bd. 1, S. 140

18 ebda., S. 126-141

19 ebda., S. 176

20 Besonders Kawerau (1892) gibt ausführlich Auskunft über die Streitschriften, die zwischen Luther und seinen Anhängern auf der einen und ihren Gegnern aus dem päpstlichen Lager auf der anderen Seite gewechselt wurden. Als Erwiderung veröffentlichte Falk 1908 eine Gegendarstellung von der katholischen Seite.

[21] Wir verwenden den Begriff der 'Lebensform' im Sinne Arno Borsts (1979) als »geschichtlich eingeübte soziale Verhaltensweisen«. (S. 14)

[22] J. L. Vives, 'De institutione feminae christianiae' (1523)

[23] vgl. dazu A. Weber 1929, S. 12, besonders aber S. 25/26

[24] Zur Lehre vom vierfachen Schriftsinn vgl. Wehrli 1984, Kap. XII, bes. S. 246 ff.

[25] vgl. A. Weber 1929, S. 26

[26] vgl. ebda., S. 28

[27] Bei Luther nimmt die Ehefunktion der Vermeidung von Unzucht innerhalb der Trias eine deutliche Sonderstellung ein: »Und itzt dye begyrde des mans zum weyb, und widder umb, nit lauter ist, dann nit alleyn geselschafft und kinder, da zu es alleyn eyn gesetzt ist, ßondernn auch dye bő̈ße lust fast starck gesucht wird. (...) Aber nu ist die liebe auch nit reyn, dan wye woll eyn ehlich gemalh das ander haben will, ßo sucht doch auch eyn yglich seyne lust an dem andern, und das felscht dieße liebe. Derhalben ist der ehlich stand nu nit mehr reyn und an sund, Und die fleyschliche anfechtung ßo groß und wůͤtend worden, das der ehlich stand nu hynfurter gleych eyn spitall der siechen ist.« (Luther 1519: Sermon, S. 167 f.)

[28] ebda., S. 167

[29] A. Weber 1929, S. 28

[30] Die besondere Sensibilität bei diesem Thema mag mit persönlichen Erfahrungen zusammenhängen: Unter dem Einfluß ihrer Mutter, die die Verbindung mit Bullinger ablehnte, nahm Anna Adlischwyler anscheinend ihr gegebenes Jawort zurück (vgl. HBW II, Bd. 1, S. 126, Anm. 1). Erst nach einem Ehegerichtsverfahren und schließlich dem Tod der Mutter konnte nach fast zwei Jahren Verlobungszeit die Hochzeit stattfinden.

[31] 'Daß die Eltern die Kinder zur Ehe nicht zwingen (...)', 1524

[32] Luther vertritt noch dezidierter die Rechte der Kinder, wenn er erklärt: »Wenn nů eyn vater seyn kind zur ehe dringet, da das kind nicht lust noch liebe hyn hat, da tritt er uber und ubergehet seyne gewallt und wird aus vater eyn tyrann (...) Desselben gleichen wo er seyn kind verhyndert odder so lest gehen, das er yhm nicht gedenckt zur ehe zu helffen (...), da ist werlich das kind frey und mag thun, als were yhm sein vater und furmunden tod.« (Luther 1524: 'Daß die Eltern die Kinder...', S. 164

[33] vgl. Dallapiazza 1981 zu Albrecht von Eyb, S. 138

[34] ebda., S. 138

[35] A. Weber 1929, S. 37

[36] vgl. ebda., S. 29

[37] vgl. Dallapiazza 1981 zu Francesco Barbaro, S. 128; zu Albrecht von Eyb, S. 138; zu Niklas von Wyle, S. 149; zu Erhard Groß, S. 155

[38] So Kathleen M. Davis 1981, die sich darum bemüht, die bis vor kurzem anscheinend unangefochtene These von einem im Puritanismus vollzogenen radikalen Wandel tatsächlicher Verhaltensweisen und ihrer Ideale zu widerlegen. Aus ihrer Untersuchung der zu einem bedeutenden Teil auf Bullinger zurückgehenden englischen Ehe- und Familienbücher des 16. und 17. Jahrhunderts resultiert: »Their most obvious characteristics are a monotonous similarity of highly generalized advice (...) and also a considerable skill in avoiding the discussion of any really difficult problems of personal or physical relationships. (...) Vagueness, generalisation and conven-

tionality are their chief characteristics.« (S. 62) Ein solches Ergebnis ist nur möglich, wenn ausschließlich die Inhalte der Ver- und Gebote, nicht aber die sie vermittelnden und modifizierenden Argumentationsstrategien in den Blick gerückt werden, in denen die eigentlichen und die wichtigsten Veränderungen zu beobachten sind.

39 Foucault 1986, S. 44

40 Vgl. A. Weber 1929, S. 27, der ihm sogar eine ausgesprochen positive Einstellung zur Sexualität bescheinigt.

41 Vgl. die Überschrift des 13. Kapitels (Fii^{r})

42 Ein rhetorisches Verfahren, das schon Albrecht von Eyb zum gleichen Zweck anwendet, wenn er im ersten Teil seines 'Ehebüchleins' anhand einer Vielzahl von Beispielen die Frage durchdiskutiert, ob eine Eheschließung zu empfehlen sei – sie ist es, lautet die nicht ganz unerwartete Antwort.

43 Vgl. Bl. Fv^{r}; hier auch die einzige Kritik an der Obrigkeit, die, angeblich um die Bürgertöchter zu schützen, Freudenhäuser unterhält: »Das aber etlich sagend / Weñ die hůry so ein grosse sünd vor Gott ist / vnd so vil wůsts vnd vnradts mit jro bringt / warumb enthaltend dañ etliche oberkeiten offne hůrenhüser? Sagt ich darzů / Man duldet mengs mee / dz nüt sol / vnd mit dem dulden nütdester besser wirt. Laß aber du die oberkeitē jre thaat gegen Gott verantwurten.«

44 van Dülmen 1982, S. 202

45 A. Weber 1929, S .31

46 ebda., S. 33

47 ebda., S. 33

48 vgl. ebda., S. 32/33

49 van Dülmen 1982, S. 216

50 ebda., S. 217

51 vgl. ebda., S. 221

52 ebda., S. 218

53 A. Weber 1929, S. 38

54 vgl. ebda., S. 39/40

55 Dies sehen wir auch durch A. Weber 1929, S. 41, bestätigt: »Dann gibt er praktische Beispiele (...)«, die offenbar keine Parallele bei Erasmus haben.

56 van Dülmen 1982, S. 201

57 Dieses eingängige Muster wird in beispielhafter Penetranz in Paul Rebhuns 'Hausfrieden' (1546) durchexerziert, wo in zehn Kapiteln immer neue Varianten und Legitimationen der weiblichen Inferiorität ausgeführt werden.

58 (Erasmus von Rotterdam 1522, Der Hausdrachen / Erasmus Alberus 1539, Ein schoen lustig Gespraech). Die den Ehefrieden stiftende idealisierte Unterwerfung der Frau wird in mehreren Exempeln abgebildet, in denen die Ehefrau den Ehebruch ihres Mannes in geradezu grotesker Weise begünstigt.

59 A. Weber 1929, S. 43

60 Erasmus Alberus 1539, Bl. 5^{r}; Erasmus von Rotterdam 1522, S. 152/153

61 ebda., S. 45

62 van Dülmen 1982, S. 200

63 HBW II, Bd. 1, S .155

[64] vgl. van Dülmen 1982, S. 202 f.
[65] ebda., S. 203
[66] Wunder 1987, S. 129
[67] ebda., S. 143
[68] vgl. Kap. 20
[69] Asketische Selbstbeschränkung bezüglich aller Affektäußerungen fordert Bullinger an dem Beispiel des Titus Flaminius, der von Cato aus dem Senat ausgestoßen wurde: er hatte während eines Gewitters im Beisein seiner Tochter seine Frau beruhigend in den Arm genommen. (Miv^{rv})
[70] A. Weber 1929, S .47
[71] vgl. ebda., S. 47
[72] vgl. ebda., S. 48
[73] ebda., S. 18
[74] ebda., S. 49
[75] In einem Brief an seine Verlobte findet Bullinger für die putzsüchtige Frau folgendes, nicht minder eindringliches Bild: »(...) die ist ein holtsbock, und ob sy schon in mitten einer syden ballen steckte.« (HBW II, Bd. 1, S. 162)
[76] van Dülmen 1982, S. 213
[77] ebda., S. 215
[78] vgl. ebda., S. 215 f.
[79] Dallapiazza 1981, S. 158
[80] ebda., S. 158
[81] ebda., S. 158
[82] A. Weber 1929, S. 27
[83] ebda., S. 41
[84] In dem bereits erwähnten Brief an seine Verlobte empfiehlt Bullinger den Frauen zwar, sie sollten nach dem Vorbild gelehrter Frauen der Antike »zuon zyten schryben und läsen« (HBW II, Bd. 1, S. 156). Dies hindert ihn jedoch keinesfalls daran, an anderer Stelle im gleichen Brief seine Braut daran zu erinnern, daß »ghein einfalter ding (ist), das ee betrogen sye und überfůrt, dann ein wybsbild« (S. 158). Besonders krass zum Ausdruck kommt seine Meinung von der moralischen Widerstandskraft der Frau, wenn er in dem erwähnten Brief neben dem 'Tristrant' auch die 'Lucretia' in den – z.T. von Vives übernommenen – Katalog der den Frauen zu versagenden 'narrenbůchlin' aufnimmt, vor denen »man sich wie vor den Syrenen hůten (můß)« (S. 156). Immerhin ist es zu diesem Zeitpunkt nicht länger als ein Jahr her, daß er für die Klosterschüler zu Kappel aus dem Lucretia-Stoff ein Schuldrama konzipiert hat. Ein ausführlicherer Literaturkatalog ist mit ähnlichen Drohungen auch in das Traktat aufgenommen. (Oiii^{v})
[85] Wunder 1987, S. 148
[86] ebda., S. 148
[87] ebda., S. 141
[88] Auffälligerweise erwähnt Bullinger anders als Luther (1522: Vom ehelichen Leben, S. 276 und 277) die 'stumme Sünde' der Onanie nicht in Zusammenhang mit den anderen Sünden (Ehebruch und Hurerei) des unzüchtigen Geschlechtslebens. Die Sodomie erscheint zwar ebenfalls nicht im Kanon dieser Sünden, wird aber immerhin

bei der Exegese des Schöpfungsberichts im ersten Kapitel gestreift (Av^{v}). Die gänzlich fehlende Mahnung vor der 'stummen Sünde' mag zwei Gründe haben: Zum einen handelt es sich um eine Sünde, die die öffentliche Moral nicht tangiert: über sie wird nicht geredet, sie ist stumm und daher – für Bullinger – weniger schwerwiegend. Zum anderen aber soll sie auch gar nicht erst zum Reden gebracht und Thema des öffentlichen Moralbewußtseins werden, um ihre infektuöse Wirkung nicht in Gang zu setzen.

89 Das besondere Verhältnis gegenseitiger Verantwortlichkeit zwischen den Institutionen Ehe und Gemeinde drückt sich in Bullingers Begründung der Hochzeit als öffentlicher Veranstaltung aus. Ihr Zweck ist einerseits der, die Gemeindeöffentlichkeit als Kontrollinstanz über die Treue der Ehepartner einzuschalten (Hviii^{v} - Ii^{r}), zum anderen soll aber auch der Prediger die Gelegenheit bekommen, in der Hochzeitspredigt neben dem neuvermählten Paar auch allen anderen Ehepaaren den Tugend- und Moralkanon der Ehe ins Gedächtnis zu rufen.

90 Nur die bereits erwähnten Exempelerzählungen der Schöpfungsgeschichte und der Werbung um Rebekka sind hierunter zu zählen; drei weitere Erzählungen aus der Römischen Geschichte werden auf ein Minimum an Handlung, das in höchstens zwei Sätzen abgehandelt werden kann, reduziert und bis zur Unkenntlichkeit für die Lehre funktionalisiert (Dies sind die 'Lucretia'-Geschichte als Beispiel für unmäßiges Loben der Gattin in der Öffentlichkeit, Bl. Kviii^{v}, Titus Flaminius als Beispiel für unehrbares Verhalten den Kindern gegenüber, Bl. Miv^{rv}, und Cornelia, Mutter der Gracchen, als Abbild der guten Mutter, die ihre Kinder noch über Schmuck und Kleinodien stellt.)

Quellen

Erasmus Alberus: Ehebüchlin Ein schoͤn Lustig Gespråch zweyer Weibßbilder mit Namen Agatha uñ Barbara vō der Ehe, 1539

Heinrich Bullinger: Der Christlich || Eestand. || Von der heiligen Ee harkum̄en / || wenn / wo / wie / vnnd von wåm sy vf= || gesetzt / vnd was sy sye / wie sy recht bezogen || werde / was jro vrsachen frucht vnd eer: dar= || gegen wie vneerlich die hůry vnd d' Eebruch || sye. Ouch wie man ein kom̄lichen Eegmahel || erkiesen / eeliche liebe trüw vnd pflicht hal= || ten vnd meeren / vnd die kinder wol || vnd recht vfziehen soͤlle / durch || Heinrychen Bullingern || beschriben || IESVS || Das ist min lieber Sun / in dem ich ver= || soͤnet bin / jm sind gehoͤrig. || Matthæi XVII. || M. D. XL. [Am Schluß:] Getruckt zů Zürich by Christoffel Froschouer. M. D. XL. [Standort: Staatsbibl. Preuß. Kulturbesitz Berlin, Sign: Eq 5046 R] Orthographie und Interpunktion werden unverändert übernommen, lediglich die Abbreviatur 'rc' wird aufgelöst in 'etc.'. Stellennachweise erfolgen in Parenthese hinter jedem Zitat im Text.

ders.: Der christliche Ehestand. Eine Gabe für christliche Eheleute von Heinrich Bullinger. Mit Dr. Luthers Sermon von dem christlichen Ehestande in's jetzige Schriftdeutsch übersetzt und herausgegeben von Raget Christoffel. Zürich 1854 ders.: Briefe an Anna Adlischwyler. In: Heinrich Bullinger Werke, II. Abteilung, B. 1 (in den Endnoten zitiert mit 'HBW' II., Bd. 1), bearbeitet v. Ulrich Gäbler und Endre Zsindely, hrsg. von Fritz Büsser. Zürich 1973

ders.: Vorlesungen über den Hebräerbrief (1526/27). In: Heinrich Bullinger Werke, III. Abt. Bd. 1, bearbeitet von Hans-Georg vom Berg und Susanna Hausmann mit einer Einleitung von H.-G. vom Berg. Zürich 1983, Eheexkurs S. 246-260

ders.: Ein schoen spil von der geschicht der Edlen Römerin Lucretiae. In: Horst Hartmann, Lucretia-Dramen. Heinrich Bullinger und Hans Sachs. Leipzig 1973

Desiderius Erasmus: Institutio christiani matrimonii. Basel 1526 (zitiert nach: A. Weber 1929)

ders.: Der Hausdrachen, oder: Die Ehe, 1522. In: Ausgewählte Schriften, hrsg. von Werner Welzig, Bd. VI: Colloquia familiaria. Übersetzt von Werner Welzig. Darmstadt 1967

Martin Luther: Das Elltern die Kinder zur Ehe nicht zwingen noch hyndern, Vnd die kinder on der elltern willen sich nicht verloben sollen, Wittenberg 1524. In: D. Martin Luthers Werke. Kritische Gesamtausgabe, I. Abt., Bd. 15. Weimar 1899, S. 163-169

ders.: Eyn Sermon von dem Elichen standt verendert vnd corrigiret. durch D. Martinū Luther Augustiner tzu Wittenbergk, Wittenberg 1519. In: D. M. Luthers Werke. Krit. Gesamtausg., I. Abt., Bd. 2. Weimar 1884, S. 167-171

ders.: Vom Eelichen Leben, Wittenberg 1522. In: D. M. Luthers Werke. Krit. Gesamtausg., I. Abt., Bd. 10/II, Weimar 1907, S. 275-304

Juan Ludovico Vives: De institutione feminae christianae. 1523 (Zitiert nach Alfred Weber 1929)

Sekundärliteratur

Arno Borst: Lebensformen im Mittelalter. Frankfurt / Berlin / Wien 1979

Michael Dallapiazza: Minne, husêre und das ehlich leben. Zur Konstitution bürgerlicher Lebensmuster in spätmittelalterlichen und frühhumanistischen Didaktiken. Frankfurt a.M. / Bern 1981

Kathleen M. Davis: Continuity and Change in literary Advice on Marriage. In: Marriage and Society. Studies in the Social History of Marriage. London 1981

Richard van Dülmen: Entstehung des frühneuzeitlichen Europa 1550 – 1648. Frankfurt a.M. 1982 (FWG Bd. 24)

Franz Falk: Die Ehe am Ausgang des Mittelalters. Eine kirchen- und kulturgeschichtliche Studie. Freiburg i.Br. 1908 (Erläuterungen und Ergänzungen zu Janssens Geschichte des deutschen Volkes, VI, 4)

Michel Foucault: Der Gebrauch der Lüste. Sexualität und Wahrheit Bd. 2, übers. von Ulrich Raulff und Walter Seitter. Frankfurt a.M. 1986

Walter Hollweg: Heinrich Bullingers Hausbuch. Eine Untersuchung über die Anfänge der reformierten Predigtliteratur. Neukirchen 1956

Waldemar Kawerau: Die Reformation und die Ehe. Ein Beitrag zur Kulturgeschichte des sechzehnten Jahrhunderts. In: Schriften des Vereins für Reformationsgeschichte, IX. Jg., Halle a.S. 1892

Gottfried W. Locher: Bullinger und Calvin – Probleme des Vergleichs ihrer Theologien. In: Heinrich Bullinger 1504 – 1575. Gesammelte Aufsätze zum 400.sten Todestag, im Auftrag des Instituts für Schweizer Reformationsgeschichte hrsg. von Erland Herkenrath und Ulrich Gäbler. Zürich 1975, Bd. II

Joachim Staedtke: Die Theologie des jungen Bullinger. Zürich 1962

Ruggiero Romano, Alberto Tenenti: Die Grundlegung der modernen Welt. Spätmittelalter, Renaissance, Reformation. Frankfurt a.M. 1967 (FWG Bd. 12)

Alfred Weber: Heinrich Bullingers 'Christlicher Ehestand', seine zeitgenössischen Quellen und die Anfänge des Familienbuches in England. Diss. phil. Leipzig. Engelsdorf-Leipzig 1929

Max Weber: Die protestantische Ethik I. Eine Aufsatzsammlung, hrsg. von Johannes Winckelmann. Tübingen [7]1984

Max Wehrli: Literatur im deutschen Mittelalter. Eine poetologische Einführung. Stuttgart 1984

Heide Wunder: Frauen in der Gesellschaft Mitteleuropas im späten Mittelalter und in der Frühen Neuzeit (15. – 18. Jahrhundert). In: Hexen und Zauberer. Die große Verfolgung – ein europäisches Phänomen in der Steiermark, hrsg. von Helfried Valentinitsch. Graz / Wien 1987, S. 123-154

Maria E. Müller

Schneckengeist im Venusleib.
Zur Zoologie des Ehelebens bei Johann Fischart

Dialog zwischen Janne (3 J.) u. Elke (33 J.) 1987:
J.: Warum müssen Frauen denn auch in die Schule?
E.: Ja Frauen müssen doch auch was lernen und einen Beruf haben und Geld verdienen, oder nicht?
J.: Nee, das können doch die Männer machen.
E.: Und was sollen die Frauen machen?
J.: Die sollen doch zu Hause bleiben.

In der abendländischen Ehediskussion wird das Tierreich seit jeher herbeizitiert, um die Gewalt des Mannes als quasi natürliches Recht des Stärkeren zu legitimieren; im Mittelalter, etwa bei Heinrich von Mügeln im 14. Jahrhundert[1] nicht anders als in unserer unmittelbaren Gegenwart.[2] Ein für die deutsche Eheliteratur des Spätmittelalters und der frühen Neuzeit thesenbildender, immer wieder verarbeiteter Text, die 'vnderweysung ayner Christlichen Frawen' des Johannes Ludovicus Vives, sieht es so:

Inn allen gschlechten der thier / seind die weiblein den maͤn̄lin gehorsam (...) vnd erzaigē sich lieblich / leyden gedultigklich / das sie von jnen gestrafft vnd geschlagen werden / Vnd die natur hat sie gelert / das sollichs soll vnd muͦß geschehen.[3]

Dies ist im Buch der Natur, das nicht zuletzt auch ein Lehrbuch für Einfältige und Leseunkundige ist[4], ganz unmittelbar zu sehen, sind doch die männlichen Tiere von Gott augenfällig zur Gewaltausübung geschaffen. So etwa seien sie häufig mit Hörnern ausgestattet, und wenn dies auch auf die *weiblein* zutreffe, seien die Hörner bei den *maͤn̄lin besser gemacht / als sterckere hoͤrner an den ochsen / dann an den kuͤwen.*[5]

Johann Fischart dagegen glaubte, daß von tierischen Ehemännern gerade die Vermeidung von Gewalt zu lernen sei, er glaubte, der Welt der Tiere Leitbilder für ein gedeihliches und friedfertiges Eheleben überhaupt entnehmen zu können. Nach einer Einführung in sein Ehezuchtbüchlein von 1578 und dessen Verhältnis zu anderen Werken des Autors soll seine mythologisch-zoologische

Bilderwelt im Mittelpunkt der Untersuchung stehen. An ihr wird deutlich, inwiefern Fischart im Vergleich zu zeitgenössischen Ehelehren das Verhältnis von Gewalt und Sexualität neu zu bestimmen sucht. Die Unangemessenheit seiner Bilder verweist jedoch zugleich auf die Schwierigkeiten einer Konzeption, die sich nicht auf die überlieferte Semantik poetischer Bildformen stützen kann. Abschließend möchte ich die Einordnung und Bewertung dieser Position vor dem Hintergrund des gesellschaftlichen Strukturwandels in der frühen Neuzeit skizzieren.

1. Fischartiana

Fischart, einer der produktivsten Autoren des späteren 16. Jahrhunderts, hat eine unübersehbare Fülle von Werken unterschiedlichsten Inhalts und Stils hinterlassen. Das besondere Interesse der Fischart-Forschung galt schon immer der 'Geschichtklitterung'. 'Das Philosophisch Ehzuchtbüchlin' (1578) geriet, von Quellenstudien abgesehen, meist nur im Kontext des 5. Kapitels der 'Geschichtklitterung' ins Blickfeld, das neben der 'Trunckenen Litanei' die einzige Passage darstellt, für die Rabelais keine Vorlage bietet.[6] Der lehrhafte Zug, der im Ehekapitel der 'Geschichtklitterung' wie im Ehezuchtbüchlein unübersehbar ist, widerspricht dem Fischartbild, das eine Reihe von Interpreten zeichnen möchten. So zählt Hugo Sommerhalder, der – wie bereits Adolf Hauffen – Fischarts Werk in drei Gruppen gliedert, das Ehezuchtbüchlein zu den Werken des Maßes, denen ein realistischer Zug eigne.[7] Im Unterschied zur 'Geschichtklitterung' sei die Sprache nüchtern und lehrhaft, in der Welt der Ehezucht gelte das menschliche und bürgerliche Maß. »Alles ist wohlgeordnet, und Fischart pfählt die Moral des Maßes in den eingeschobenen Sentenzen hundertfach fest«.[8] Das Bleibende von Fischarts Werk aber liege außerhalb moralischer Leitthesen.[9] Diese Auffassung wird in jüngeren Arbeiten, die im Kontext des 5. Kapitels der 'Geschichtklitterung' auf das Ehezuchtbüchlein Bezug nehmen, radikalisiert. Nach Dieter Seitz vertritt Fischart in diesem Kapitel (wie im Ehezuchtbüchlein) einerseits »eine sehr optimistisch auf Meisterung des Lebens im Geist bürgerlicher Mäßigkeit und Ordentlichkeit gerichtete Moral«; überhaupt löse er den in der Vorrede zur 'Geschichtklitterung' erhobenen Anspruch, erzieherisch wirken zu wollen, lediglich in diesem Kapitel ein.[10] Auf der anderen Seite aber sei gerade im Ehekapitel der 'Geschichtklitterung' eine wertende Auswahl der thematischen Bereiche nicht zu erkennen. Als Resultat einer »entschiedenen Zuwendung zur wirkungsvollen Art der Äußerung, der vorrangigen Förderung des vielfältig virtuosen Ausdrucks, der Zuwendung zur Sprache überhaupt als dem Medium literarischer Äußerung« werde eine manieristische Indifferenz gegenüber den Inhalten erzeugt, die auch im zweiten, von Fischart selbst zusammengestellten Teil des Ehezuchtbüchleins hervortrete.[11] Noch entschiedener thematisiert Christoph Mühlemann Fischarts manieristischen Stil. Die Behandlung des Eheproblems lasse sich nur auf dem Hintergrund der Skepsis und Relativität allen Wertens im späteren 16. Jahrhundert voll verstehen. Fischart habe den Glauben an die Institution der Ehe verloren. Vorrangig an stilistischer Brillanz und einer Umsetzung seiner Einfälle interessiert, sei es ihm zumindest gleichgültig, ob ihm der Leser sein Ehelob abnehme oder nicht. Der aufgeschreckte Bürger Fischart »kümmert sich nicht mehr um eine fragwürdige Wiederherstellung von Ruhe und Ordnung, er sucht eine neue künstlerische Ordnung, er strebt in einen moralisch völlig irrelevanten Zustand des reinen Sprachspiels«.[12] Die an der 'Geschichtklitterung' gewonnenen Interpretationsergebnisse werden auf den Autor selbst projiziert:»In Fischart ist die ganze Unruhe und Orientierungslosigkeit seiner Zeit Person geworden«.[13] Der Textbefund gerät unversehens zur Personalakte – ein so beliebtes wie literaturwissenschaftlich untaugliches Verfahren.

Bei einem Autor wie Fischart ist ein solcher Deutungstransfer in gesteigertem Maße problematisch. Lebeau betont seine weitgespannten Interessen und Aktivitäten: »Fischart apparaît en cette fin de siècle comme une réincarnation de *l'uomo universale* de la Renaissance italienne«.[14] Ein einheitlicher, in seinem literarischen Werk faßbarer Weltentwurf ergibt sich daraus jedoch nicht. Allen seinen Arbeiten ist gemeinsam, daß Fischart (genannt Mentzer, d.h. aus Mainz) fast ausschließlich nach Vorlagen arbeitet, die er sprunghaft assoziierend ineinanderrankt und, wie er selbst sagt, mit Mentzerkletten bewirft und durchziert. Nicht selten vergaloppiert er sich mit seinem eulen(spiegel)geflügelten Pegasus (II, S. 461, v. 13 347 ff.), schießt über das Ziel hinaus und muß *wie eyn vergessener Gånger des geschwinder wider zu ruck laufen* (123,36 f.). So sehr er dabei seine zentralen Vorlagen anreichert – in der Fassung der 'Geschichtklitterung' von 1590 sind zu drei Vierteln Einschub und Zusatz Fischarts[15] –, übersetzt er sie doch annähernd vollständig und vermag sich kaum durchzuringen, etwas auszulassen.[16] *Mutatis mutandis* gilt dies auch für seinen Umgang mit Zusatzquellen. Da seine Quellen unterschiedlichster Provenienz sind, antiken wie christlichen, mittelalterlichen wie humanistischen Traditionen entstammen, lassen sich in seinem Werk immer wieder widersprüchliche Äußerungen zu einem Themen- und Motivkomplex nachweisen.

Das heißt aber nicht, daß alle Aussagen Fischarts sich ins Unverbindliche verflüchtigen. Verbindlichkeit garantiert jedoch nicht die subjektive Seite, der Autor, vielmehr leitet sie sich her aus der Objektivität literarischer Genres und ihrer jeweiligen Gebrauchssituation. Der einheitliche Stilwillen verwirklicht sich in allen denkbaren und bislang auch undenkbaren Formen der *amplificatio*, die gattungs- und publikumsadäquat eingesetzt werden. Dies läßt sich an der kontextbezogenen Verwendung von Vers und Prosa, von eingängiger

Diktion und artifizieller Sprachmanipulation gut ablesen.[17] Während die 'Geschichtklitterung' für einen elitären, relativ homogenen Leserkreis mit etwa gleichem Bildungshorizont geschrieben sein dürfte[18], unternimmt das Ehezuchtbüchlein den Versuch, auch für ein breites, literarisch weniger versiertes Publikum diese Welt *von ihrer verwirrten ungestalt und ungestalter verwirrung abzufüren.*[19]

Unter diesen Umständen sind Fragestellungen wie 'Fischart und die Frau' von geringem Erkenntniswert. Dies sei wenigstens punktuell belegt. Fast gleichzeitig mit dem Ehezuchtbüchlein, 1577, erscheint Fischarts Neufassung von 'Flöh Hatz, Weiber Tratz'[20], in der er die Tradition der satirischen Flohliteratur im Rahmen des Genregemäßen zu überbieten sucht. Unterschätzt der verdienstvolle Fischart-Forscher Adolf Hauffen die misogynen Züge der Flöhhatz, indem er sie als »die launigste und harmloseste von Fischarts Jugendsatiren« wertet[21], so neigt Alois Haas zur enthistorisierenden Überinterpretation, wenn er die satirisch stilisierten Kollisionen von Tier- und Menschenwelt als »innere Gefährdung des Menschen selbst«, als »bedrohliche Desorientierung« auffaßt, die auf den Leser als Alpdruck wirken müsse.[22] Die der satirischen Tierfiguration inhärente Widersprüchlichkeit tierischer und menschlicher Merkmale, die an referentiellen wie lexikalischen Solidaritätsverstößen hervortritt[23], entbindet im Kontext zeitgenössischer Literaturerwartung Komik, ganz gleich, ob uns die eindeutig-zweideutigen Sexualphantasien heute als geschmacklos oder gar pervers erscheinen. Haas verweist darauf, daß die Flohthematik »als 'Aufhänger' für die pikante Schilderung gewagter Situationen altbekannt (ist): der Floh, gleichsam als feinstes Tastorgan männlicher Imagination, als Erkunder des weiblichen Körpers, diese seltsam überhitzte, erotische Konstruktion«[24] ermöglicht wirksamer als jeder andere Kunstgriff, Frauen der Lächerlichkeit preiszugeben und ihre Körper schutzlos Zugriffen auszusetzen, wie sie die unzähligen Flohnamen anregen: *Schleichinsthal, Beishart, Zwicksi, Plutdurst, Bortif, Fechtimbusch* usw. Das Frauenbild aus der Floh-Männer-Perspektive ist zutiefst ambivalent, geprägt von der Spannung zwischen Libido und Sexualangst, zwischen Frauenminne und Frauenhaß. Der weiße Leib und das zarte Fleisch der Jungfrauen, die minneterminologisch gepriesen werden, erscheinen als appetitliche Leckerbissen, die zumal den erzählenden Flohhelden in einen hemmungslosen Angriffsrausch versetzen:

Fürnämlich aber war ich schnell
Iren zugerben das zart fell /
Es mocht kain plaz am Leib nicht sein /
Da ich nicht schlug mein haken ein /
Da pracht ich ein mein langes warten
Und haut ir warlich tapfer scharten (2175-2180).

Die Schilderung der Gegenoffensiven der weiblichen Opfer, ihrer Jagd-, Folter- und Mordmethoden, läßt Sexual- und Kastrationsängsten freien Lauf. Gegenüber Mägden und alten Frauen, die mit ihrer *verschmorten haut* (739), ihren *schwarz lang Prüst* (3258) usw. als schmutzig, übelriechend und häßlich denunziert werden und als Objekte des Begehrens nicht in Frage kommen, bleibt nur noch die aggressive Komponente. Für sie wohl vor allem erfleht der Floh von Jupiter *ainen treispitzigen spis / Den man biß an das häft in stis* (331 f.). Hier tobt sich eine Situationskomik aus, die wir nur noch als obszön-sadistisch fassen können; etwa, wenn einem *Alten Weib* eine glühende Kastanie unter den Rock springt:

Und zindt schir an der Alten Fläschen
Ir alt Cavern / zusamt dem Loch
Daraus der stinckend Atam Kroch
Welchs / wie ich glaub / ain deitnus war /
Das sie noch solt verprennen zwar (1428-1432).[25]

Es mag an Fischarts Tätigkeit als Amtmann und Richter erinnert werden, bei der er selbst Hexenprozesse zu führen hatte; auch an seine Bearbeitung von Bodins 'Démonomanie' sowie an seine Neuausgabe des 'Malleus maleficarum', des Hexenhammers, und verwandter Schriften.[26] Einen Zusammenhang mit dem Frauenbild des Ehezuchtbüchleins herstellen zu wollen, würde jedoch die produktions- und rezeptionsästhetische Determiniertheit der je unterschiedlichen Arbeiten Fischarts verkennen.

Fischart selbst räumt schon für sein Ehezuchtbüchlein ein: *Das sich aber nun oben gehandelte vnd alle vorerzehlte Ermanungslehren samtlich zugleich inn vnd bei eynander schliesen vnd finden, ist meher eyn Wunsch als Kunstwerck* (er überträgt damit die Wendung seiner Vorlage: *optari fortassis rectius potest, quam mandari)* (315,25-27). Hierfür ist bereits der Aufbau des Werkes verantwortlich, der vier sehr unterschiedliche Teile unvermittelt aneinanderreiht. Teil 1 und 3 sind freie Übersetzungen von Plutarchs Ehevorschriften und seiner Kinderzucht, Teil 4 überträgt ein Gespräch des Erasmus, und im zweiten Teil ist Fischart vollends in seinem Element: Er würfelt den Stoff höchst unterschiedlicher Werke bunt durcheinander, wobei seine Hauptquellen ihrerseits Kompilationen sind.[27] Die umfangreiche Naturgeschichte Konrad Gesners, die Fischart in Übersetzungen benutzt[28], verdient in meinem Zusammenhang besondere Aufmerksamkeit.

Die deutschen Fassungen verzichten weitgehend auf die allegorischen und sinnbildlichen Deutungen der Autoritäten, die Gesner zu jedem Tier zusammenstellt, und popularisieren vor allem seine umfassenden, empirisch orientierten Tierbeschreibungen, wobei auch sie an Gesners traditionalem Erkenntnisinteresse festhalten, *den schöpffer durch die geschöpf lernen (zu) erkennen.*[29] Fischarts Rückgriff auf die Gesner-Übersetzungen ist deshalb so aufschlußreich, weil diese ähnlich wie die 'nordischen tiergeschichten' des Olaus Magnus[30] für viele Tiereigenschaften keine verbindlichen Deutungen verzeichnen und daher scheinbar einer beliebigen didaktischen Verwertung offenstehen. Fischart nutzt Gesner, wie alle anderen Werke auch, eklektisch. Indes ist die

Kompilationstechnik, die er durchgängig einsetzt, typisch für die zeitgenössischen Ehelehren, die meist Mixturen der exemplarischen und präskriptiven Tradition bieten, so daß sich selten eine stringente Argumentation ergibt. Wenn sich aus Fischarts Ehezuchtbüchlein keine konsistente Ehelehre destillieren läßt, so beleuchten doch gerade die poetischen Bilder, die Tobias Stimmer vor allem im 2. Teil graphisch umsetzt[31], prägnanter als manifeste Aussagen die neuralgischen Punkte.

2. Frau Venus und ihre Tiere

Der berümt Bildhauer Phidias hat denen von Elis ein Bild der Ehbegütigerin Venus, es zu offentlicher Schau aufzustellen, künstlich gehauen vnd zugerichtet: dasselbig Bild stund zu sonderer sinnreicher bedeitnus mit einem fus auf eim Schneckenhaus oder einer Schiltkrottschalen, anzuweisen, das ein Weibsbild Schneckenmåsig zu Haus pleiben vnd darzu sonderlich still vnd verschwigen sein solle (153,19-154,4).

Venus als *Ehbegütigerin* (153,20), als *Ehwalterin* (126,8), *Ehpflichterin* (182,8), Venus gar als Hausfrau. Ausgerechnet Frau Venus, die in der höfischen Liebesdichtung zwar oft mit der personifizierten Minne identisch ist und sich daher

Abb. 1: Tobias Stimmer: Illustration von Fischarts Ehezuchtbüchlein

die positiven Konnotationen der höfischen Liebe anzueignen vermag[32], im Spätmittelalter dagegen in literarischen wie bildnerischen Darstellungen den Platz mit Frau Welt tauschen konnte. Venus, die zunehmend auch in der Dichtung als Vorkämpferin der sündigen Liebe dämonisiert und mit der *Voluptas* und *Luxuria*, in Fischarts Lesart mit der *Wollustas* und *Lusthuria*, gleichgesetzt wurde. (Aegidius Albertinus wird 1616 die Konjektur Venus, richtiger: *Wehnuß* beisteuern, denn *in diser Nuß* seien *das wehe deß Gemüts, das wehe des Leibs, das wehe deß Beutels, vnnd das wehe der Seelen* verborgen).[33] Der überwältigende Erfolg der Tannhäuser-Legende im 16. Jahrhundert bezeugt ihre Popularität als Personifikation verderblichen Liebeszaubers.[34] In der mit der Reformation sprunghaft ansteigenden Ehedidaxe, die alle künstlerischen Medien und Gattungen affiziert, erscheint sie vornehmlich als Widersacherin und Gegenspielerin der ehelichen Liebe, von der Rebhun dichtet:

Sǒlch lieb kompt nicht von Venus her
Sant Paul gepeuts in seiner lehr.[35]

Und ähnlich bereits Vives: *Ain Eefraw ist ain nam̄ der würdigkayt / vnd nicht der wollust,* weshalb sich gerade die *Spartianisch fraw* als Vorbild eignet, die sich *der Venus nicht gebraucht.*[36] Fischart selbst stuft in 'Aller Praktik Großmutter' als der strohhitzigen Venus verwandt *alle Buhler, Schürzenjäger, Liebesnarren* ein, alle *Amadisleser und 'nomina desinentia' in* **in**, *ut* (auf -in endende Namen wie) *Näherin, Köchin usw.*[37] Und in einer anderen Arbeit malt er die Wollust und Süssigkeit spendende Venus als unheilschwangere Rivalin der *christlichen lieb* aus, die auch den wehrhaftesten Helden in ihre teuflischen Netze zu verstricken vermag, denen er – anders als der sinnenverfallene Faust in der 'Historia' – durch den Heiratsentschluß und damit dem selbstgewählten leiblichen Tod entrinnen kann.[38] Diese heroische Entscheidung gegen *Frau Lust* (I,276, v. 386) und für die Ehe setzt Fischart im Ehezuchtbüchlein mit derjenigen des Hercules am Scheideweg gleich[39], die in der spätmittelalterlichen Tradition nicht eben verlockend dargestellt wird, wie etwa Brants Narrenschiff belegt.[40] (Abb. 2-4)

Im Holzschnitt der lateinischen Ausgabe von 1497 führt der linke – und d.h. der moralisch verwerfliche – Weg zu *Voluptas*, zu Frau Wollust, die umgeben ist mit den Rosen der Venus und große Lust und Freude verheißt. Die Parallelillustration zeigt sie umworben von musizierenden Venusrittern in Erwartung fleischlicher Lüste, Speise, Trank und Minne. Diesen Weg identifiziert Fischart mit der *ebenen, lustigen waid vnd Plumreichen strasen des vnehlichen vnverfangenen stands* (206,10 f.). Er führe unweigerlich zu Schande, Schmach und Verdammnis, in der Brant-Illustration versinnbildlicht durch den grinsenden Tod im Rücken der *Voluptas* und die lodernden Höllenflammen über ihr. Ihr Widerpart erweist sich bei Brant nicht mehr – gerade durch ihre Schlichtheit –

Abb. 2: Die Entscheidung des Hercules, aus Sebastian Brants 'Stultifera Navis', Basel 1497

Abb. 3: Voluptas, aus Sebastian Brants 'Stultifera Navis', Basel 1497

Abb. 4: Virtus, aus Sebastian Brants 'Stultifera Navis', Basel 1497

Abb. 5: Tobias Stimmer: Illustration von Fischarts Ehezuchtbüchlein

als 'echte Schönheit', vielmehr wird die Tugend nach Panofskys Beobachtung zu einem bestimmten Zeitpunkt der christlichen Tradition häßlich.[41] Stachelumrahmt erscheint sie hier, mit Gebetbuch und Rosenkranz bewaffnet, ausgestattet mit dem Spinnrocken, dem Symbol weiblicher Arbeitsamkeit, und dem Wasserkrug der Enthaltsamkeit. Diesem sauertöpfischen Hausdrachen – besonders abschreckend in der Parallelillustration – glaubt man gerne Brants Worte, sie – *bleich / sur / vnd hert* – verheiße nicht Wollust, Ruhe und Freude, vielmehr ausschließlich schweißtreibende Arbeit und Mühseligkeit.[42] Ähnlich kennzeichnen bei Fischart *mühseligkeyt, arbeyt vnd das kreuz* (207,4) den dornenreichen Ehepfad, indes sind die Gegensätze in Stimmers Holzschnitt erheblich abgemildert. (Abb.5)

Für die spätmittelalterliche Bildtradition völlig überraschend, besetzt die Ehefrau, von einem Engel beschirmt, die den Lüsten vorbehaltene linke Bildseite. Entsprechend versucht Fischart das Verhältnis von erotischer Attraktivität und steriler Wohlanständigkeit umzupolen, wenn er behauptet, *die Schöne, welche durch arbeyten* zufalle, sei *der schönst anstrich der Weiber* (189,20 f., 17).[43]

Die Tendenz, verfestigte Bildgehalte zugunsten eines neuen Eheideals umzumünzen, erscheint besonders prägnant in Fischarts Beschwörung der Venus als Ehepatronin. Offenbar vermag er nicht an die antike Tradition der zwei Venusse anzuknüpfen, die sich im mittelalterlichen gelehrten Schrifttum in der Gegenüberstellung der *Venus legitima, casta* (der guten erlaubten, ehelichen Liebe) und der *Venus impudica, illicita* (der schlechten, unerlaubten, zügellosen Liebe) fortsetzt, während insbesondere die volkssprachliche weltliche Liebesdichtung fast durchgehend nur eine Venus als Personifikation der Liebe überhaupt erwähnt.[44] Unbekannt scheint Fischart auch die im Vergleich zu höfischen Liebeskonzepten seiner Intention verwandtere Aufhebung der Dichotomie der *Venus Coelestis* und der *Venus Vulgaris* im Umkreis der florentinischen 'Platonischen Akademie' zu sein. Ficino etwa wertet beide Venusse und die ihnen korrespondierenden Formen der Liebe, den *amor divinus* und den *amor vulgaris,* positiv; eine Auffassung, die Tizian mit seinem Gemälde *Amore celeste e umano (Amore sacro e profano)* ins Bild setzt und in seinem späteren Werk bezeichnenderweise im Zusammenhang einer Idealisierung ehelicher Liebe wieder aufgreift.[45]

Für Fischarts Inthronisation der Venus als Schirmherrin der Ehe sind dagegen – in der Tradition der 'Moralia' Plutarchs[46] und des 'Liber Emblematum' des Alciatus[47] – zunächst die mit Venus assoziierten Tiere verantwortlich. *Venus vocabulum polysemum,* lautet die lapidare Randglosse des gelehrten Alciatus-Kommentators Thuilius (1621).[48] In der Tat begegnet Venus Urania mit der Schildkröte/Schnecke nicht nur als Sinnbild der gesitteten Frau oder Jungfrau, sondern in Cesare Ripas 'Iconologia' (1613) auch als Nonne.[49] (Abb. 6-7)

Im Mittelpunkt dieser Deutungen steht das in der Antike mit der Schildkröte verbundene und im Mittelalter auf die Schnecke übertragene Motiv des *manere domi.*[50] Von diesem Motiv läßt sich Fischart zu weitläufigen Gedichten über die Schnecke bzw. Schildkröte inspirieren, die aus deren *art vnd eigenschaft schône Hâusliche lehren vnd Gleichnussen* schöpfen (157,8 f.). Und was läßt sich für ein Biederweib von diesen bescheidenen Tieren nicht alles lernen! Die vorbildliche Schweigsamkeit der haustragenden Art untermauert Fischart für die Schnecke, indem er die zeitgenössische Forschungshypothese, sie habe *keine Augen / sondern an statt derselbigen außgestreckte Ohren*[51], dahingehend abwandelt, die *gros Oren* habe sie

An der Stimm vnd der Zungen statt,
Also soll ein Weib hôren mehr,
Dan Reden, welchs jr ist ein ehr (155,14-16).

Für die Schildkröte zieht er die Fabel mit den Fröschen[52] heran, in der diese in wortreichen Auslassungen den Frosch mit Invektiven wie: *Darumb so halt dein gosch du frosch* (159,19) wegen seines wirkungs- und witzlosen Quakens

Abb. 6: Venus mit der Schildkröte, Pictura zur Pvdicitia (Keuschheit), aus Cesare Ripas 'Iconologia', Siena 1613

Abb. 7: Venus mit der Schildkröte, Pictura des Alciatus-Kommentars von Johannes Thuilius, Padua 1621

Abb. 8: Aus Gesners Thierbuch in der Übertragung von Konrad Forer, Zürich 1563

denunzieren darf und dergestalt ihre vielgerühmte Wortkargheit Lügen straft; denn sprachgewaltig singt sie das Lob der Häuslichkeit:

Ein Haus ist ein gut sicherhait,
Ein zuflucht baid zu fråud vnd laid (157,27 f.);

Inn seim Haus ist ein jedes frei,
Auswendig verlasen, forchtsam, scheu (158,1 f.);

Hieher jr Weiber, allhie hőret,
Wie weislich ding die Schiltkrot lehret (159,27 f.);

Weil das Haus wird so hoch geprisen
Vnd für die Hőchst freiheit erwisen,
Ja, für die grőste Herlichkeit
Vnd sicherheit inn gfårlichkeit (159,35 - 160,2).

Wie anderwärts der *invocatio* des strafenden Gottes begegnen wir hier der Anrufung der beschwerlichen Hauslast: *O Håuslin, mein Heiligtum, / Truck tapfer nur, ich trag dich gern* (166,2 f.), ja wir treffen im Monolog der Schildkröte gar das Sprichwort an: *Der eigen Herd, ist goldes wert* (159,5).

Aber die Ausbreitung sinnfälliger Vergleiche hat ihre Tücken. Es mag noch angehen, die Fabel von der Schildkröte und dem Adler[53] als Warnexempel zuführen für alle Ehefrauen, denen die häusliche Gangart nicht behagt. Aus Verdruß über das mühsame Vorwärtskriechen läßt sich die Schildkröte von einem Adler hoch in die Lüfte entführen, der sie in dem von ihr ersehnten Himmel erbarmungslos in seinen Klauen zerdrückt. Die daran anschließende *digressio*, ein rhetorischer Ausflug in die Welt der Borstentiere, ist bereits reichlich kurios:

Gleich wie die Schiltkrott ist geschaffen,
Nicht inn die hoͤh hoch ding zugaffen;
Also soll auch eins Weibs verstand
Nicht raichen vber jren stand,
Soll, wie man inn eim Sprüchwort redt,
Wie ein schwein für sich sehen staͤt,
Das ist, soll inn jr Haus nur sehen,
Vnd hoͤher sachen nicht ausspaͤhen (161,11 - 18).[54]

Die für die Schnecke angebotene Paralleldidaxe bietet indes Anlaß, für den Fortbestand der zur Hausfrau idealisierten Tierart überhaupt zu fürchten. Läßt sich eine flugversessene *Schiltkrott* eindeutig der Mißachtung des göttlichen *ordo* überführen, so müßte sich der Verzicht auf die von Fischart als *laͤtz* gegeißelte Eigenart der Schnecke, *staͤts die Oren auszustrecken* (155,1 f.), fatal auf deren Überlebenschancen auswirken. Vom *staͤten Oren*-Ausstrecken (d.h. Hausfrauenköpfe-aus-Läden-und-Fenstern-Heraushängen) weiß Fischart indes:

Recht Schnecken thun solchs leichtlich nitt,
Es sei dan, das man lang drumb bitt (155,3 f.).

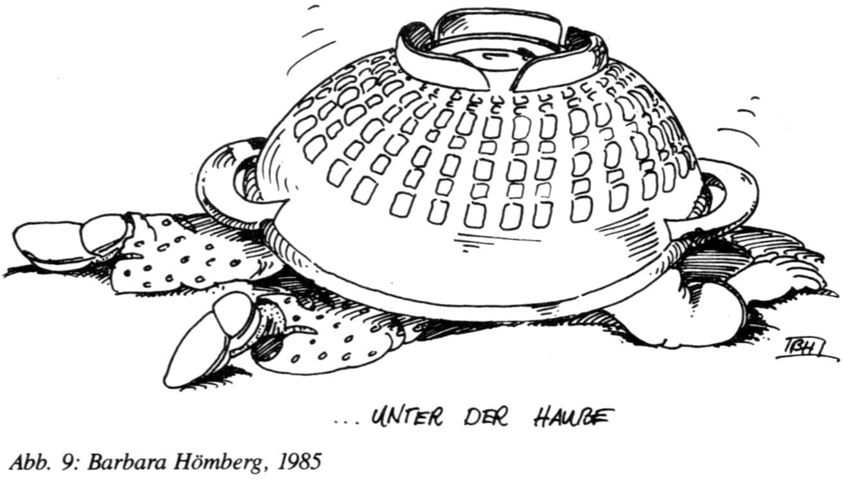

Abb. 9: Barbara Hömberg, 1985

Erweist sich bereits das Ausmalen der traditionellen Tugenden der haustragenden Tiere – ihre eingezogene Lebensart und ihre Schweigsamkeit – als prekär, so bedarf es kühner Erfindungsgabe, weitere Vorbildfunktionen zu explizieren. Die bei Gesner als natürliche Feinde der Schnecke angeführten Wachteln, Reiher, Affen und Eidechsen bereitet Fischart als Lasterkatalog auf.[55] Weniger glücklich verwertet er die bei Gesner mitgeteilte Eigenschaft des Tieres selbst: *Die Schnecken (...) zernagen das Rebwerck / Kraut / stengel etc. zu zeiten mit grossem schaden*[56], die sich Fischart sinnwidrig so zusammenreimt:

Vnd gleich wie die Schnecken zernagen
Die Råben, wann sie vil wein tragen,
Also soll auch ein Frauenbild
Dem Wein nicht sein zu gneigt vnd mild (155,35-38),

wird die Schnecke hier doch als abschreckendes Exempel strapaziert. Ähnlich warnt er vor schneckenmäßiger Langsamkeit (155,5 ff.). In der 'Geschichtklitterung', in der Fischart auf eine naturgemäße Bilderschrift rekurriert, die frei von Willkür und sofort und immer verständlich sein soll, führt er eben dies als hervorstechendes Merkmal an: *Schneck langsam.*[57] An der Fabel vom Hasen und der Schildkröte[58] hingegen demonstriert er:

Es ist ein groser vnterscheyd
Inn gschwindigkeit vnd Emsigkeit.
Die Emsigkeit allzeit bestehet,
Da die gschwindigkeit vergehet (163,35-38).

Gebührt dem Fleiß gegenüber der *leibsgschwindigkeyt* der Preis (164,29 f.), so zweifelt eine weitere 'tierische' *digressio,* ein Exkurs im Exkurs, dies wiederum an, indem das nach emsiger Schildkrötenart versehene Haus nunmehr mit einem *Imkorb vnd Hauf von Aumaisen* (164,36) gleichgesetzt wird, also traditionellen Sinnbildern hektischer Betriebsamkeit.

Diese und weitere Unstimmigkeiten verweisen auf ein generelles Problem. Dort, wo Fischart durch das mittelalterliche Bildrepertoire oder durch das Tierpersonal der Fabel bereits literarisch erschlossene Lehren vorfindet, weiß er sie meist schlüssig zu integrieren, auch wenn er sich von seiner Neigung zur *amplificatio* bereits hier zu zoologischer Inkohärenz verleiten läßt. Sofern er aber auf naturkundliche Beschreibungen der Tiere zurückgreift, wie sie Gesner in einem bisher nicht gekannten Umfang gesammelt hat, vermag er selten eine Brücke zu schlagen zwischen dem herangezogenen Material und seiner lehrhaften Absicht. Während die traditionelle Naturallegorese das Unsichtbare, den verborgenen Sinn der Tiere, aus dem Sichtbaren, ihren einzelnen Eigenschaften, erschließen will[59], und deshalb mit fortschreitender Naturerkenntnis von einem Dilemma ins andere gerät[60], argumentiert er, wenn nötig, ungerührt gegen die Artnatur der Tiere. Sprunghaft assoziierend ordnet er alle verwertbaren Informationen ein, indem er die Tierwelt unmittelbar moralisiert, sie in gute und schlechte Exponate einteilt oder aber das beschworene Vorbild als abschreckendes Exempel präsentiert. Wichtig ist ihm vor allem das Haus als Kosmos der idealen Ehefrau mit allen bekannten, nicht eben originellen Implikaten.

Exkurs

Auch die Tradition der allegorischen Textauslegung hatte die *proprietates* der *res,* hier: die Eigenschaften der Tiere, worunter »auch Entstehung und Verhalten der *res* sowie ganze Naturvorgänge zu verstehen« sind[61], als Bedeutungsträger aufgefaßt, die vielfältig *in bonam* und *malam partem* ausgelegt werden konnten. Die bei Fischart zur Hausfrau idealisierte Schnecke zählt zu den in der Bibel eindeutig negativ festgelegten Tieren und wird in der allegorischen Tradition überwiegend negativ ausgelegt.[62] Bei Berchorius etwa heißt es u.a., sie sei sehr langsamen Ganges, hinterlasse befleckende Spuren und trage stets eine harte Schale mit sich, in die sie sich einschließe, wenn sie berührt werde. Sie verweise auf jene, die 'stets untätig verharrten oder in freudigen Begierden lebten und schwerlich zu korrigieren seien, da sie die Schale der faulen Entschuldigung allzeit bei sich trügen' usw.[63] Die durch Ähnlichkeitsdenken geprägte Deutungspraxis erlaubt jedoch einen Bedeutungstransfer, der die Übertragung positiv gewerteter Eigenschaften anderer schalentragender Tiere wie Schildkröte oder Muschel auf die Schnecke erlaubt.

Nach einer antiken Vorstellung wird die Muschel schwanger und gebiert die Perle, wenn himmlischer Tau auf sie fällt, und in der mittelalterlichen Deutungstradition wird die Empfängnis der Muschel mit der Empfängnis der Jungfrau Maria gleichgesetzt.[64] Analog zur Muschel kann der verborgene Sinn der vorrangig als schmutzig und unrein geltenden Schnecke auch als Zeichen der unversehrten Jungfräulichkeit Mariens ausgelegt werden und erscheint daher auf zahlreichen Marienbildern des 15. und 16. Jahrhunderts, etwa bei Hans Baldung, bei Dürer oder auf dem Verkündigungsaltar des Francesco del Cossa.[65] Im konkreten Fall aktualisiert sich jedoch von der virtuell von Gott bis zum Teufel reichenden Bedeutungswelt eines Dings nur eine herangezogene Eigenschaft, deren verborgener geistiger Sinn immer nur eines bedeuten kann[66], bei der Schnecke also etwa nur jungfräuliche Reinheit oder aber sinnen- und sündenverfallene Befleckung.

Wenn Fischart auch allegorische Auslegungstraditionen aufgreift, so wirft er doch das traditionelle Naturverständnis über Bord, das auf Autoritäten fußt und der Erkenntnis der in die Schöpfung gelegten Signifikanz der Dinge dient.[67] Nicht aber, weil er – wie seine selektive Verwendung Gesners vermuten lassen könnte – dem Buch der Natur einen Eigenwert zuschreibt.[68] Zwar werden die Tiere bei ihm nicht, wie bereits Adelard von Bath (um 1090-1160) kritisiert, am Halfter der Autoritäten geführt[69], um so enger aber am Zügel der Moraldidaxe gehalten. Fischart geht nicht hermeneutisch vor, ermittelt nicht aus dem (nach Maßgabe des historischen Erkenntnisstandes) 'natürlich' vorgegebenen Sinn.[70] Bei ihm driften Ding und verborgener Sinn auseinander. Oder vielmehr: es gibt gar keinen verborgenen Sinn der Dinge mehr, sondern der Interpret hat etwas im Sinn, wofür ihm die Tradition keine Bildlichkeit liefern kann. Um diese Traditionslücke zu kompensieren, stützt sich Fischart auf die empirisch-deskriptiven Partien der avancierten Naturkunde. Die von der Wissenschaft beglaubigte Tierwelt soll Normen zuliefern, denen die Verbindlichkeit der Schöpfung immanent ist. Das Verfahren, vom Verweisungsziel her die tierischen Proprietäten zu generieren, ist nicht neu. Indes ist auch dort, wo die Bildintention den Bildspender strukturiert, eine Analogie von 'Realität' und Realitätsdeutung gefordert.[71] Anders bei Fischart. Seine Natur spricht nicht, und sie wird auch nicht zum Sprechen gebracht.[72] Er beutet sie, dem biblischen Auftrag zuwider, aus, *anders denn ir art und natůrliche wirckung mit sich bringt:*[73] **schwarze Sprachmagie.** Eine Kollision naturkundlicher Erkenntnisse mit Fischarts Konzeption, der Ehedidaxe, ist unvermeidlich; ihr Resultat: unangemessene Bilder. Eine illustrative Allegorisierung, die auf Sinnfälligkeit, auf Versinnfälligung basiert, kann dort sowenig gelingen wie eine hermeneutische, wo der Zusammenhang zwischen Bedeutendem und Bedeutetem aufgekündigt wird.[74]

Bei seiner *Hausschneck inn der Eh* (159,34) vermag Fischart die krudesten Inkonsequenzen abzufangen, indem er in die Mythologie ausweicht, die er jedoch ähnlichen Manipulationen unterwirft.

Die haustragenden Tiere verkörpern nur einen Pol von Fischarts *Gemälpoesie.*[75] Dies verdeutlicht ein Vergleich mit dem Emblembuch des Alciatus, hier in der von Fischart benutzten Ausgabe mit einer Übertragung von Jeremias Held.[76]

Abb. 10: Pictura der Alciatus-Ausgabe Augsburg 1531 und der deutsch-lateinischen Ausgabe in der Übertragung von Jeremias Held, Frankfurt 1567

Das Bild weist die nackte Schönheit durch ihre Attribute Apfel[77] und Tauben als Venus aus. Die Zeigehand deutet nicht auf den ihr von Paris zuerkannten Schönheitspreis, den Apfel, der zugleich ein Symbol der verwerflichen Verführungskunst Evas darstellt, sondern auf die Schildkröte bzw. eher eine Schnecke unter ihrem Fuß, die ohne Deutung wohl kaum erkennbar wäre. Diese lautet, in den holprigen Versen Helds:

Liebe Venus was wil die gstalt
Vnd was bedeut der Schneck so gmalt
Den du hast vnder deim Fuß zart
Vnd trittest in zu boden hart?
Also hat mich Phidias gbild
Das ich wer vnd geb ein fürbild
Dem Weiblichen Geschlecht vnd Art
Das sie von mir nemen zur fahrt
Ein lehr das sie in jrem Hauß
Stets blieben vnd nit reihten auß
Darzu verschwiegen seyn vnd still
Der Schneck vnder mein Füssen wil.

Abb. 11: Pictura der Alciatus-Ausgabe Paris 1542

Das graphische Arrangement einer Version von 1542[78] zentriert den Blick noch deutlicher über den Zeigefinger auf die an den vorderen Bildrand geschobene Schildkröte; Venus selbst ist bereits innerhalb des Hauses placiert. Das Motto verkündet, der gute Ruf, nicht die schöne Gestalt einer Frau solle namhaft sein. Die drei Bauelemente dieses Emblems – Motto, Bild und Epigramm – sind in verschiedener Weise an der »Doppelfunktion des Darstellens und Deutens, des Abbildens und Auslegens« beteiligt.[79] Der sinnaufschließende Text stellt eine eindeutige Beziehung zu den Dingbildern, den *Res pictae* her.[80]

Das Motto pointiert. Es verklammert den Bild-Text-Zusammenhang, indem es die mit der Venus assoziierte erotische Attraktivität für ein Biederweib ausdrücklich zurückweist. Eben dies widerstrebt Fischarts Intention, für die er in der überlieferten Semantik poetischer Bildformen keine Vorbilder findet. Ihm zufolge soll sich die *Hausschneck inn der Eh* das Haus zwar 'gleichsam einverleiben' (159,32):

Also wann ein Frau mus gehn aus,
Soll sie tragen im Sinn das Haus,
Es nicht an einen Nagel henken (154,14-16),

wie immer man sich das vorstellen mag; vorbildlich sind aber gerade diejenigen,

So sie von Leib nicht Schnecken sein,
Sonder von sinn sein, stünd jn fein (155,9 f.).

Das traditionelle Spannungsverhältnis von Körper und Geist soll sich in der Ehefrau niederschlagen als Schneckengesinnung, nicht als Schneckenleib. Dieser soll vielmehr von der mythologischen Personifikation des Ausgangsbilds besetzt werden: die Ehefrau als Schneckengeist im Venusleib. War zuvor die Schnecke oder Schildkröte ein Attribut der Venus, soll nunmehr das Venerische zum Attribut der *schneck-* und *schiltkrott*artigen Hausfrau werden. Entsprechend versieht Fischart den Venusleib mit neuen Signifikanten. Bedeutsam schon, daß Stimmers Illustration der Venus Cupido beigesellt, wer will, mag auch den Turm entschlüsseln, der in das Fensterrund ragt.[81] (Siehe Abb. 1; vgl. Abb. 7)

Im Unterschied zu den *Picturae* der verschiedenen Alciatus-Ausgaben stellt Stimmer seine Venus jedoch auch sitzend dar, und der *Venus Glattsiz* oder der *Wolgesezten* (183,33), also der Aphrodite Kallipygos, gilt Fischarts besonderes Interesse. Energisch bestreitet er, daß die Herkunft dieses Namens zurückzuführen sei auf die Wette zweier *Torftoͤchter,* welche *das schoͤnst formirt gesaͤs oder Posterior* habe (183,36 f.). Dieser Version zufolge soll es zu einer Doppelhochzeit mit den beiden begutachtenden Brüdern gekommen sein, und man habe der *Wolbesaͤßten* Liebesgöttin aus Dankbarkeit einen Tempel errichtet. Fischart leitet den bei Brant mit Rücksicht auf die leicht entflammbare Sinnlichkeit *stroͤwen*, bei ihm selbst an anderer Stelle *strohhitzig* genannten *ars der Frow Venus*[82] vielmehr ab aus seinem Credo, daß es *einer Frauen wol gezimme vnd anstande,*

Daheym zupleiben vnd zusitzen
Vnd nicht wie ein Wasserstelz zuplitzen (184,17-19).

Die sich ein *prait gesaͤß* ersitzende Venus als Präfiguration eines *ernsthaften Heimischen wåsens, haushütens vnd heimsitzens* (184,27; 31), als Musterbild zumal für die *gern zu haus bei der Kunkel* (Spinnrocken) *vnd bei den Kinderen* sitzende Gattin (184,21 f.), deren Reich wir uns dank der Forschungen der Realienkunde recht plastisch vorstellen können.[83]

Fischarts Ideal der Ehefrau als Schneckengeist im Venusleib ist mithin ein Kunstprodukt im etymologischen Wortsinn, keine Synthese zweier sich zu einem Ganzen verbindender Bildvorstellungen, und dies trifft – bei aller Kuriosität – den Sachverhalt. Weder läßt er der Schnecke ihre Artnatur noch der Venus ihre alltagssprengende, Ordnung und Moral bedrohende Gewalt. Mit der Schnecke wird die herkömmliche Funktion der Hausfrau reklamiert, mit der Venus eine nunmehr alltagssichernde Sinnlichkeit. Es ist ein synthetisches Konstrukt, das Fischart im Hinblick auf einen ehrbaren, aber lustvollen Ehe- und Familienalltag weiter ausbaut.

Daher wird Venus als *Fruchtbare EhGöttin* (174,16) gefeiert, der die weißen Tauben zugeeignet sind, die ihren Wagen ziehen. Die Illustration zeigt eine lasziv hingegossene Venus mit Liebespfeil und wiederum Cupido, dessen Attribut offenbar die Fackel der Liebesbrunst mit dem Füllhorn der Fruchtbarkeit verbindet.[84]

Abb. 12: Tobias Stimmer: Illustration von Fischarts Ehezuchtbüchlein

Fischarts Text hebt die Tauben hervor, zunächst *jrer anmütigen farb vnd sauberlichkeyt halben* (182,9), die sowohl ein reines und keusches Gemüt als auch eine reinliche und saubere Haushaltung repräsentieren. Beispielhaft sind die Tauben jedoch auch, weil sie *on vnterlas Aier legen / Vnd jrer Jungen sehr wol pflegen* (182,18 f.). Nicht ohne Grund ignoriert Fischart die in seiner Vorlage, Gesners Vogelbuch, breit erläuterte Ursache ihrer Vermehrungsfreude.

Abb. 13: Aus Gesners Vogelbuch in der Bearbeitung von Georg Horst, 1669

Dort heißt es, die Tauben seien sehr ausschweifend, unkeusch wie die Hühner, trieben ihre Unkeuschheit schon im zarten Alter von zwei Monaten, die Weiblein seien so geil, daß sie sich bei Täuberichmangel gegenseitig bedeckten usw.[85] Zwar warnt Fischart an anderer Stelle kurz vor *vngebürlicher, verbottener Vermischung* (174,20), auch vor dem *Ehlich ackeren vnd saͤyen*, wo nicht zu verhoffen sei, *etwas fruchtbarlichs zuerbauen* (174,9; 22). Indes liegt ihm gerade nicht wie seinen protestantischen Zeitgenossen, etwa Nigrinus, daran, die eheliche Beiwohnung – gegen Luthers Diktum – von dem Verdacht zu entlasten, sie sei *mit fleischlicher Lust beschmeist.*[86] Vielmehr propagiert er in erster Linie die Lust einer kultivierten ehelichen Sexualität. Daher gelten ihm die nimmer erlahmenden erotischen Aktivitäten der Tauben, insbesondere ihre von Gesner angeführte Eigenschaft, *daß nālich dz maͤnnlin das weyblin nit vorhin bedeckt / es habe dan̄ das weyblin vorhin geküßt oder geschnaͤblet*[87] neben ihrer ehelichen Treue als vorbildlich:

Desgleich wie sich die Tauben küssen
Oft vnter einander ganz geflissen,
Also sollen nach disem prauch
Ehleut holdselig leben auch (183,3-6; vgl. 127,22-25).

In diesem Zeichen wird die *Ehwalterin und Huldgőttin Venus* (126,8) überhaupt in Fischarts Ehezuchtbüchlein eingeführt. Die Didaxe gilt zunächst der erotischen Erziehung *Neubeheurateter Ehleute* (125,4), vor allem aber der Explikation des traditionell nicht dem Ehemann, sondern dem Liebhaber abverlangten *sapienter amare.* Bereits Plutarch hatte die *Ehliche vnterrichtung* innerhalb der *Philosophia oder Weisheiterkantnus* (125,18 f., 21) mit jener Gesangweise verglichen, die Gesangerfahrene *nennen den Hippothorum oder den Hengstsprung, als ob damit die Pferd aufgepracht würden, die Studen zubespringen* (125,15-17). Jedoch sollen sich Ehemänner nicht wie ungestüme Deckhengste aufführen. Der *Libmåchtigen Venus* seien in der Ehe vielmehr die Bildnisse des *Gesprächkünstlichen Mercurij* (126,14 f.) und die der Musen, *der Anmütigen Gőttinnen, der Gnadseligkaiten oder Gratien vnd der Sanft sprächsamen Begütigerin oder Suadela* beizugesellen,

zubedeuten das die Ehleut dises, so sie von ainander begeren, holdseliglich mit freuntlichen gütigen Worten, nicht mit palgen, pochen, trotzen vnd zancken fordern vnd erlangen sollen. (127,2-6)

Welcher Unterschied zur üblichen Forderung, die *ehlich Pflicht,* das Debitum, müsse bezahlt werden. Luther hatte sich in seiner Schrift 'Vom ehelichen Leben' (1522) gar dazu verstiegen, ein halsstarriges Weib, das ihrem Mann den Leib zum ehelichen Dienst verweigere, müsse von der weltlichen Obrigkeit dazu gezwungen oder umgebracht werden.[88]

Bereits Mitte des 14. Jahrhunderts hatte der Benediktiner Petrus Berchorius der christlichen Ehefrau am Paarungsverhalten der Schildkröte das Wesen ihrer ehelichen Pflichten erläutert. Die männliche Schildkröte könne sich mit der weiblichen nur paaren, nachdem sie dieser Zügel in ihr Maul gelegt habe.

... *istud potest intelligi de bonis mulieribus, quae copulam carnis etiam cum propriis viris debeunt difficiliter et cum quadam displicentia sustinere.*
... this may be observed in good wives, who must endure the fleshly union even with their own husbands with difficulty and with some showing of displeasure.[89]

Diese *vertrüßlichkait* ist nach Fischarts Plutarchübersetzung jedoch eine durch Geduld und Besonnenheit des Ehemanns zu überwindende Hürde jeder angehenden Ehe. Den Befehl Solons, jede Hochzeiterin müsse, bevor sie dem Bräutigam beiliege, eine Quitte essen, deutet Winckelmann gegen Plutarch (und auch Fischart) nicht als Süße von Mund und Stimme, vielmehr gerade als das Bittersüße, *das ist, wie ich es verstehen kann, die Stimme der Braut, die ihre*

Jungferschaft einbůset, wird klǻglich seyn, aber ihr Mund sůß, und eben so solle in der folgenden Ehe, das Sůsse das Herbe vergůten.[90] Entsprechend will Fischart den böotischen Brauch verstanden wissen, der Braut ein Kränzlein von wilden Spargeln aufzusetzen, *diweil dises kraut aine sehr süse frucht aus sehr stacheligen dornen trǻgt* (127,29 f.) – in christlichem Zusammenhang ein hart an Blasphemie grenzender Initiationsritus.

Also auch die Neu Ehgetraute, ob sie wohl erstlich sich etwas vnholdselig, fremd vnd beschwårlich erzaiget gegen jrem Neuen Ehwirt, welcher sie doch solcher fremden weis halben weder scheuet noch verschmehet, thut sie im doch nachgehender zeit sehr süse holdselige beiwonung vnd wird mit der weil seine gefolgige zugethane Gehülfin (127,31 - 128,3).

Das Wohl und Wehe der gesamten Ehe hänge davon ab, ob die Männer die *ersten vnwilligkaiten* der Jungfrauen, verglichen mit unreifem Obst, *ausdulden,* und die jungen Frauen ihrerseits ihr Mißfallen über die ersten eheherrlichen Attacken überwinden könnten. Anzüglich, wie übrigens öfter, heißt es, wer schon den *Imen stich* empfangen und ausgestanden habe, solle sich nicht um den Honig bringen (128,10 ff.).[91]

Sei man so verständig, die erste Liebe mit Bedachtsamkeit beständig zu machen (vgl. 130), so erweise sich die *Venerische kraft vnd macht* gerade dann, *wann sich ein zanck oder Vnwill vnter jnen erreget* (172, 4; 7). Eheleute seien

Abb. 14: Tobias Stimmer: Illustration von Fischarts Ehezuchtbüchlein

Abb. 15: Ehekrieg. Flugblattillustration zu einem Gedicht von Hans Sachs, um 1530

inn dem fall lez daran (...), so sie, wann sie on das zuvor lustig sint, nur vmb Wollust vnd geilheit willen des beischlafs pflegen, aber nicht bei Mißhelligkeiten *die Liebpflegerin Venus, welche am besten solchs vbel abschaffen koͤnte, zu hülf erfordern* (172, 1-3; 5-7).

Das einzige Wesen, das bei Fischart rät, ehelichen Zwist durch Prügel beizulegen, ist ein Esel (vgl. 262), gereiche es doch den Männern selbst zur Schande, ihre Männlichkeit nicht besser als an armen Weibern und Kindern beweisen zu können (vgl. 265), zumal solche *Ehvoͤgt* nur umso heftigeres Widerstreben provozierten und einen erst recht *widersinnischen kopf* (vgl. 134, 19ff.). Sei das Weib fromm, tue man ihm unrecht (vgl. 265), ja es gehe dann wohl wie mit den Hausschlangen, *welche wiewol sie erstlich zam, vnschädlich, freundlich und im Haus wie eyn Hund gewarsam (seien) vnd der Kinder fleißig (hüteten),* durch *seine vnhaͤusliche weis, (...) liderlichs vnd wildes wesen* endlich dahin gebracht würden, *gifft an sich zu nemmen* (246, 17-19; 22; 247, 5-7). Sei das Weib aber böse, so helfe weder Toben noch Schlagen (vgl. 264 f.). Fischart bemüht sich, kursierende *Sprüchlin, zu schmach dem Weiblichen geschlecht erdacht,* zu widerlegen (267, 16f.; vgl. 207 ff.; 267 ff.) und meint schließlich, die misogynen Sprichwörter paßten wohl ebenso gut auf böse Männer (272, 4-6).[92] Dagegen fühlen sich die meisten zeitgenössischen Ehedarstellungen in sich gegenseitig überbietenden Horrorgemälden vom *üblen wîp* in ihrem eigentlichen Element.[93] (Abb. 15)

Während in komischen Genres des Mittelalters traditionelle Geschlechterstereotypen als unbefragte und unhinterfragbare Folie fungierten, die einen spielerischen Umgang mit literarischen Typisierungen und menschlicher, genauer gesagt meist männlicher Dummheit vorführten, eine Welt, in der Lust und weibliche Raffinesse triumphierten, setzt seit dem 15. und 16. Jahrhundert ein ästhetischer Distanzverlust ein, der parallel zur Destabilisierung traditioneller Rollenbilder zu einer Fundamentalisierung der Normen führte, die überlieferte komische und häufig auch drastische Motive in didaktischen Gewahrsam nahm und zumal nicht mehr erlaubte, männliche Autorität ungeschützt der Lächerlichkeit preiszugeben. Als Medium männlicher Selbstvergewisserung agiert sich der historisch ansteigende Druck zur Formierung des Verhaltens in endlosen Debatten über die Zurichtung der Eheweiber aus, in denen der Mann als Herr seiner Affekte imaginiert wird, der seine Gewalttätigkeit einer reglementierenden Vernunft zu unterwerfen vermag, bei grundsätzlicher Hypostatierung dieser Gewalt als *ultima ratio.*[94] Ganz anders Fischart. Keine ledige Mannsperson solle heiraten, er wüßte *sich dan verstands halben Ehmåsig zuhalten* (197,36). Gerade aufgrund seiner größeren Vernunft aber müsse der Mann *nach der lieb art dem Weib weichen* (245,27). Der Mann soll Herr im Haus sein, aber *der Herschaft vber das Weib sich nicht geprauchen wie vber leibeigene knecht, oder vber sonst sachen, die er inn besitzung hat* (167,3-5; vgl. 189, 12 ff.). Manche Männer seien so ungehobelt, daß sie, um ja nicht nachzugeben, selbst ihre schwangeren Frauen drangsalierten, statt ihnen *inn jren hőchsten beschwårungen vnd Geburtångsten* beizustehen, während man doch beim *Vih meh freundlichkeyt, ich gschweig Menschlichkeyt* beobachten könne (224,11; 223,14 f.).

Durch Nachsichtigkeit mache man sich Frauen gefällig, mit Gewalt aber verderbe man sie wie Schnecken, die man mit Salz begießt (156,23 ff.).[95] Hierfür seien die *Bőcke, Wider vnd Gaisen* die besten Beispiele, *vnter welchen, wann zwey einander auf eim schmalen steg bekommen vnd keins meh hindersich kan, so leget sich das ein nider, das das ander vber es hinaus springe* (198,18-199,2). Nicht zufällig illustriert der gleiche Holzschnitt (Abb. 16) in einem erotischen Roman, zu dem Fischart die Vorrede beisteuerte, einen von *wollustiger Lieb* angereizten *geilen Traum* und die *plőtzlich erhitzte begird* seines Helden Ismenius.[96]

Ganz entschieden propagiert Fischart nicht Gewalt, sondern Sexualität als einzig erfolgversprechende Konfliktlösungsstrategie. Ihr wird die Macht zugeschrieben, den Hiatus von Lust und Pflicht zu überbrücken, der den Ehealltag kennzeichnet, und nichts vermag das Prekäre dieses Unterfangens deutlicher zu illustrieren als die verunglückten Bilder, zumal aus der Tierwelt, in denen er zusammenzwingen will, was sich unter den herrschenden Verhältnissen der Harmonisierung entzieht.

Abb. 16: Tobias Stimmer: Illustration von Fischarts Ehezuchtbüchlein

3. Le castor de la famille

Fischarts Position steht in gewissem Widerspruch zu den Erkenntnissen der historischen Familienforschung, die für das 16. Jahrhundert ermittelt hat, daß Sexualität auch innerhalb der von der Kirche abgesegneten Ehe als ihrem einzig legitimen Ort »ausschließlich der Kindererzeugung dienen durfte«. Über die Beziehungen der Ehegatten zueinander heißt es: »Emotionale Bindungen spielten keine oder nur eine untergeordnete Rolle«. Das Haupt der Familie, der *pater familias,* sei nicht nur und primär Ehemann und Vater der Kinder, »sondern in erster Linie Herr des Hauses, Betriebes oder Hofes«. »Das zentrale Strukturelement der frühneuzeitlichen Gesellschaft war die Einheit von Familie und Haus«.[97] Für diese Aussagen sprechen eine Fülle von Zeugnissen. Betrachtet man etwa die dank Luthers Vorwort weitverbreitete 'Oeconomia christiana' des Justus Menius von 1529, so fällt auf, daß alle 'privaten' Beziehungen einzelner zueinander unter dem von der *Politia / das ist landregirung* abgegrenzten *leiblichen regiment* der *Oeconomia odder haushaltung* abgehandelt werden.[98] Beide Bereiche gründen auf dem vierten Dekaloggebot, indes leitet sich die Autorität der weltlichen Obrigkeit aus der Autorität der hausväterlichen ab: *Denn daran ist kein zweiffel / aus der Oeconomia odder haushaltung / mus die Politia odder landregirung / als aus einem brunnequel / entspringen vnd herkommen.*[99] Fischart vertritt, sich auf antike Quellen beziehend, eine ähnliche Auffassung[100]; ganz prononciert garantiert bei ihm aber nicht das Haus oder die Haushaltung, sondern die Ehe die Ordnung aller sozialen Beziehungen[101]: *derhalben wer dem Menschen die Eh entzihet, der tilget auch die geschlecht aus, Ja die statt, die Gemeyn, das ganz Menschlich geschlecht, alle freundliche zusammen wonung (...) vnd das einhållig Regiment diser Welt. Dan wo ist ein ordenlichs leben on die Eh?* (210, 2-9 u.ö.)

Faßt Luther das Haus in seiner geistlichen Dimension als Abbild der Kirche auf, so erscheint es im Hinblick auf seine naturgegebene Ordnung als Analogon des Staates. In diesem Sinne sagt auch Agrippa von Nettesheim: *»Das Haus ist ein Bild des Staates«.*[102] Das obrigkeitliche Legitimationspotential zehrt seit dem 16. Jahrhundert zunehmend von der Bilderwelt des Hauses, wie etwa die Rede vom Landesvater bezeugt.[103] Umgekehrt findet die traditionelle politische Metaphorik verstärkt Anwendung auf das Haus. Es überrascht nicht, daß auch Fischart die Staatsschiffmetapher der Haushaltung appliziert, zumal er hier sein Wissen über die *schreklich gros Mörwunder* (218,19) und die *Mörråuber* (221,6) – naheliegenderweise als Laster und Eheteufel – einarbeiten kann.[104] (Abb. 17) Seiner Konzeption näher kommt ein anderes, oder besser

Abb. 17: Tobias Stimmer: Illustration von Fischarts Ehezuchtbüchlein

das klassische Beispiel für politische Metaphorik: die Organismusmetapher, wie sie in der »Fabel vom Magen und den Gliedern, mit der Menenius Agrippa die *irae plebis in patres* besänftigte«[105], programmatisch formuliert und auf Basis der Schriftüberlieferung für das organologische Ständemodell des Mittelalters richtungsweisend wurde. Konsequent beschwört Fischart die *staͤte Einsamkait des lebens* (125,23; die *societas* der Vorlage), die *Gleicheyt der Gemüter,* d.h. *ein gemeynschafft nit alleyn der güter, sondern des leibs, also das sie ein leib, eyn fleisch vnd Blut werden genant* (229,35-230,2). Nach Plutarch unterscheidet er drei Ehetypen entsprechend der verschiedenen Organisation von Körpern[106]: die aus vielen Stücken zusammengesetzten Körper, die leicht in ihre Bestandteile aufgelöst werden können, *als ein Armada oder Schiffmacht, ein Feldhoͤr* (167,16 f.), stehen für die Eheleute, *die allein den Beischlaf gemein haben,* nur *beieinander wonen, aber nicht miteinander leben* (167,29 f.; 32 f.); die aufgrund von Heiratsgut oder Kindererzeugung geschlossene Ehe gleicht jenen Körpern *aus zusammengesetzten stucken, da eines an dem anderen haftet, wie ein Haus, ein Schif* (167, 17-19). Diejenigen Körper *aus stücken* aber, *die vereinigt werden von geburt auf, vnd inn ein Natur mit einander aufwachssen vnd leben, als da sint alle leib der leibhaften vnd Selhaften Thir vnd Menschen* (167,19-22), entsprechen der idealen Ehe, *da sich zwey herzlich vntereinander lieb haben, sich eigenlich disem Koͤrper, da die stück natürlich vereinigt sint, vergleichen* (167,24-26). Fischarts Gedanken kreisen unablässig um die Ehe als eine organische Einheit: *zwen Leib eins Hertzens* (130,6); wie die rechte Körperseite die Schläge spüre, die der linken widerführen, solle jeder Ehepartner mit dem anderen empfinden *als der anderen seiten seines Leibs* (142,20 f.); der Mann ist *ons Weib nicht ganz, dan jm gehet ein beyn ab vnd mangelt jm ein Ripp* (260,10 f.); *Eynsame vnd vngeparte personen* glichen Einhändigen und Einfüßigen, während *das Eehlich band, welchs an stat eynes glids aus zweyen zusammen waͤchsset,* zugleich wiederum *an statt zweyer, vier augen, vnd an statt zweyer haͤnd, noch so vil andere* (214,16-22) zur Verfügung habe usw.

Im Vordergrund steht für Fischart nicht die *familia* im zeitgenössischen Sinn der *Oeconomia* als eines funktional in die Rollen von Hausvater, Hausfrau, Kindern, Gesinde gegliederten Gebildes; also nicht die traditionelle Hausgemeinschaft, sondern jene zweisame Einsamkeit des Lebens, der die Kinder in neuer Weise zugeordnet werden.[107] Das Gesinde ist von dieser Ehe- und Familienintimität ausgeschlossen.

Dies läßt sich besonders gut an Fischarts Bibersequenz illustrieren, der schon deshalb eine prominente Stellung zukommt, weil Fischart hier die Passagen aus Gesner / Forer – offenbar mangels greifbaren Anschauungsmaterials – selbständig moralisiert.

Das Gesind, die knecht vnd Mågd, welche man inn der Haußhaltung praucht, werden bedeitet durch die fremde Biber, die aus eym andern gebiet anderswo her verloffen sind, dan solche prauchen die Biber, so vmb eyn Wasser wonen, zur wunderlichen Bosselarbeyt, wenden jn auf den Rucken, legen jm holz zwischen die beyn vnd zihen jn bei dem schwanz wie eyn wagen mit holz beladen heym, jre Nåster zubauen. (216,7-13).

Worum handelt es sich? Die gesellig lebenden Biber wollen zum mühseligen Transport der weitab von ihrer Burg gefällten Baumstämme keine Einheimischen verwenden, *als ob der ligend dardurch geschmåcht* werde, wie es bei Gesner/Forer heißt, vielmehr einen Fremden, *der mer dann ander schmaach erdulden måge / weyl er kein beystand oder auffstifftung hab / sonder etwas dienstbarkeit erleyden mů̊ß / als der so jrer weyd gniessen wålle.*[108] Etliche meinten auch, sie nähmen dazu alte Biber, die aufgrund ihrer abgewetzten Zähne für eine ordentliche Biberarbeit nicht mehr tauglich seien. Man findet daher Jäger, die *mit den gezwångten ein mitleyden (tragen): dañ wo deren Biber einer / so dise arbeit thů̊n mů̊ß / erfindt sich allweg dz er einen bschabnen rugkē / vñ dardurch gātz schwillecht vñ dickheüttig darab ist.*[109] Zweifelsfrei will Fischart nicht dazu auffordern, das Gesinde zu schinden, wenngleich dies die logische Konsequenz seines Vergleichs ist. Sein *tertium comparationis* ist offenbar der mindere Rang, vor allem aber die Fremdheit. Das Gesinde findet im Haus sowenig wie ein *verloffener Biber* bei seinen Artgenossen noch eine Heimat.[110] Es wird von der privilegierten Sozietät ausgegrenzt, ist nicht organischer Teil der Ehegemeinschaft, die Fischart auf ein singuläres Bibertier projiziert.

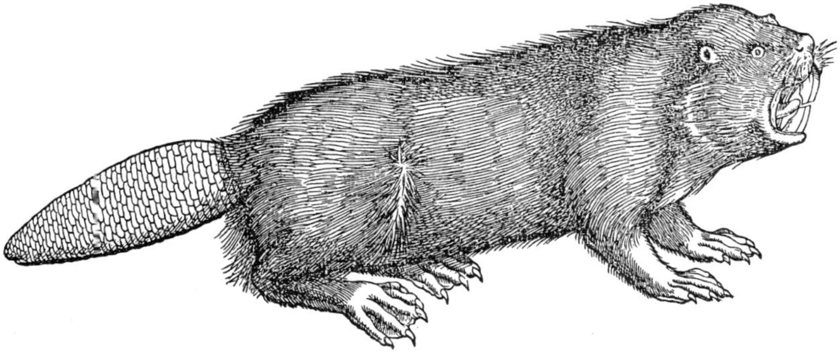

Abb. 18: Aus Gesners Thierbuch in der Übertragung von Konrad Forer, Zürich 1563

Denn aus Gesners Beschreibung des Bibers und der Biberburg, deren kunstreiche mehrstöckige Anlage bei jedem Wasserstand zugleich trockene und vom Wasser überflutete Gemächer habe[111], gewinnt Fischart folgendes Lehrgemälde (Abb. 18 - 19):

Abb. 19: Tobias Stimmer: Illustration von Fischarts Ehezuchtbüchlein

Halb Vieh, halb Fisch, sowohl zu Wasser wie zu Lande lebend, vorne mit Pfoten zum Laufen, hinten mit Gänsefüßen zum Schwimmen ausgerüstet, stelle der Biber ein Ehepaar vor, das, wiewohl in ungleiche Gestalt geteilt, sich als einen Leib betrachten solle,

welcher wol vnterschidene åmpter prauchet, die doch zu vnterhaltung eynes leibs dienen: Als wann das vordertheyl, der Man, die Narung des Lands suchet, das ist, ausserhalb des Hauses wirbt vnd handelt, das ander theyl im Wasser sich behülfet, das ist, des Hauses wartet, geschicht solches alles gleichwol zu dienst eynem leib (215,7-12).

Dieses Bild, das Heide Wunders Ausführungen zum Ehe- und Arbeitspaar im Spätmittelalter frappant illustriert[112], darf als klassische 'produktive Fehlinterpretation' bezeichnet werden.[113] Wohl heißt es Eph. 5,23: *Denn der Man ist des Weibes heubt;* 1. Mose 2,24: *Vnd sie werden sein ein Fleisch* (nach Luther 1545), und Vives schärft den *Christlichen Frawen* wiederholt ein: *Wenn man sagt inn aim flaisch / so soll ain flaisch verstanden werden*[114], aber das Bild des zu Lande wirkenden männlichen Bibervorderteils und des im Wasser waltenden weiblichen Biberhinterteils ist eher dazu geeignet, die mosaisch-paulinische Überlieferung zu ridikülisieren als ihr Nachdruck zu verleihen. Überdies hat der Biber eine lange, in die Antike zurückreichende und durch den Physiologus weit verbreitete Auslegungstradition hinter sich, derzufolge er seine

Abb. 20: Pictura der Alciatus-Ausgabe 1531 / 1567

Genitalien abbeiße, um von dem Jäger, der ihn nur deretwegen verfolge, verschont zu bleiben (Abb. 20).

Der Physiologus, der den Jäger als Teufel, die Geschlechtsteile als Hurerei, Unzucht und Totschlag deutet, betont den Vorteil der Selbstverstümmelung, während andere Versionen dem Biber den Verstand für eine so zweckmäßige Handlungsweise absprechen.[115] Die Schwierigkeiten, in die Fischart mit seinem ehelichen Bibertier geraten muß, sind evident. In einer Variante definiert er den langen Bauch des Bibers als die Haushaltung, den Biber, *welcher jm selbs aushauet,* als Hausvater, *der jm selbs schadet vnd andern nichts nuzt* (216,19-21). Eine in seinem Kontext stimmigere Ausdeutung bietet er gleichwohl an:

Die kôstliche Bibergeylin wollen wir nicht vergleichen, sondern eynen jeden selbs appliciren lasen, dieweil allen wissend ist, wie nôtig vnd viler vneynigkeyt vereynigerin das Månlich Biberstuck inn der Eh seie (216,16-19).

Das hochgelobte *Månlich Biberstuck* befindet sich nach seiner Bildkomposition allerdings am weiblichen Hinterleib.[116] Erneut zeigt sich, daß Fischart zwischen Bild- und Sinnebene keine semantische Brücke zu schlagen vermag.

Exkurs

Fischart hat sich mit seiner eigenwilligen Biberdeutung ein Tier ausgesucht, dessen Bildtradition von außerordentlicher Beharrung ist. Seit Äsop steht die bereits in der Antike bestrittene und auch von Gesner in Zweifel gezogene Mär von der Selbstverstümmelung des Bibers im Mittelpunkt des Interesses. Sie wird zitiert von Servius und Cicero, Juvenal und Phaedrus, und Isidor steuert die etymologische Ableitung *castores a castrando* (Orig. 12,2,21) bei.[117] Während später Winckelmann, der einen Variante Fischarts ähnlich, den Biber als Menschen deutet, *der sich selbst ůbels thut*[118], faßt Alciatus' Emblem das Biberverhalten wie bereits die Physiologus-Tradition als vorbildlich auf. Fischart dürfte zumindest die deutschen Versionen von Held (1567) und Gesner/Forer (1563) gekannt haben, für die er allerdings keine Verwendung hat, zumal übereinstimmend die Trägheit des Tieres hervorgehoben wird.[119] Es sei exemplarisch die weniger leicht greifbare Fassung bei Gesner/Forer zitiert:

Langsam zfůß mit grossem quåtschbauch
Diß lists / entrünt der Biber rauch
Weyßt daß d'Artzney sein geylin sůcht
Beyßts jm selbs auß / wirffts dar gerůcht
Da leer / bey weyl dem feynd zgeben
Gålt / schon sein nit / erretts låben.[120]

Wenngleich Fischart schreibt: *Welche die Ehleut dem Biber vergleichen (...)* (215,1), scheint er erstmals diesen Vergleich vorzunehmen. Was Gesners deskriptive Biberpartien in Absetzung zur bekannten Biber-Exegese bzw. -Emblematik für Fischart so attraktiv macht, ist die sich ergänzende Asymmetrie des Biberkörpers. Diese soll ihm die unmittelbare Naturhaftigkeit der Geschlechterstereotypen als zugleich einheitliches Ganzes verbürgen: Haus und Welt, Drinnen und Draußen, statt des Oben und Unten das Vorne und Hinten.[121] Die beschworene Einheit findet in Oxymora ihren sprachlichen Niederschlag:

Wie der Biber eyn feuchttrocken leben füret, also gehets zuzeiten auch den Ehleuten wol vnd ruhig, zuzeiten rauch vnd trübe, gehet jn also trüblauter vnd lautertrüb (215,16-18).

Deutlicher noch als bei der Schnecke wird am Biber, daß Naturwesen eigenen Funktionsmustern unterliegen, die sich nicht beliebig auf ihnen fremde Bedingungen hin präparieren lassen. Fischart löst die tierischen Organismen in verwertbare Versatzstücke auf, die nicht dem Gesetz der Natur, sondern seinem gewissermaßen didaktischen Systemzwang gehorchen müssen. Ein der Einzelheit verfallenes Denken aber evoziert keine Idee, sondern nur schlechte Abstraktheit.

Die wörtlich genommene Organisationsmetaphorik wird absurd. Sie führt auch den Nachteil mit sich, daß der Biber unter Umständen nicht nur das beharrliche Baumfällen im Sinn hat[122], für das ihm Fischart in Einklang mit der Tradition applaudiert (vgl. 215,19 ff.). Als Mann ohne Unterleib könnte er auch danach trachten, sich anderwärts zu komplettieren und so dem schalen Wasser der Ehe zu entfliehen.

Hier tritt nun Venus wieder in ihr Recht. Sie habe für die Ehefrau als *stårkste kraft vnd bestes Laufmir-nach,* als *Huldluder, liebzwang vnd jelångerjelieberkraut* den *huldreyzenden Venusgürtel* erfunden (146,4 ff.; vgl. Ilias XIV, 214 ff.), dessen Einsatz insbesondere bei drohender Untreue des Gatten empfohlen wird. Diese bei Fischart mehrfach angeführte *fabul*[123] bedeute:

Das nåmlich, das eyn Frau allen fleiß fürwenden mus, das sie im Ehlichen werck lustig vnd freuntlich jrem Man sei, damit die Ehliche lieb wider erhitzigt vnd erwårmet, vnd auß dem sinn aller vnwill vnd vnlust geschlagen werden (327,33-37).

Welcher Gegensatz zu Vives' Ideal, eine Frau solle glauben, *sie thů ayn grossen Gotsdienst / so sye jhrem mann dienet / Sie gehe vmb ain grosse kirche / so sye vmb jhres manns bedt gehet.*[124] Welcher Gegensatz aber auch zum 'Ehespiegel' des Cyriakus Spangenberg, der 1561 erstmals in Straßburg gedruckt wurde und allein schon in diesem für Fischarts Wirken so wichtigen literarischen Zentrum 1563, 1567, erweitert 1570, 1577, schließlich auch im Erscheinungsjahr von Fischarts Ehezuchtbüchlein 1578 Neuauflagen erlebte. Spangenberg ermahnt das neu vermählte Paar, in der Hochzeitsnacht gemeinsam betend vor dem Ehebett niederzuknien, bevor es dieses besteigt. Nicht ohne Grund bezweifelt Lyndal Roper den Erfolg dieser nunmehr protestantisch motivierten apotropäischen Praktik.[125]

Freilich soll die Ehefrau auch bei Fischart die Männer nicht aufreizen wie Circe, die diese mit ihrer Zauberkunst in Hunde und Esel verkehrt habe (131,3 ff.), sich nicht mit äußerlichem Glanz und köstlicher Kleidung zieren wie ein *Prasser Wolff* oder eine *Prachtschabe* (251,3 ff.), *anheyms zu haus* sich gleichwohl *dem Man zu lieb butzen und schmucken* (188,16 f.), auch *alle arten vnd weisen, die zu bulerisch vnd hurerisch scheinen,* meiden, sich in keiner Weise zur *gmeinen Mez* machen (151,5 f.; 33). Aber eine Ehefrau, die sich aus Sorge, *für leichtfårtig, gail oder frech* gehalten zu werden, eine *Murrische, Holzpockische fremde weis* zulege,

thut nicht anders, als wan sie darumb stinken wolt, auf das man nicht maine, sie prauchte bisam oder Salben, oder als wann sie darumb sich nicht wåschen wolt, damit man sie nicht verdåchte, das sie sich anstreiche (150,22; 26-30).

Kurzum, Eheweiber sollten im Bett, wie es in der *Geschichtklitterung* heißt, *besser Catholisch* denn *Lutherisch* sein, *mehr auff die Werck dann den Glauben halten.*[126]

Was zeigen nun diese Bilder? Wie alle zeitgenössischen Ehelehren rüttelt Fischart nicht am Fundament der patriarchalischen Gewalt. Jedoch versucht er, zunächst durch die Auswahl seiner Vorlagen und vor allem durch deren selektive Verwertung den tradierten Wissensvorrat um ein neues Zentrum zu organisieren. Wo ihm die Überlieferung keine adäquaten Bilder bereitstellt, konstruiert er, zumal durch die Verwertung naturkundlicher Informationen, mit mehr oder weniger Fortune neue Lehrgemälde. Sie alle wollen die herkömmlichen Aufgaben der Ehe in Einklang bringen mit einer Sinnlichkeit integrierenden Lebensführung; sie wollen gewissermaßen – in der Terminologie Foucaults – Allianz- und Sexualitätsdispositif zusammenzwingen.[127] Fischart preist die Ehefrau, die *zugleich jrem Hauswirt inn liebe geheym sein, vnd darneben jm mit ehr-erbitigem liebkosen, holdseligen geberden vnd lieblicher zuthåtigkait vorgehen (mag)* (150,17-19). Umgekehrt sieht er als Aufgabe des Ehemanns, seine Frau zur *süsen holdseligen beiwonung* (128,1 f.) zu erziehen, wobei Beiwohnung in jenem doppelten Wortsinn verstanden werden muß, der nach Grimm für den Sprachgebrauch des 16. Jahrhunderts charakteristisch ist, nämlich: »1) *concubitus,* fleischliche, ehliche beiwohnung« und »2) *commercium, gesellschaft, umgang, verkehr«.*[128] Fischart intendiert damit nichts Geringeres als ein **ars erotica der Ehe**, eine Erotisierung eben jener Institution, die im 16. Jahrhundert bekanntlich in ständisch-hierarchische Organisationsmuster eingebettet war und von diesen ihre Funktion zugewiesen erhielt, mithin ganz andere Aufgaben zu erfüllen hatte als die Befriedigung erotisch-sexueller Interessen. Symbol dieser unzeitgemäßen Interpretation der Ehe ist die Umdeutung der Venus aus der Göttin der Wollust in eine fürsorgliche *Ehmutter,* die beides zugleich gewährleistet, ein *erbares vnd auch lustiges, ja ehrenfråudiges leben* (151,10).

Ich denke, daß die Umdeutung nicht bloß eine persönliche Marotte Fischarts ist, sondern mit bestimmten, wenngleich allererst in Ansätzen sichtbaren gesellschaftlichen Transformationen korreliert. Nach Luhmann ist die frühe Neuzeit geprägt durch eine zunehmend schärfere Trennung zwischen gesellschaftlichen Funktionen, die mehr und mehr in spezialisierten Teilsystemen erbracht werden: die Produktion bindender Entscheidungen im Staat, die Erzeugung wahrer Erkenntnisse in der Wissenschaft, die Befriedigung zahlungskräftiger Bedürfnisse in der Wirtschaft etc. In diesen Zusammenhang gehört auch die Ausdifferenzierung von Intimbeziehungen, sozialen Beziehungen also, die nicht mehr von politisch-herrschaftlichen, wirtschaftlichen oder religiösen Interessen bestimmt sind, sondern von der wechselseitigen Schätzung individueller, einzigartiger Eigenschaften der Personen: Liebesbeziehungen. Im Prozeß des Auseinandertretens von Öffentlichkeit und Privatheit wandelt sich die Familie von einer 'öffentlichen' in eine 'private' Institution [129], der die Aufgabe zuwächst, die Zunahme unpersönlicher Beziehungen in den anderen Funktionsbereichen zu kompensieren. In ihr bilden sich diejenigen Geschlechterrollen heraus, die bis heute prägend geblieben sind.[130] Wie nicht erst

Fischart belegt, ist es besonders die gehobene städtische Mittelschicht, die der neuen Familienideologie Raum gibt und gewissermaßen vorwegnimmt, was sich erst später gesellschaftlich verallgemeinern wird.[131] In dieser Hinsicht ist die Rezeptionsgeschichte von Fischarts Ehezuchtbüchlein aufschlußreich, denn es erlebt noch Ende des 19. Jahrhunderts und sogar im 20. Jahrhundert Neuauflagen (vgl. Anhang).[132]

Für die Einschätzung dieser Entwicklung scheint mir Luhmanns Gedanke wichtig, daß die Ausdifferenzierung eines besonderen Funktionssystems stets mit der Ausdifferenzierung sogenannter Kommunikationsmedien und ihnen entsprechender 'symbiotischer Mechanismen' einhergeht; für die Intimkommunikation sind darunter passionierte Liebe einerseits und Sexualität andrerseits zu verstehen. Intime Kommunikation vollzieht sich über eine spezielle Semantik der Liebe, und der davon nicht zu trennende Körperbezug wird durch Sexualität symbolisiert.[133] Je deutlicher und stärker sich in der Gesellschaft ein besonderer Bereich für diese Kommunikation herausbildet, desto obsoleter werden ältere Muster wie z.B. direkte Gewalt, desto wichtiger wird der symbiotische Mechanismus der Sexualität als organisch-körperliches Fundament der Liebessemantik. Der bürgerlichen Gesellschaft fällt die Anerkennung der Sexualität zunächst noch schwer, da der Trieb frei flottiert und die funktionale Spezifizierung kommunikativer Interaktion erschwert.[134] Die Lösung liegt, ähnlich wie im Falle der physischen Gewalt (dem symbiotischen Mechanismus des politischen Systems), in der Kanalisierung und Kasernierung dieses Mechanismus in den vorgefundenen, tradierten Institutionen, die auf diese Weise fortgeführt und zugleich umgegründet werden: die Ehe wird erotisiert und der Eros, wenn man so will, in der Ehe kaserniert.[135] Die Kasernierung der Sexualität in der Ehe erscheine – so Luhmann – als Voraussetzung für alle Höherentwicklung.[136] In der Beobachtung, daß es die weibliche Sexualität ist, die zugunsten der Höherentwicklung des Mannes kaserniert werden muß, ist Fischarts Bild vom Schneckengeist im Venusleib weit präziser als Luhmanns Theorie.

Anmerkungen

Aus der dreibändigen Fischart-Werkausgabe von Adolf Hauffen wird der 3. Teil, in dem 'Das Philosophisch Ehzuchtbüchlin' abgedruckt ist, nur mit Seiten- und Verszahl zitiert, Teil 1 bzw. 2 zusätzlich mit röm. I bzw. II.
Dieter Kartschoke danke ich für die kritische Durchsicht des Manuskripts.

1 Vgl. Epochen der deutschen Lyrik 2, S. 110, v. 13 ff.

2 Vgl. die Begründung des F.D.P.-Abgeordneten Kleinert bei der Anhörung im Juni 1986, warum die Vergewaltigung in der Ehe nicht unter Strafe gestellt werden soll: »Ohne ein gewisses Maß an Aggression gibt es zwischen höheren Lebewesen keine auf Dauer ausgerichtete Lebensgemeinschaft. Fragen Sie Konrad Lorenz!«, zit. n. Margrit Gerste, in: Die Zeit, 4.7.1986, S. 54.

3 Vives/Bruno 1544, S. LXIIII[v].; zu Vives' 'De institutione feminae Christianae' (1523) vgl. Uhlig/Arnold 1981, bes. S. 149 ff.; zur deutschen Übersetzung Briesemeister 1981, S. 183 ff.; zur Wirkungsmächtigkeit gerade in Deutschland ebenda, S. 177 ff.

4 Vgl. Kolb 1971, hier bes. S. 598; im zitierten Kontext ist 'einfältig' nicht pejorativ verwandt.

5 Vives/Bruno 1544, S. LXV[r].

6 Vgl. Mühlemann 1972, S. 50 u.a.

7 Vgl. Hauffen 1922; Einteilung in belehrende, polemische und satirische Schriften, S. 376; vgl. Sommerhalder 1960, S. 123; Einteilung in polemische Schriften, Werke der 'Virtuosität', Werke des Maßes, S. 116 ff.

8 Sommerhalder 1960, S. 102.

9 Sommerhalder 1960, S. 105

10 Seitz 1974, S. 126 (Zitat), S. 222; anders Schank 1974, Kleinschmidt 1982, S. 300 ff.

11 Vgl. Seitz 1974, S. 127.

12 Mühlemann 1972, S. 50 f., S. 24 (Zitat).

13 Ebenda, S .53.

14 Lebeau, in: L'Alsace 1985, S. 353.

15 Vgl. das Nachwort von Sommerhalder, in: Fischart, Geschichtklitterung, 1590, S. 435.

16 Vgl. Schank 1974, S. 64 f. (Anm. 179).

17 Meist, aber nicht immer verweisen Reimpassagen, etwa im Ehezuchtbüchlein, oder ganze Reimdichtungen wie 'Das Glückhafft Schiff' auf unmittelbar didaktische Ambitionen. Zu Fischarts Stil vgl. Honegger 1982, S. 72 ff.; Kleinschmidt 1982, S. 306 ff.

18 Vgl. Seitz 1974, S. 75, 116 u.ö.; Kleinschmidt 1982, S. 304 ff.

19 Fischart, Geschichtklitterung, 1590, S. 8,16 f.

20 Fischart, 'Flöh Hatz', 1573/77; vgl. das instruktive Nachwort von Alois Haas; Kleinschmidt 1982, S. 322 ff.

21 Hauffen 1921, S. 154.

22 Haas, Nachwort zur 'Flöh Hatz', 1573/77, S. 157 f.

23 Für die Fabel vgl. Grubmüller 1981.

24 Haas, Nachwort zur 'Flöh Hatz', 1573/77, S .154.

25 Ähnliches läßt sich an Fischarts Bearbeitung von Botes 'Ulenspiegel' beobachten, etwa der 84. Historie, die sagt, 'wie Ulenspiegel ein Wirtin mit bloßem Ars in die heiß Eschen setzt'.

26 Vgl. Hauffen 1922, S. 206 ff.; Sommerhalder, Nachwort zur 'Geschichtklitterung', 1590, S. 434.

[27] Vgl. Hauffens Vorwort zum 3. Teil seiner Werkausgabe; ausführlicher bes. zum zweiten Teil des Ehezuchtbüchleins Hauffen 1895, hier bes. S. 309 f.; ergänzend Ruge 1901. Zur Kompilation als didaktisches Vermittlungsprinzip, insbesondere der Naturlehre vgl. Nischik 1986, S. 8 ff.

[28] Vgl. Hauffen 1895, hier bes. S. 315 ff. Nach Hauffen, S. LVII benutzte Fischart die deutschsprachigen Bearbeitungen: 'Thierbuch' (1563) von Konrad Forer, 'Vogelbuch' (1557) von Rudolf Heußlin und 'Fischbuch' (1563) von Konrad Forer. Zur Übertragung der Tierauslegung auf den Minnebereich vgl. Schmidtke 1968, S. 173 ff.

[29] Gesner/Forer, Thierbuch 1563, Dedikation Forer, aaij^{v}; zu Gesners Tierwerk und seinem Schema der Tierbeschreibung vgl. Steiger 1967 und weitere Beiträge des Bandes; Harms 1976, S. 119 f.

[30] In einer deutschen Übersetzung von 1567; vgl. Ruge 1901, S. 284 f.

[31] Stimmer illustriert nicht nur Fischart, Fischart setzt auch Stimmer literarisch um; zu einigen Beispielen für Mehrfachillustrationen s. u.; vgl. Hauffen 1921, S. 45 f.; 1922, S. 160 ff.; zu Holzschnitten im Ehezuchtbüchlein ders. im Vorwort zum 3. Teil von Fischarts Werken, S. LXI.

[32] Vgl. Schnell 1985, S. 29 f., 392 u.ö.; vgl. das parallele Schicksal des Wortes 'Minne' im Deutschen Wörterbuch (Grimm), Bd. 12, Sp. 2241,6.

[33] Fischart nach Hauffen 1922, S. 310; vgl. Schank 1974, S. 467; Albertinus, Lucifers Königreich, S. 226, v. 23 ff.; zu Venus vgl. Stammler 1959, S. 66, 55 f.

[34] Vgl. Moser 1977, S. 19 ff.; 108 ff.; in diesem Sinn auch bei Fischart zitiert, etwa I, S. 267, v. 56 f.

[35] Rebhun, Susanna, 1536, S. 21, v. 306 f.

[36] Vives/Bruno 1544, S. LXXXII^{rv}; vgl. aber S. LXXX^{r}.

[37] Zit. nach Hauffen 1921, S. 149.

[38] 'Peter von Staufenberg' (1588), im Auftrag eines Nachkommen des Titelhelden; vgl. Hauffen 1922, S. 216 ff.; ders. im Vorwort zur Werkausgabe, I, S. XLVII ff.; Lecouteux 1982, S. 98 ff. u.a.

[39] Vgl. auch I, S. 274, v. 325 ff.; zur differenzierten Verwendung des 'Scheidewegbildes' vgl. Harms 1970.

[40] Brant, Narrenschiff, 1494, Kap. 107, v. 24 ff.

[41] Vgl. Panofsky 1930, S. 50; zum folgenden S. 50 ff.; zum Ausspielen von Schönheit und Tugend als Ehe- und Liebesmotiv in der mittelalterlichen Tradition vgl. Schnell 1985, S. 250 ff. u.ö.

[42] Brant, Narrenschiff, 1494, Kap. 107, v. 29 ff.; für die Repräsentation »of two allegorical figures symbolizing and advocating two divergent moral or theological principles« wählt Panofsky 1972, S. 154, den treffenden Terminus 'debating-picture'; vgl. zu Parallelversionen, die 'Worldly Happiness' and 'Heavenly Life' konfrontieren, ebenda.

[43] Interessant der Vergleich mit Albrecht von Eyb, Ehebüchlein, 1472, S. 20.

[44] Nach Schnell 1985, S. 28 ff. u.ö. Für den Hinweis danke ich Jan-Dirk Müller.

[45] Vgl. Panofsky 1930, Exkurs I. Zur Deutung von Tizians 'Himmlischer und Irdischer Liebe'; Panofsky 1972, S. 140 ff.; 160 ff.; eine tabellarische Aufschlüsselung der beiden Venusse bei Ficino im Vergleich zu Pico della Mirandola, der eine venerische »Trinität« konstruiert, S. 145; Abb. 108, 118, 119; vgl. Wind 1987, Kap. IX.

46 Nach Hauffens Einleitung benutzte Fischart Xylanders lateinische Plutarchübersetzung von 1572 (S. LII); zu Plutarchs Eheauffassung im zeitgenössischen Kontext vgl. die Artikel im RAC von Delling (Eheleben, Bd. 4, bes. Sp. 694 ff.); Thraede (Frau, Bd. 8, bes. Sp. 204 ff.); Dassmann (Haus II, Lieferung. 102, bes. Sp. 830 ff.); vgl. auch Foucault 1986, S. 191 ff.; Goessler 1962

47 Fischart benutzte die Übertragung Helds von 1566/77 (Hauffen, Einleitung, S. LXI f.; ders. 1895, S. 348); bibliographische Angaben zu Emblembüchern, der Emblemforschung und speziell zu Andreas Alciatus verzeichnet Köhler 1986, S. 115 ff.; Alciatus (Index emblematicus) 1985, 1. Eine kritische Auseinandersetzung mit der Forschung bietet Warncke 1987, bes. S. 161 ff.

48 Alciatus/Thuilius 1621, S. 834. Nur vereinzelt begegnet in der volkssprachigen Literatur des 16. Jahrhunderts Venus aufgrund ihrer sinnlichen Komponente als Ehepatronin, vgl. etwa Hans Sachs, KG 4, S. 322-324.

49 Vgl. Heckscher 1953; zu Ripa Warncke 1987, S. 193 ff.; ergänzend zur Schnecke als Zeichen für den 'religiosus' und die 'virgo domicella' Kuechen 1979, S. 484 f.; das Bedeutungsspektrum des verbreiteten Motivs führen die Abb. 6 und 7, die gewissermaßen die Gegenpole markieren, vor Augen.

50 Häufig in Ehelehren zitiert, so auch bei Bullinger; vgl. den Beitrag von J. Eming und U. Gaebel in diesem Band. Offenbar in Unkenntnis dieser Motivtradition macht Sommerhalder Fischarts Sprache für das Gleichnis von ehelichem und Schneckenhaus verantwortlich (1960, S. 103). Zur Substituierbarkeit der Proprietäten von Schnecke und Schildkröte aufgrund ihrer 'Ähnlichkeit' als stumme und ihr Haus mit sich tragende Tiere in der mittelalterlichen Tradition vgl. Kuechen 1979, S. 485; entsprechend Fischart, S. 157, v. 5-8.

51 Gesner/Forer, Fischbuch, 1563/1598, S. 194^{v}; zum Frauen aufzuerlegenden Schweigegebot trotz humanistischer Frauenbildungsideale vgl. Uhlig/Arnold 1981, S. 151 f.

52 Nach Hauffen, Einleitung, S. LIV f. hat Fischart nicht aus Waldis geschöpft, da dieser die Schnecke einsetzt; über die literarische Verbreitung unterrichtet Kurz in seiner mit Erläuterungen versehenen Ausgabe: Esopus von Burkhard Waldis, 2. Teil, Anm. S. 104; II, 65; vgl. auch Grubmüller 1977, S. 133, 156.

53 Vgl. Waldis, Esopus, 2. Teil, Anm. S. 73, I, 87; auch Grubmüller 1977, S. 89, 102.

54 Dagegen werden bei Fischart an anderer Stelle gerade die heillosen Weiber mit dem Schwein verglichen, »die tag vnd nacht kiefen, klagen, maulen, greinen, zancken, wie eyne Sau an eym gatter, vor denen niemand keyn frid hat« (249, 12-14). Das Schwein als vorbildlich für die Hausfrau überrascht, zumal seine Blickrichtung auf den Kot verweist, der in Ehelehren bei der Vergleichung mit der Frau zitiert zu werden pflegt; etwa in Albrecht von Eybs Ehebüchlein (1472): »wann hůbsche kleyder vnd pȫse siten werden gleycht einem schwein in dem kote« (S. 20); z.T. nach Salomos Sprüchen 11.22 wie im 'Christlichen Sendbrieff' des Johann Flinner: »Dann von der blossen vnd eyteln schȫn / on alle andere tugent / sagt Salomon / Pro. II. ein schȫn weyb on zucht / ist wie ein Saw mit einem gůlden harbant« (Biiij^{r}).
Die Rede von den 'Epicuräischen sewen' ist Gemeingut des Spätmittelalters.

55 Vgl. Gesner/Forer, Fischbuch 1563/1598, S. 195^{r}.

56 Ebenda, S. 194^{v}; vgl. S. 195^{r}.

57 Geschichtklitterung, 1590, S. 177, 25; vgl. Schank 1974, S. 57 ff.

[58] Vgl. Waldis, Esopus, 2. Teil, Anm. S. 135, III, 76.

[59] Vgl. Friedrich Ohly (dem ich für Hinweise dankbar bin) 1977, hier bes. S. 15; vgl. zu diesem biblisch beglaubigten Fundamentalsatz christlicher Naturbetrachtung für das Spätmittelalter etwa Michael Baumann: Das 'buch von der natür vnd eÿgenschafft der dingk die got der herre schüff' (1478): »Als do spricht der groß lerer der heÿden Sant Pauls zü den Romeren an dem ersten Capitell: Die vnsichtbarlichen dingk die mussen von dem menschen erkandt werden durch die sichbarlichen dingk«, zit. nach Nischik 1986, S. 347.

[60] Vgl. Meier 1978.

[61] Kuechen 1979, S. 498 f., Anm. 10.

[62] Ebenda, S. 479 ff., S. 500, Anm. 40.

[63] Vgl. ausführlicher ebenda, S. 480 f.

[64] Vgl. ebenda, S. 487 ff.

[65] Vgl. ebenda, S. 478.

[66] Vgl. Ohly 1977, S. 9 f.

[67] Vgl. Meier 1978, S. 121.

[68] Daß dies lange vor Fischart durchaus denkbar ist, zeigt Kolb 1971, S. 602.

[69] Nach Misch 1974, S. 117 f.

[70] Zur hermeneutischen bzw. illustrativen Allegorie vgl. Meier 1976, S. 41 ff.

[71] Vgl. Reinitzer 1981, S. 24 f.

[72] Vgl. Harms/Reinitzer in der Einleitung zu Natura loquax 1981, S. 7 ff.

[73] Diese Definition vom 'unnatürlichen Gebrauch der Creaturen' als 'Zauberey' gibt Ludwig Milichius in seinem Zauber Teuffel (1563), S. 15, v. 28 f.

[74] Vgl. zur 'similitudo' als Möglichkeitsbedingung und zugleich Legitimationsgrund auch bei gegenüber der Tradition selbständiger Interpretationsfindung Nischik 1986, S. 49, 59 ff.

[75] Im engeren Sinn Bezeichnung für das Emblem, die teils dem Autor des Werks 'Emblematum Tyrocinia', Holtzwart, teils Fischart, der die Vorrede beisteuerte, zugeschrieben wird; vgl. Kleinschmidt 1982, S. 322 ff. Bei Fischart begegnet die auf Simonides von Keos zurückgeführte und häufig nach Horaz zitierte Auffassung der Malerei als 'gmalt Poesi' (I, S. 398, v. 97), umgekehrt die Auffassung einer Synästhesie im Medium der Sprache; zum zeitgenössischen Pictura-Poesis-Verständnis vgl. Sulzer 1970, hier bes. S. 38, 44 f.

[76] Alciatus/Held 1531/1567, in: Emblemata (Henkel/Schöne), Sp. 1749.

[77] Vgl. Emblemata (Henkel/Schöne), Alciatus/Held 1531/1567: »Dann die öpffel seind Venus art« (Sp. 967); häufig in Fastnachtspielen; vgl. Huschenbett 1970.

[78] Alciatus/Hunger 1542, S. 222 f.; neben Abb. 6 u. 7 vgl. in Alciatus (Index emblematicus) 1985 die Reproduktion des Emblems 196 der Ausgabe Padua 1621 (Bd. 1), Lyon 1551 (Bd. 2).

[79] Henkel/Schöne, in: Emblemata, S. XII. Gattungskonstitutiv für das Emblem ist allerdings nicht die Dreierstruktur, sondern die Methode der rhetorischen Allegorese, die des Bildbegriffs, nicht notwendig aber der Abbildung bedarf, vgl. Warncke 1987, S. 165 ff.

[80] Henkel/Schöne, in: Emblemata, S. XIII.

[81] Im 'Ismenius' (1573/1594), zu dem Fischart eine Vorrede beigesteuert hat, dient Stimmers Holzschnitt der Illustration eines Traumbildes 'Venus und Cupido', S. 25 ff.;

die Pictura in Alciatus/Thuilius 1621 (Abb. 7) wird vollends von der erotischen Komponente dominiert. Zum 'Ismenius' vgl. Hauffen 1921, S. 171 f.; auch weitere Holzschnitte Stimmers sind aus dem 'Ismenius' übernommen. Zur mittelalterlichen Rezeption des antiken Liebesgottes Amor bzw. Cupido vgl. Schnell 1985, S. 30 ff.; für die Kunstgeschichte Hinz 1975, S. 108, Anm. 9.

82 Brant, Narrenschiff, 1494, Kap. 13, v. 1; Fischart nach Hauffen 1921, S. 149; Wortspiel 'ars', m. – 'ars' f. Zur 'Venus Glattsiz' vgl. Schank 1974, S. 147, 163.

83 Vgl. Kühnel 1984; Dimt 1984.

84 Vgl. dagegen etwa Emblemata (Henkel/Schöne), Sp. 857 f.: Tauben ziehen den Wagen der Venus mit der Hochzeitsfackel. Die brennende Fackel gilt in der Bildtradition als Attribut des Ehegotts Hymen; die mythologische Arbeitsteilung zwischen Amor und Hymen ist offenbar zugunsten der propagierten Symbiose der antagonistischen Momente freier und ehelicher Liebe aufgehoben; vgl. Hinz 1975, S. 101 f.; auch ders., 1974, S. 211, Anm. 140.

85 Gesner/Heüßlin, Vogelbuch, 1557, S. CCXL^{r}.
Vgl. zu Gesners 'unkeüschen Hühnern' und Fischarts fruchtbaren Tauben das prohugenottische, gegen Katharina von Medici gerichtete Sonett:

Jn dem Hauß, spricht man, stehts nicht wol
Vnd muß gewiß was bôß gemanen,
Wann die Henn krâht vber den Hanen,
Da sie doch darfûr gachssen soll,
Zu leuchtern jren Eyerstoll (I,399,1-5).

86 Nigrinus, Vom Ehestand, 1585, C 3^{v}; ähnlich Sarcerius, mit Berufung auf Bullinger, 1553, S. VII^{r}. Auffällig im reformatorischen Lager ist der Wandel gegenüber Luthers Position , der im 'Sermon von dem ehelichen Stand' (1519) zum Kinderzeugen ausführt, daß es »mit bôßer lust nach dem fall vormischt ist, Und itzt dye begyrde des mans zum weyb, und widder umb, nit lauter ist« (WA I, 2, S. 167, v. 18 f.), und in seiner Schrift 'Vom ehelichen Leben' (1522) ebenfalls betont, »das fleysch und blutt, durch Adam verderbt, ynn sunden empfangen und geporn wirt, lautts des 50. psalm, Unnd das keyn ehepflicht on sund geschicht« (WA I, 10,2, S. 304, v. 7-9). u.ö.; ähnlich zahlreiche Autoren in der Luther-Nachfolge, etwa Menius, Ehestand, 1528, Bij^{v}f.

87 Gesner/Heüßlin, Vogelbuch, 1557, S. CCXL^{r}.

88 Vgl. Luther, WA I, 10,2, S. 290, v. 15 ff. Es ist angebracht, mit Lauterer-Pirner auf die oft gegensätzlichen Aussagen bei Luther hinzuweisen. Luthers 'frauen- und ehefreundliche' »Vorstellungen von einem zukünftigen Zusammenleben von Mann und Frau« als eine Utopie zu werten, »die auch heute noch nicht eingelöst ist« (1983, S. 64), unterschlägt, daß Luther durchgängig Sexualität zwar als natürlich, aber eben deshalb auch als sündhaft, als böse Begierde nach dem Sündenfall wertet.

89 Zit. nach Heckscher 1953, S .113.

90 Winckelmann 1964, S. 59; zum Motiv vgl. Panofsky 1972, S. 163 u. Abb. 121.

91 Unter den zahlreichen weiteren Vergleichen für die Erziehung der Neuerworbenen auch, sich auf Horaz berufend, das Scharfmachen junger Jagdhunde und – besonders apart – das Einsalzen frischen Fleisches, damit es nicht stinkend werde (vgl. 274, 9 ff.).

92 Das Ausspielen von Frauenschelte und Frauenlob ist traditionell, von überragender literarischer Qualität etwa im 'Ackermann aus Böhmen' des Johannes von Tepl (kurz nach 1400). Zur Ehefrauenschelte kommentiert Luther: »Ich hallt auch, wenn die weyber sollten bůcher schreyben, ßo wurden sie von mannen auch der gleychen schreyben« (WA I, 10,2, S. 293, v. 10 f.); vgl. auch Luthers Vorrede zu Johann Freders 'Ehestands-Dialog' (1545), der die Widerlegung misogyner und misogamer Sprüche zum Gestaltungsprinzip des Streitgesprächs macht. Erstfassung in 'Sächsischer Sprache' Rostock 1543 (vgl. WA I, 54, S. 170), von Hondorff übertragen und erweitert Leipzig 1568.

93 Zum 'üblen wîp' und dem Wandel dieses Typus seit dem 15. Jahrhundert vgl. immer noch (mit entsprechend anachronistischen literarischen Wertungen) Brietzmann 1912.

94 Diese männlichen Machtphantasien scheitern bereits im innerliterarischen Diskurs. So zeigt sich beispielsweise in Rebhuns 'Hochzeit zu Cana' ([1]1538, [2]1546, [3]1572), daß er die Gewaltproblematik nicht dramatisch vermitteln kann. Die Dramenökonomie wird der Stilisierung des Mannes als Vernunftwesen (das eben deshalb zuschlagen muß) geopfert.

95 Vgl. Gesner/Forer, Fischbuch 1563/1598, S. 194^{v} f.; zur Tradition vgl. Kuechen 1979, S. 482, 502, Anm. 52.

96 Vgl. Ismenius, 1573/1594, S. 40, 51; zum Holzschnitt und einer weiteren Verwendung im ehedidaktischen Kontext vgl. Warncke 1987, S. 137 ff.

97 Nach van Dülmen 1982, S. 202, 197, 195, 193; soweit ich sehe, faßt van Dülmen den Forschungsstand kompetent zusammen; vgl. die Literaturnachweise S. 430 f.; exemplarisch zur differenzierenden Weiterführung Heide Wunder 1986, der ich für die Überlassung des Vortragsmanuskripts und weiterer Unterlagen zu Dank verpflichtet bin.

98 Menius, Oeconomia, 1529, Biij^{r}; zu Ausgaben und Verbreitung vgl. Luther, WA I, 30,2, S. 49 ff. Vgl. Elschenbroich 1979, S. 459.

99 Menius, Oeconomia, 1529, Biij^{v}. Vgl. Münch 1982, S. 20 f.

100 Von besonderer Bedeutung für die antike Tradition ist das 'clementia-Ideal', das eine temperierte Ausübung der väterlichen Gewalt empfiehlt, vgl. ebenda, S. 26 f.

101 Zur Verselbständigung des Paares in der Familienwirtschaft vgl. Wunder 1986, S. 13; Wunder 1987, bes. S. 132 ff.

102 Zitiert nach Münch 1982, S. 21, Anm. 17; vgl. Mikat 1986, S. 14; Pustejovsky 1987, hier S. 56 f. – Während etwa für die antike Tradition Bildfelder wie die »vom Menschen geschaffenen Staatsgebäude als Ganzheitsmodelle eine Affinität zum Grundgedanken einer funktional differenzierten Einheit interdependenter Elemente (haben)«, das »Staatsgebäude, ein erstellt geordnetes Ganzes, (...) als geschichtlich Werdendes, als statisch Gewordenes und als pflegend zu Erhaltendes sich dar(stellt)« (Ohly 1986, Sp. 1011), beschwören die Staats-Hausmetaphern der frühen Neuzeit die patriarchalische Ordnung als vor aller Zeit göttlich gesetzte natürliche menschliche Lebensform. Die Hausmetapher wird gewissermaßen von der Haussemantik aufgesogen. Zur Tradition der alten Welt vgl. ebenda, Sp. 1010 ff.

103 Vgl. Münch 1982, bes. S. 18; ebenso bereits Troeltsch 1919, S. 552 ff. Zur Familie als utopisches Herrschaftsvorbild in Wickrams Tobias-Drama vgl. Erika Kartschoke, in diesem Band.

[104] Vgl. zum 'Meer der Welt' und zur Schiffsymbolik vor allem Rahner 1964, S. 272 ff.
[105] Grubmüller 1977, S. 18; zur Tradition und mittelalterlichen Rezeption ebenda; ausführlich Peil 1985. Lohnend wäre, auch für den 'Ehebiber' (s.u.), eine weiterführende Interpretation auf der Basis der Studie von Mary Douglas 1974, hier bes. S. 106 ff.
[106] Zu Plutarchs Kontext vgl. Foucault 1986, S. 212 f.
[107] Dieser Aspekt wird hier aus Platzgründen ausgeklammert, vgl. besonders den 3. Teil von Fischarts Ehezuchtbüchlein.
[108] Gesner/Forer, Thierbuch, 1563, S. XXIII^r.
[109] Ebenda.
[110] Vgl. zur Tradition Hünemörder, Lexikon des Mittelalters, Bd. II, S. 106 f.; zur sich im größeren Umfang erst seit dem 18. Jahrhundert wandelnden Stellung des Gesindes, auch zur Auflösung der Zusammengehörigkeit von Kindern und Dienstboten, die innerhalb der alten Hauswirtschaft eine vergleichbare soziale Situation im Hause einnehmen, vgl. etwa Engelsing 1973, hier bes. S. 184 ff.
[111] Gesner/Forer, Thierbuch, 1563, S. XXII^r.
[112] Vgl. Wunder, wie Anm. 101. Weit schlüssiger erscheint der Hermaphrodit als geläufiges Sinnbild der christlichen Ehe im 16. Jahrhundert, u.a. auch von Tobias Stimmer als 'pictura' in Holtzwarts 'Emblematum Tyrocinia' dargestellt; vgl. Aurnhammer 1986, S. 52 ff.; vgl .auch das Titelbild dieses Bandes.
[113] Vgl. Reinitzer 1984, hier S. 191.
[114] Vives/Bruno 1544, S. LVII^r u.ö.; häufige Formel, etwa auch bei Nigrinus 1585, N 7^v u.a.
[115] Der altdeutsche Physiologus, S. 45-47, 84; Der Physiologus, S. 22, 82 f.; vgl. Hünemörder, in: Lexikon des Mittelalters, Bd. II, Sp. 107; zur Physiologustradition mit weiteren Literaturhinweisen Nischik 1986, S. 10 ff.
[116] Vgl. aber Daems, Bibergeil, in: Lexikon des Mittelalters, Bd. II, Sp. 108
[117] Nachweise in: Fabeln der Antike, S. 98 f.; weitere Angaben neben den in Anm. 115 genannten bei Herter, in RAC, Bd. 2, Sp. 229 f.; Hoffmann 1979, S. 520 ff.
[118] Winckelmann (1766) 1964, S. 4.
[119] Alciatus/Held 1531/1567, in: Emblemata (Henkel/Schöne), Sp. 460; Literaturhinweise zur emblematischen Fabeldichtung (u.a. Biber) bei Köhler 1986, S. 104 f., Anm. 3.
[120] Gesner/Forer, Thierbuch 1563, S. XXVII^v
[121] Wie wichtig es ist, Gegensatzpaare im sexuellen Symbolismus nicht als universelle, sondern als historische zu analysieren, betont Davis 1986, S. 128 ff. (mit weiterführenden Literaturhinweisen).
[122] Vgl. Gesner/Forer, Thierbuch 1563, S. XXI^v
[123] Vgl. S. 146, 9 ff., 172,7 ff.; 327,24 ff. Andere Folgen der Venusfreuden prophezeit nach Albrecht von Eyb, Ehebüchlein, 1472, S 8 Petrarca: »In zweyer eelů̊te pett ist selten gutter schlaff / wann do ist wollußt / do ist krieg vnd nymmer rue«.
[124] Vives/Bruno 1544, S. LXXII^r; vgl. (mit Berufung auf Plutarch) S. LXXIX^r u.ö.
[125] Vgl. VD 16; Roper 1985, S. 100; vgl. den Beitrag von E. Kartschoke in diesem Band.
[126] Geschichtklitterung 1590, S. 106,9 f.
[127] Vgl. Foucault 1977, S. 128 ff.
Höchst interessant ein Vergleich mit Wickrams Modell, das für innerfamiliäre Bin-

dungen das Allianzdispositif vorsieht, während die private Gefühlskultur auf nachbarliche Beziehungen im Sinne einer restaurativen Utopie der Gemeinschaftlichkeit projiziert wird; archimedisches Prinzip bei Wickram ist eine nicht bewältigbare Vereinzelung, da individuelle Glücksansprüche denunziert werden (nach Müller 1980, hier bes. S. 22 f.).

[128] Deutsches Wörterbuch (Grimm), Bd. 1, Sp. 1409.

[129] Vgl. van Dülmen 1982, S. 204; Elias 1969, Bd. I, S. 259 ff.

[130] Vgl. Hausen 1976; Lorenz 1980, S. 25.
Dies trifft auch auf die englische Entwicklung zu, und entsprechend ist das Ignorieren früherer Zeugnisse für eine affektive Familienintimität im gehobenen mittelständischen Milieu kritisiert worden an Stone 1979. Anders z.B. bereits Schücking 1964; vgl. das Kap. 'Die Ehe im Puritanismus', S. 27 ff.; zur puritanischen Plutarch-Rezeption S. 54 u.ö.; kritisch dazu Davis 1981.

[131] Vgl. Hausen 1977; zur vergleichbaren Entwicklung in der Geschichte der Ehepaarbildnisse Hinz 1974 und 1975: Eine gegen Ende des 15. Jahrhunderts in stadtbürgerlichen Zusammenhängen zu beobachtende Tendenz zu privat-affektiven Selbststilisierungen wird im nordeuropäischen Raum – anders als in Italien – in der 2. Hälfte des 16. Jahrhunderts sistiert und zurückgenommen, um erst mit Rubens in veränderter Form wieder einzusetzen.

[132] Vgl. Hauffen, in seiner Einleitung zur Werkausgabe, S. LXX. Unter den nichterfaßten Ausgaben von bes. Interesse die Bearbeitung von Steindorff 1919 (s. Anhang).

[133] Luhmann 1982, S. 31.

[134] Luhmann 1981, S. 234.

[135] Luhmann 1982, S. 149.

[136] Ebenda, S. 149 f.

Quellen

Aegidius Albertinus: Lucifers Königreich und Seelengejaidt. Hrsg. von Rochus Freiherrn von Liliencron. Berlin und Stuttgart o.J. (Deutsche National-Litteratur 26).

Andreae Alciati Emblemata cvm Commentariis (...) Opera et Vigiliis Ioannis Thvilii Mariaemontani Tirol (...) Patauij apud Petrum Paulum Tozzium (...) 1621 (German. Seminar der FU Berlin).

Andreas Alciatus: Emblematum Libellus. Paris 1542. Reprogr. Nachdr. Darmstadt 1987 [deutsche Übersetzung von Wolfgang Hunger]

Andreas Alciatus (Index emblematicus). 1. The Latin emblems indexes and lists. 2. Emblems in translation. Ed. by Peter M. Daly with Virginia W. Callahan, ass. by Simon Cuttler. University of Toronto Press 1985.

Sebastian Brant: Das Narrenschiff. Nach der Erstausgabe (Basel 1494) mit den Zusätzen der Ausgaben von 1495 und 1499 sowie den Holzschnitten der deutschen Originalausgaben . Hrsg. von Manfred Lemmer. 3., erw. Aufl. Tübingen 1986.

Emblemata. Handbuch zur Sinnbildkunst des XVI. und XVII. Jahrhunderts. Hrsg. von Arthur Henkel und Albrecht Schöne. Ergänzte Neuausgabe Stuttgart 1976.

Epochen der deutschen Lyrik, Bd. 2: Gedichte 1300 - 1500. Nach Handschriften und Frühdrucken in zeitlicher Folge hrsg. von Eva und Hansjürgen Kiepe. München 1972.

Albrecht von Eyb: Ob einem manne sey zunemen ein eelichs weyb oder nicht. Reprogr. Nachdr. mit einer Einführung zum Neudruck von Helmut Weinacht. Darmstadt 1982 (Texte zur Forschung 36).

Fabeln der Antike. Griechisch und lateinisch. Hrsg. und übersetzt von Harry C. Schnur. München 1978 (Tusculum).

Johann Fischart: Flöh Hatz, Weiber Tratz. Hrsg. von Alois Haas. Stuttgart 1967 (RUB 1656/56a).

Johann Fischart: Geschichtklitterung (Gargantua). Text der Ausgabe letzter Hand von 1590. Mit einem Glossar hrsg. von Ute Nyssen. Nachwort von Hugo Sommerhalder ([1]1963). Darmstadt 1967.

Johann Fischart: Das Glückhafft Schiff von Zürich. Hrsg. von Alois Haas. Stuttgart 1977 (RUB 1951).

Johann Fischarts Werke. Eine Auswahl. Hrsg. von Adolf Hauffen. 1.-3. Teil. Stuttgart 1895 (Deutsche National-Litteratur Bd. 18, 1.-3. Abt.).

Ein Christlicher sen̄dtbriff / des erbarn vnnd gelehrten Herrn Johann Flinners / darinnen er einem seiner guten freundt / so zu heyraten bedacht / wes sich zu solchem fuͤrnemlich vnnd auffs hoͤchst zu erinnern / von noͤten / Christlicher meynung fuͤr helt / vnnd zu bedencken gibt / etc. Nürnberg, ca. 1545 (Bayerische Staatsbibliothek München).

Ein Dialogus dem Ehestand zu ehren geschrieben. Durch M. Johan Freder ... Mit einer Vorrede D. Mart. Luth. Wittemberg. 1545.

Lob vn̄d vnschuldt der Ehefrawen. Vnd widerlegung der Spruͤche / damit die Weibsbilder / durch die Philosophos oder Weltweise Heyden / vnd etliche vermeinte Christen / geschmehet werden (...) Anno 1543. Durch M. Johan Ireneum [Freder]. Jetzt aus Pom̄erischer Sprache / in Meißnische gebracht / vnd (...) gemehret / Durch Andream Hondorff. Leipzig 1568.

Fischbuch / Das ist / Außfuͤhrliche beschreibung vnd lebendige Conterfactur aller vnnd jeden Fischen (...) Durch den weitberhuͤmpten Herrn Doctor Conrad Gesner in Latein erstmals beschrieben. Hernach aber von Herrn Conrad Forer der Artzney D. ins Teutsch gebracht. Franckfurt am Meyn 1598. [[1]1563] (Staatsbibliothek Berlin).

Thierbuch, das ist ein kurtze bschreybung aller vierfüssigen Thieren (...) Erstlich durch Cunrat Gessner in Lat. beschriben, yetzunder (...) durch Cunrat Forer (...) in das Teütsch gebracht (...) Zürych 1563 (Faksimiledruck / Dietikon-Zürich 1965).

Vogelbuch, darinn die art, natur und eigenschafft aller vöglen sampt irer waren Contrafactur angezeigt wirt (...) Erstlich durch Conradt Geßner in Lat. beschriben, neuwlich aber durch Rudolff Heüßlin (...) in das Teütsch gebracht (...) Zürych 1557 (Faksimiledruck).

Ismenius / Oder ein Vorbild staͤter Liebe (...) Erstlich durch Eustachium Philosophum in Griechischer sprach beschriben (...) jetzt aber von Joh. Christ. Artopeo / genandt Wolckenstern in Teutsch gefertigt. Straßburg 1594 [[1]1573]. (Kopie im German. Seminar der FU Berlin).

D. Martin Luthers Werke. Kritische Gesamtausgabe. (Weimarer Ausgabe.). Bd. 1 ff. Weimar 1883 ff.; zitiert als WA.

Just. Menius: Erynnerung was denen / so sich ynn Ehestand begeben / zu bedencken sey. Wittemberg 1528. (Staatsbibliothek Berlin).

An die hochgeborne Furstin / fraw Sibilla Hertzogin zu Sachsen / Oeconomia Christiana / das ist / von Christlicher haushaltung Justi Menij. Mit einer schönen Vorrhede D. Martini Luther. Wittemberg 1529. (Staatsbibliothek Berlin).

Ludwig Milichius: Der Zauber Teuffel (1563). In: Teufelsbücher in Auswahl. Hrsg. von Ria Stambaugh. Bd. 1. Berlin 1970 (Ausgaben deutscher Literatur des XV. bis XVIII. Jahrhunderts), S. 1-185.

Vom Ehestand / Der Ehescheydung / vnd allerhand Ehefellen (...) Im Latein / von dem Hochgelerten Herrn D. Nicolao Hemmingo / (...) verteutzschet / Von Georgio Nigrino. Vrsel 1585 (Staatsbibliothek Berlin).

Der Physiologus. Übertragen und erläutert von Otto Seel. Zürich/Stuttgart 1960.

Der altdeutsche Physiologus. Die Millstätter Reimfassung und die Wiener Prosa (nebst dem lateinischen Text und dem althochdeutschen Physiologus). Hrsg. von Friedrich Maurer. Tübingen 1967 (Altdeutsche Textbibliothek 67).

Paul Rebhun: Ein Geistlich Spiel von der Gotfürchtigen und keuschen Frauen Susannen (1536). Unter Berücksichtigung der Ausgaben von 1537 und 1544 kritisch hrsg. von Hans-Gert Roloff. Stuttgart 1967 (RUB 8787/88)

Hans Sachs. Hrsg. von Adelbert von Keller und Edmund Goetze (ab Bd. 13). 26 Bde. Tübingen 1870 – 1908 (BLV); zitiert als KG.

Ein Buch vom heiligen Ehestande / vnd von Ehesachen (...) darinnen zu gleich natůrlich / Gőttlich / Keiserlich / vnd Bepstlich Recht angezogen wird (...) zum Teil vom zusamen zieher selbst geschrieben. Durch Erasmus Sarcerium. Leipzig 1553 (Staatsbibliothek Berlin).

Ioannis Lodovici Vivis: Von vnderweysung ayner Christlichen Frawen (...) erklårt vnnd verteütscht. Durch Christophorum Brunonem (...) Augsburg 1544 (Staatsbibliothek Berlin).

Burkhard Waldis: Esopus. Hrsg. und mit Erläuterungen versehen von Heinrich Kurz. Zwei Theile. Leipzig 1862.

Sekundärliteratur

L'alsace au siècle de la Réforme (1482 – 1621): Textes et documents prés. par Jean Lebeau et Jean-Marie Valentin. Nancy 1985.

Achim Aurnhammer: Androgynie. Studien zu einem Motiv in der europäischen Literatur. Köln/Wien 1986 (Literatur und Leben, N.F. 30).

Dietrich Briesemeister: Die gedruckten deutschen Übersetzungen von Vives' Werken im 16. Jahrhundert. In: Vives 1981, S. 177-191.

Franz Brietzmann: Die böse Frau in der deutschen Literatur des Mittelalters. Berlin 1912 (Palaestra XLII); Reprint New York/London 1967.

Willem F. Daems: Bibergeil. In: Lexikon des Mittelalters, Bd. 2 (1983), Sp. 108.
Kathleen M. Davis: Continuity and Change in literary Advice on Marriage. In: Marriage and Society. Studies in the Social History of Marriage. London 1981, S. 58-80.
Natalie Zemon Davis: Frauen und Gesellschaft am Beginn der Neuzeit. Studien über Familie, Religion und die Wandlungsfähigkeit des sozialen Körpers. Aus dem Amerikanischen von Wolfgang Kaiser. Berlin 1986.
Ernst Dassmann/Georg Schöllgen: Haus II (Hausgemeinschaft). In: RAC, Lieferung 102 (1986), Sp. 802-905.
Gerhard Delling: Eheleben. In: RAC, Bd. 4 (1959), Sp. 691-707.
Deutsches Wörterbuch von Jacob und Wilhelm Grimm. Nachdruck der Erstausgabe 1885 – 1984. 33 Bde. München 1984.
Gunter Dimt: Haus und Wohnung zwischen Mittelalter und Neuzeit am Beispiel Oberösterreichs. In: Haus und Familie 1984, S. 66-98.
Mary Douglas: Ritual, Tabu und Körpersymbolik. Sozialanthropologische Studien in Industriegesellschaft und Stammeskultur. Übersetzt von Eberhard Bubser. Frankfurt 1974.
Richard van Dülmen: Entstehung des frühneuzeitlichen Europa. 1550 – 1648. Frankfurt 1982 (Fischer Weltgeschichte Bd. 24).
Norbert Elias: Über den Prozeß der Zivilisation. Soziogenetische und psychogenetische Untersuchungen. 2 Bde. Bern 1969.
Adalbert Elschenbroich: Die Fabelpredigt des Johannes Mathesius. In: Formen und Funktionen der Allegorie, S. 452-477.
Rolf Engelsing: Dienstbotenlektüre im 18. und 19. Jahrhundert. In: Ders.: Zur Sozialgeschichte deutscher Mittel- und Unterschichten. Göttingen 1973 (Kritische Studien zur Geschichtswissenschaft 4), S. 180-224; 297-304.
Formen und Funktionen der Allegorie. Symposion Wolfenbüttel 1978. Hrsg. von Walter Haug. Stuttgart 1979 (Germanistische Symposien, Berichtsband 3).
Michel Foucault: Sexualität und Wahrheit. Übersetzt von Ulrich Raulff und Walter Seitter. Bd. 1: Der Wille zum Wissen. Frankfurt 1977. Bd. 3: Die Sorge um sich. Frankfurt 1986.
Lisette Goessler: Plutarchs Gedanken über die Ehe. Diss. Basel 1962.
Klaus Grubmüller: Meister Esopus. Untersuchungen zu Geschichte und Funktion der Fabel im Mittelalter. Zürich/München 1977 (MTU 56).
Klaus Grubmüller: Semantik der Fabel. In: Proceedings. Third International Beast Epic, Fable and Fabliau Colloquium. Münster 1979. Hrsg. von Jan Goossens und Timothy Sodmann. Köln/Wien 1981, S. 111-134.
Wolfgang Harms: Homo viator in bivio. Studien zur Bildlichkeit des Weges. München 1970 (Medium Aevum 21).
Wolfgang Harms: Allegorie und Empirie bei Konrad Gesner. Naturkundliche Werke unter literaturwissenschaftlichen Aspekten. In: Jb. f. Internationale Germanistik. Reihe A: Kongreßberichte 2, 3: Akten des V. Internationalen Germanisten-Kongresses Cambridge 1975. Bern/Frankfurt 1976, S. 119-123.
Adolf Hauffen: Die Quellen von Fischarts Ehezuchtbüchlein. In: ZfdPh 27 (1895), S. 308-350.

Adolf Hauffen: Johann Fischart. Ein Literaturbild aus der Zeit der Gegenreformation. Bd. 1 Berlin/Leipzig 1921; Bd. 2 Berlin/Leipzig 1922.
Haus und Familie in der spätmittelalterlichen Stadt. Hrsg. von Alfred Haverkamp. Köln/Wien 1984 (Städteforschung Reihe A, Darst. Bd. 18).
Karin Hausen: Die Polarisierung der 'Geschlechtscharaktere'. Eine Spiegelung der Dissoziation von Erwerbs- und Familienleben. In: Sozialgeschichte der Familie in der Neuzeit Europas. Hrsg. von Werner Conze. Stuttgart 1976, S. 363-393.
Karin Hausen: Historische Familienforschung. In: Historische Sozialwissenschaft. Beiträge zur Einführung in die Forschungspraxis. Hrsg. von Reinhard Rürup. Göttingen 1977, S. 59-95.
W.S. Heckscher: Aphrodite as a nun. In: The Phoenix 7 (1953), S. 105-117.
Heinz-Dieter Heimann: Küche, Kinder, Kirche in der Überwindung der Krise des Spätmittelalters. In: Haus und Familie 1984, S. 338-357.
Hans Herter: Biber. In: RAC, Bd. 2 (1954), Sp. 229 f.
Berthold Hinz: Studien zur Geschichte des Ehepaarbildnisses. In: Marburger Jb. f. Kunstwissenschaft 19 (1974), S. 139-218.
Berthold Hinz: Innerlichkeit und ihre äußerlichen Bedingungen. Das humanistische Bildnis des Justinian und der Anna von Holzhausen. In: Städel-Jb., N.F. 5 (1975), S. 97-110.
Konrad Hoffmann: Alciati und die geschichtliche Stellung der Emblematik. In: Formen und Funktionen der Allegorie, S .515-534.
Peter Honegger: Die Schiltburgerchronik und ihr Verfasser Johann Fischart. Hamburg 1982.
Christian Hünemörder: Biber. In: Lexikon des Mittelalters, Bd. 2 (1983), Sp. 106 f.
Dietrich Huschenbett: Die Frau mit dem Apfel und Frau Venus im Moriskentanz und Fastnachtspiel. In: Volkskultur und Geschichte. Festgabe für Josef Dünninger. Berlin 1970, S. 585-603.
Erich Kleinschmidt: Stadt und Literatur in der frühen Neuzeit. Voraussetzungen und Entfaltung im südwestdeutschen, elsässischen und schweizerischen Städteraum. Köln/Wien 1982 (Literatur und Leben, N.F. 22).
Johannes Köhler: Der 'Emblematum liber' von Andreas Alciatus (1492 – 1550). Eine Untersuchung zur Entstehung, Formung antiker Quellen und pädagogischen Wirkung im 16. Jahrhundert. Hildesheim 1986 (Beiträge zur historischen Bildungsforschung).
Herbert Kolb: Der Hirsch, der Schlangen frißt. Bemerkungen zum Verhältnis von Naturkunde und Theologie in der mittelalterlichen Literatur. In: Mediaevalia litteraria. Festschrift für Helmut de Boor zum 80. Geb. Hrsg. von Ursula Hennig und Herbert Kolb. München 1971, S. 583-610.
Ulla-B. Kuechen: Wechselbeziehungen zwischen allegorischer Naturdeutung und der naturkundlichen Kenntnis von Muschel, Schnecke und Nautilus. Ein Beitrag aus literarischer, naturwissenschaftlicher und kunsthistorischer Sicht. In: Formen und Funktionen der Allegorie, S. 478-514.
Harry Kühnel: Das Alltagsleben im Hause der spätmittelalterlichen Stadt. In: Haus und Familie 1984, S. 37-65.

Heide Lauterer-Pirner: Vom 'Frauenspiegel' zu Luthers Schrift 'Vom ehelichen Leben'. Das Bild der Ehefrau im Spiegel einiger Zeugnisse des 15. und 16. Jahrhunderts. In: Frauen in der Geschichte III. Hrsg. von Annette Kuhn und Jörn Rüsen. Düsseldorf 1983, S. 63-85.

Claude Lecouteux: Mélusine et le Chevalier au Cygne. Préface de Jacques Le Goff. Paris 1982 (Le Regard de L'histoire).

Dagmar Lorenz: Vom Kloster zur Küche: Die Frau vor und nach der Reformation Dr. Martin Luthers. In: Die Frau von der Reformation zur Romantik. Die Situation der Frau vor dem Hintergrund der Literatur- und Sozialgeschichte. Hrsg. von Barbara Becker-Cantarino. Bonn 1980, S. 7-35.

Niklas Luhmann: Symbiotische Mechanismen. In: Soziologische Aufklärung. 3. Soziales System, Gesellschaft, Organisation. Opladen 1981, S. 228-244.

Niklas Luhmann: Liebe als Passion. Zur Codierung von Intimität. Frankfurt 1982.

Christel Meier: Überlegungen zum gegenwärtigen Stand der Allegorie-Forschung. Mit besonderer Berücksichtigung der Mischformen. In: FMSt 10 (1976), S. 1-69.

Christel Meier: Argumentationsformen kritischer Reflexion zwischen Naturwissenschaft und Allegorese. In: FMSt 12 (1978), S. 116-159.

Paul Mikat: Ethische Strukturen der Ehe in unserer Zeit – Zur Normierungsfrage im Kontext des abendländischen Eheverständnisses. In: Essener Gespräche zum Thema Staat und Kirche (21). Münster 1986, S. 9-49.

Manfred Misch: Apis est animal-apis est ecclesia. Ein Beitrag zum Verhältnis von Naturkunde und Theologie in spätantiker und mittelalterlicher Literatur. Bern/Frankfurt 1974 (EHS 107).

Dietz-Rüdiger Moser: Die Tannhäuser-Legende. Eine Studie über Intentionalität und Rezeption katechetischer Volkserzählungen zum Buß-Sakrament. Berlin/New York 1977.

Christoph Mühlemann: Fischarts 'Geschichtklitterung' als manieristisches Kunstwerk. Verwirrtes Muster einer verwirrten Welt. Bern/Frankfurt 1972 (EHS 63).

Jan-Dirk Müller: Frühbürgerliche Privatheit und altständische Gemeinschaft. Zu Jörg Wickrams Historie 'Von Gůten und Bősen Nachbaurn'. In: IASL 5 (1980), S. 1-32.

Paul Münch: Die 'Obrigkeit im Vaterstand' – Zu Definition und Kritik des 'Landesvaters' während der frühen Neuzeit. In: Daphnis 11 (1982), S. 15-40.

Natura loquax. Naturkunde und allegorische Naturdeutung vom Mittelalter bis zur frühen Neuzeit. Hrsg. von Wolfgang Harms und Heimo Reinitzer. Frankfurt/Bern/Cirencester 1981 (Mikrokosmos 7).

Traude-Marie Nischik: Das volkssprachliche Naturbuch im späten Mittelalter. Sachkunde und Dinginterpretation bei Jacob van Maerlant und Konrad von Megenberg. Tübingen 1986 (Hermaea N.F. 48).

Friedrich Ohly: Vom geistigen Sinn des Wortes im Mittelalter [1958]. In: Ders.: Schriften zur mittelalterlichen Bedeutungsforschung. Darmstadt 1977, S. 1-31.

Friedrich Ohly: Haus III (Metapher). In: RAC, Lieferung 102 f. (1986), Sp. 905-1063.

Erwin Panofsky: Hercules am Scheidewege und andere antike Bildstoffe in der neueren Kunst. Berlin/Leipzig 1930 (Studien der Bibliothek Warburg XVIII).

Erwin Panofsky: The Neoplatonic Movement in Florence and North Italy. In: Ders.: Studies in Iconology. Humanistic Themes in the Art of the Renaissance [[1]1939]. New York/Hagerstown/San Francisco/London 1972, S. 129-170.

Dietmar Peil: Der Streit der Glieder mit dem Magen. Studien zur Überlieferungs- und Deutungsgeschichte der Fabel des Menenius Agrippa von der Antike bis ins 20. Jahrhundert. Frankfurt/Bern/New York 1985 (Mikrokosmos 16).
John Pustejovsky: Giving Paternalism a Bad Name: The Economy of Enlightenment, in: DVjs 61 (1987), S. 50-67.
Hugo Rahner: Symbole der Kirche. Die Ekklesiologie der Väter. Salzburg 1964.
Heimo Reinitzer: Vom Vogel Phoenix. Über Naturbetrachtung und Naturdeutung. In: Natura loquax, S. 17-72.
Heimo Reinitzer: Kinder des Pelikan. In: Vestigia Bibliae 6 (1984), S. 191-260.
Lyndal Roper: »Going to church and street«: Weddings in Reformation Augsburg. In: Past and Present 106 (February 1985), S. 62-101.
S. Ruge: Die quellen von Fischarts Ehezuchtbüchlein. In: ZfdPh 33 (1901), S. 284-286.
Gerhard Schank: Etymologie und Wortspiel in Johann Fischarts 'Geschichtklitterung'. Freiburg 1974.
Dietrich Schmidtke: Geistliche Tierinterpretation in der deutschsprachigen Literatur des Mittelalters (1100 – 1500). Phil. Diss. FU Berlin 1968.
Rüdiger Schnell: Causa Amoris. Liebeskonzeption und Liebesdarstellung in der mittelalterlichen Literatur. Bern/München 1985 (Bibliotheca Germanica 27).
Levin L. Schücking: Die puritanische Familie in literar-soziologischer Sicht. Verbesserte Aufl. Bern 1964.
Dieter Seitz: Johann Fischarts Geschichtklitterung. Untersuchungen zur Prosastruktur und zum grobianischen Motivkomplex. Frankfurt 1974 (These, N.F. 6).
Hugo Sommerhalder: Johann Fischarts Werke. Eine Einführung. Berlin 1960.
Wolfgang Stammler: Frau Welt. Eine mittelalterliche Allegorie. Freiburg/Schweiz 1959 (Freiburger Universitätsreden N.F. 23).
Rudolf Steiger: Kommentare und Exkurse zu Bildtafeln (Zoologie). In: Conrad Gessner. 1516 – 1565. Universalgelehrter. Naturforscher. Arzt. Zürich 1967, S. 128-181.
Lawrence Stone: The Family, Sex and Marriage. In England 1500 – 1800. Revised ed. Pelican Books 1979.
Dieter Sulzer: Zu einer Geschichte der Emblemtheorien. In: Euphorion 64 (1970), S. 23-50.
Klaus Thraede: Frau. In: RAC, Bd. 8 (1972), Sp. 198-269.
Ernst Troeltsch: Die Soziallehren der christlichen Kirchen und Gruppen. Tübingen 1919 (Gesammelte Schriften 1, Nachdruck von 1912).
Claus Uhlig/Christof K. Arnold: Vives in England. In: Vives 1981, S. 141-164.
Juan Luis Vives. Arbeitsgespräch in der Herzog August Bibliothek Wolfenbüttel vom 6.-8. Nov. 1980. Vorträge hrsg. von August Buck. Hamburg 1981 (Wolfenbüttler Abhandlungen zur Renaissanceforschung 3).
Carsten-Peter Warncke: Sprechende Bilder – sichtbare Worte. Das Bildverständnis in der frühen Neuzeit. Wiesbaden 1987 (Wolfenbütteler Forschungen 33).
Johann Joachim Winckelmann: Kunsttheoretische Schriften IV. Versuch einer Allegorie, besonders für die Kunst. Faksimileneudruck der 1. Aufl. Dresden 1766. Baden-Baden/Strasbourg 1964 (Studien zur deutschen Kunstgeschichte 339).
Edgar Wind: Heidnische Mysterien in der Renaissance. Mit einem Nachwort von Bernhard Buschendorf. Frankfurt 1987 (stw 697).

Heide Wunder: Frauen in der Gesellschaft des späten Mittelalters: Emanzipation und Domestizierung. Vortrag vom 17.4.1986 in Friedberg (Ms.).

Heide Wunder: Frauen in der Gesellschaft Mitteleuropas im späten Mittelalter und der Frühen Neuzeit (15. bis 18. Jh.), in: Hexen und Zauberer. Die große Verfolgung – ein europäisches Phänomen in der Steiermark. Hrsg. von Helfried Valentinitsch. Graz-Wien 1987, S. 123-154.

Das philosophische Ehzuchtbüchlein
des
Johannes Fischart

Der Katechismus und die ehernen Gebote für die Zweispänner der Liebe, den Junggesellen und törichten Jungfrauen, verliebten Brautleuten und allen, die es einmal gewesen sind und es vergessen haben
von
Ulrich Steindorff
in die Sprache seiner Zeit gebracht.

1919
Musarion Verlag München

oben:
Ulrich Steindorff brachte 1916 ein 'Kriegstaschenbuch' für jeden vom Krieg Betroffenen heraus, »ob ihn die Zeit nun mitten in den Lärm der Waffen oder in die Stille von Haus und Herd gestellt hat«. 1919 schien es ihm mit seiner Fischart-Bearbeitung angebracht, patriarchalische Herrschaft an der Heimatfront zu restituieren.

rechte Seite:
Das erfolgreiche Ehzuchtbüchlein von Hermann Oeser, das um 1939 seine 20. Auflage erlebt, stellt sich in die Fischart-Tradition. Anders als bei Fischart werden Konflikte nicht diskutiert, sondern diffamiert. Von der Ehegemeinschaft ist 'zersetzende' Kritik ebenso fernzuhalten wie von der 'Volksgemeinschaft'.

Ein Ehzuchtbüchlein.
von
Hermann Oeser.
(20. Aufl.)
Verlegt bei Eugen Salzer in Heilbronn.
o. J.

Im Jahre 1578 ließ Johann Fischart aus Mainz sein philosophisch Ehzuchtbüchlein in Straßburg im Elsaß erscheinen. / Ehzuchtbüchlein wurden immer erlebt, nicht bloß 1578.

Dies ist mein Ehzuchtbüchlein und beginnt also:

»Wieder einmal recht gehabt« – hat nur der Nichtliebende.

Nicht recht gehabt zu haben ist ein süßes Glück.

Nur in der Ehe gibt es keinen Streit, wo e i n Teil um keinen Preis recht behalten will.

Hubertus Fischer

Co-Referat: Ehe, Eros und das Recht zu reden. Anmerkungen zum protestantischen Ehebild in Texten des 16. Jahrhunderts

Wie wol das thůt ein wybscher man,
Der sich der wyber hatz nympt an
Vnd wil ir gattung gantz hoch machen,
So blybens dennocht wyber sachen ...[1]

I

Is Female to Male as Nature is to Culture? Sherry B. Ortners[2] universales Gegensatzpaar paßt nicht auf Fischarts *Ehzuchtbüchlein*; eher schon die Umkehrung: *Female is to Male as Culture is to Nature.*

Ohne nun wiederum einer Generalisierung das Wort zu reden: Treten solche Umkehrungen, wenigstens im 'Prozeß der Zivilisation' (Elias) der okzidentalen Welt, nicht geradezu periodisch auf? Anders gefragt: Wird die kultivierende Macht oder Willfährigkeit des Weiblichen nicht immer dann mit besonderer Intensität imaginiert oder didaktisch eingefordert, wenn der Konditionierungsdruck auf die männliche 'Natur' zunimmt?

Im Unterschied freilich von Fischarts Promotion der Ehefrau zum erotischen Chamäleon des ungeschlachten Hausherrn hatte die gesellschaftliche Elite der vorausgehenden Epoche ein faszinierendes und konsequentes Kultivierungsmodell entwickelt: das Modell des *amour courtois*. Diese höfische Liebe beruhte auf der Freiheit zu wählen, 'diesen' oder 'diese', war das Gegenteil bloßen Bestimmtseins und insoweit humaner als die Kontamination von Ehezwang und Liebeslust.

> *Sapiens igitur mulier talem sibi comparare perquirat amandum, qui morum sit probitate laudandus* (Eine kluge Frau wird daher nur einen solchen Mann zu ihrem Liebhaber wählen, der durch die Feinheit seiner Sitten ausgezeichnet ist).[3]

Zu dieser *probitas morum*, die neben dem höfischen Verhalten *(curialitas)* und dem eleganten Benehmen *(urbanitas)* dem Mann einen ganzen Kanon von kultivierenden Umwegen und Verzögerungen abverlangte, konnte die Ehe in der Regel nichts beitragen, da sie nur das *hic et nunc*, die Liebe der Pflicht *(amours de dete)*, des Zwangs oder der baren Nötigung kannte. Man schlug sie der *force de nature* zu, wie die Eltern-, Kinder- und (Bluts-)Verwandtenliebe, mochte ihr nicht einmal immer den Namen der Liebe geben und unterschied daher prinzipiell und qualitativ die eheliche Zuneigung *(maritalis affectio)* von der aus Gunst und freiem Willen geschenkten Liebe, die allein die höfischen Tugenden blühen ließ: Gewaltlosigkeit, Aufrichtigkeit, Beständigkeit, Ergebenheit, Treue, Selbstlosigkeit, Geduld.[4]

Mag einer dieses Modell in einer schlechten Wirklichkeit 'utopisch' nennen, es hat doch die realistische und keineswegs abgegoltene Einsicht für sich (und nicht nur Fischart voraus), daß sich Liebe *(amor)* zu Ehe *(coniugium)* wie Freiheit *(libertas)* zu Fessel *(vinculum)*, ja wie 'Kultur' zu 'Natur' verhält. Insofern ist die zoologische Anschauungsweise der Ehe nur allzu gut begründet. – Fortschritte der Gesellschaft sind nicht schon Fortschritte der Kultur; und einen Fortschritt der (bürgerlichen) Gesellschaft hat Luther zweifellos mit seinem Paradigmawechsel der Liebe im *Sermon von dem ehlichen Stand* von 1519 eingeleitet:

(...) daß Manns und Weibs Lieb ist oder sein soll die allergrößt und lauterste Lieb von allen Lieben. (...) Nun gibt es dreierlei Liebe: falsche, natürliche, ehliche. Falsche Liebe, die sucht das ihre, wie man Geld, Gut, Ehre und Weiber außer der Eh liebet wider Gottes Gebot. Natürliche Liebe ist zwischen Vater und Kind, Bruder und Schwester, Freund und Schwager, und dergleichen. Aber über die alle geht die eheliche Liebe, das ist eine Brautliebe, die brennet wie das Feuer und sucht nicht mehr denn das ehliche Gemahl (...).[5]

II

Nicht zufällig sind auch die mit schöner Regelmäßigkeit von Malern und Poeten herbeigerufenen kultivierenden Mächte weiblichen Geschlechts: Venus, die Grazien und die Musen.[6] Fischart macht darin keine Ausnahme, wenngleich die Formulierung, daß »nunmehr das Venerische zum Attribut der schneck- oder schildkrottartigen Hausfrau werden (soll)«, eine hintergründige Zweideutigkeit enthält. *Venerisch* nämlich hatte Paracelsus die bis dahin *mal franzoso*, auch *nova lues* oder *bœse blâteren* genannte Syphilis getauft: sie sei durch Venus, den wechselhaften Unteren Planeten, inkliniert:

Von diesem geht der »viehische« Affekt des »geilen luxus« aus, insofern als durch planetaren »influx« im Geist des Menschen eine »impression« entsteht, aus der eine »imaginaz« erwächst, aus welcher ihrerseits die *cupido* hervorgeht, was schließlich die *actio* nach sich zieht und damit den »Krankheitssamen« vervollständigt: Das im Ejakulat ausgeworfene »französische gift« ist nichts anderes als die »französische krankheit«.[7]

Diese durch Lust Entsetzen verbreitende Planetengöttin Venus ist vielleicht die verborgene Mutter von Fischarts *Ehwalterin vnd Huldgöttin Venus*. Denn wie sich unter ihrem Einfluß die Körper buchstäblich in lebende Leichname auflösten (Erasmus von Rotterdam), jedenfalls bei der hohen initialen Virulenz der ersten Seuchenjahre (1495 begann der Ausbreitungsweg in Deutschland), so scheint unter demselben *influx* die Fessel der protestantischen Sexualmoral fest um die Körper gelegt worden zu sein.

Und Gott stellet sich mit solchen mancherlei bösen Anfällen, als wollt er die Leut schlechts treiben von der Hurerei zum ehlichen Leben (...). Nicht allein aber dienet der ehliche Stand einem jeglichen zu seines Leibs, Gutes, Ehre und Seele Nutz, sondern auch ganzen Städten und Ländern, daß sie Gottes Plagen überhoben bleiben. Denn wir wissen wohl, daß fast die greulichsten Plagen sind über Land und Leute gegangen der Hurerei halben.[8]

Die vagierende, unberechenbare, furchtbare Venus, die in den Augen der Zeitgenossen den physischen **und** den moralischen Körper der Christenheit zerstörte, gebar, wenn ich es recht sehe, in der Reformation den Wechselbalg der *Fruchtbaren EhGöttin* Venus.

Die frühneuzeitliche Mentalität ist jedenfalls durch die vom *Morbus gallicus* ausgelöste Moralpanik (ein hier zutreffender Begriff des amerikanischen Anthropologen Gayle Rubin) nachhaltig geprägt. Heinrich Bebel etwa, der das Schicksal anderer *poetae laureati* teilte und im Jahre 1518 an der Syphilis zugrunde ging, hat in seinem *Triumphus Veneris* (1509) das Weltgeschehen seiner Gegenwart als eine von Venus provozierte »Un-Heilsgeschichte«[9] in den düstersten Farben gemalt:

Myrtigerae Veneris victricia signa per orbem,
Proh dolor, immensum et latissima regna canemus
Et genus humanum (missa virtutis habena)
Luxuria et foedo vitiorum in gurgite mersum.[10]
Die Siegeszeichen der myrtenbekränzten Venus
Besingen wir, o Schmerz!, über den unermeßlichen Erdkreis
  und die weitesten Reiche hin,
Und das Menschengeschlecht (nachdem es den Zügel der Tugend abgestreift hat)
Ist infolge seiner Geilheit und seiner Besudelung mit
  Lastern im Sündenschlamm versunken.

Unter den Geißeln, die Christus in diesem apokalyptischen Säkulum der sündigen Menschheit zur Strafe schickt, nennt die *Praefatio* namentlich die *informia Galli ulcera*, die Syphilis als furchtbare Seuche.

Wenn auch die letzten Beweise fehlen: Man wird trotz der Virulenzabschwächung der bis dahin in der Alten Welt in der Tat nie gesehenen *(invisa)* und nie gehörten *(inaudita)* Seuche nach dem ersten Drittel des Jahrhunderts die sozial-psychologischen Langzeitwirkungen, neben den evidenten auf Mode und Brauchtum, nicht unterschätzen dürfen. Daß sogen. 'Lustseuchen' die moralische Verseuchung der Lust nach sich ziehen, ist ja nicht nur eine historische Erscheinung. Und daher, denke ich, wird man unter den 'exogenen' Faktoren, die das Venerische zum Attribut der Hausfrau werden ließen, eben auch den *viehischen Affekt* des Venerischen nennen müssen.

Die ästhetischen Kosten, die bei dem unbestreitbaren moralischen Gewinn anfielen, hat Marlies Müller exemplarisch fürs Ganze und en detail bilanziert. Ich resümiere nur: Fischarts didaktischer Versuch, die Last der Beherrschung der männlichen 'Natur' bei gleichzeitiger Lustkultivierung umzuschichten auf das weibliche Geschlecht, läßt die Bilder springen: Die emblematisch-allegorischen Konzepte lösen sich unter den antinomischen Zumutungen an die Ehefrau auf; alles Schnitzen und Malen des wortreichen Poeten an der 'Sitz'-Figur der vollkommenen Frau, will's schon die schönste *pictura poiesis* sein, bringt statt Makellosigkeit nur Monströsitäten hervor – 'Schneckengeist im Venusleib' faßt dies in einer sinnreichen Formel zusammen. – Hätte er sich doch gleich eine jener im 16. Jahrhundert beliebten Gliederpuppen zugelegt, die nach Wunsch jede Haltung einnahmen oder Verrenkung ausführten, ohne die Form zu verlieren.

III

Ich möchte nun den Fragenkreis erweitern, zunächst im Blick auf die Schlußthesen des Vortrags. Dabei geht es mir nicht um Fischarts *Philosophisch Ehzuchtbüchlein* allein; meine Fragen sind allgemeinerer Natur, betreffen die Bilder von Liebe, Ehe und Familie insgesamt im protestantischen Raum.

Wäre es nicht denkbar, daß die sogen. Aufwertung der Intimkommunikation (ohne nun gleich passionierte Liebe zu sein) auch eine teilweise Folge der Umpolung der Emotionalität aus dem Bereich des Kultus und der rituellen 'Gefühlsverschwendung' in das, wie Luther gesagt hat, *leiblich Ding*[11] von Ehe und Familie war? Die Disjunktion von Kirche und Ehe führte zu einer Umgründung der Ehe als einem dem *status politicus* und dem *status ecclesiasticus* vorangehenden, von Gott unmittelbar in der Schöpfung gestifteten Stand, der **in sich** heilige Ordnung war. Darum hielt das Regelwerk der Ehelehre zuvörderst zur frommen Achtung dieses Standes selbst an:

Die Erste. Das si disen standt für Gottes werck achten vnd halten (...).[12]

Was dann die Eheleute **einander** schuldeten, deutet meist schon vom Vokabular her an, daß da Teile des semantischen Feldes aus dem rituellen in den familialen Bereich herübergewandert sind: Beistand, Hilfe ('mit aller Liebe und Güte'), Tröstung, Demut, Sanftmut etc. Um es an einem Beispiel deutlich zu machen:

Also sollt man auch ein Weib trösten und stärken in Kindesnöten, nicht, wie im Papsttum geschehen, mit St. Margareten Legenden und andern närrischen Weiberwerken umgehen, sondern also sollt man zu ihr sagen: 'Liebe Frau, gedenket, daß Ihr ein Weib seid und dies Werk Gott an Euch gefället. Tröstet Euch seines Willens fröhlich und laßt ihm sein Recht an Euch, gebt das Kind her und tut dazu mit aller Macht. (...)'[13]

In Ergänzung zu Luhmanns These von der Ausdifferenzierung als Signatur der Epoche wird man den hier angedeuteten Vorgang im Zusammenhang mit der von der protestantischen Lehre initiierten »Entdifferenzierung zwischen Laienschaft und Klerus und zwischen religiösem und weltlichem Leben«[14] sehen müssen. Und noch ein Stück weiter gedacht: Ohne die religiöse Durchformung des Hauses ist wohl auch die Ausbildung einer privaten Sprache der Empfindungen nicht denkbar.

IV

Ich möchte noch auf einen anderen Zusammenhang hinweisen, der gleichermaßen zur Aufwertung der Intimbeziehungen beigetragen haben dürfte.

Die katholischerseits aufrechterhaltene Lehre von den ehehindernden verbotenen Verwandtschaftsgraden hatte einen weitverzweigten Organismus blutsmäßiger und spiritueller Verwandtschaft genährt, in dem sich ebenso weitreichende Bindungen und Verpflichtungen ausdrückten. So heißt es noch in Leon Battista Albertis berühmtem Buch *Vom Hauswesen (Della Famiglia)*, in den Jahren 1437-1441 entstanden:

Man muß daher innerhalb des Geschlechtes eine solche Menschlichkeit und Wohltätigkeit üben, daß die Väter hoffen können, ihren Söhnen werde niemals mangeln, was für ihr Leben notwendig ist.[15]

Mußte nicht die radikale Reduzierung dieser Heiratsverbote durch die Protestanten[16] einerseits die Wahlmöglichkeiten der potentiellen Ehepartner auf einen Schlag vervielfältigen und damit objektiv dem 'Neigungs'-Element mehr Spielraum geben, andererseits aber auch eine Kontraktion der Gefühlswelt auf die **unmittelbare** Familie und ihr Zentrum, das eheliche Verhältnis, nach sich ziehen?

An die Stelle der verzweigten sozialen Allianz der Blutsverwandtschaft, Schwägerschaft, Patenschaft, Adoption etc. traten die segmentierten Einzelfamilien, »die miteinander um Besitz konkurrierten und durch Heirat Kinder austauschten«[17]. Daß Frau und Mann jetzt buchstäblich aufeinander angewiesen waren, zeigt wohl am besten der protestantische Grund, den Thomas Cranmer der Eheschließungsformel des *Prayer-Book* von 1549 hinzufügte:

Mutual society, help and comfort, that the one ought to have of the other, both in prosperity and adversity.[18]

Die Austrocknung der aus zahlreichen Quellen gespeisten Solidarität des Blutes und der spirituellen Verwandtschaft ließ im protestantischen Raum den harten *nucleus* der Familie zurück, der bald in einem Meer von Fremdheit schwamm. Dies, meine ich, ist auch der entscheidende Erfahrungshintergrund von Jörg Wickrams *Nachbarn*-Roman (1556) – der nicht eigentlich den »Rückzug in die Familie«[19] beschreibt, sondern Strategien der Überwindung von Fremdheit und Bedrohung der Familie durch ein neugeflochtenes Netz von guter Nachbarschaft, enger Freundschaft und daraus abgeleiteter Verwandtschaft, also wieder in die unmittelbare Familie mündet.

Die progressive Intimisierung dieses geschaffenen, nicht schon vorgefundenen Netzes findet ihren gleichsam logischen Schluß in der Beschreibung *ein(er) feine(n) gotseligen hochzeit*[20]. – Dem neuen Ernst des bürgerlichen Familienalltags »die Dignität eines besonderen ästhetischen Ernstes zuerkannt«[21] zu haben, macht den *Nachbarn*-Roman gewiß zu einem gattungsgeschichtlichen Ereignis; er darf aber auch als ein wahrhaft beredtes Zeugnis für die Kontraktion der Gefühlswelt gelesen werden – selbst in dem Sinne, daß er die rhetorischen Muster der Intimität 'von überallher zusammenzieht' und sich familiär anverwandelt.

V

Die soziale Geschlossenheit des patriarchalisch regierten Hauses markierte nun die jeweilige Grenze, jenseits derer jeder ein Anderer für den Anderen war – **jeder**, nicht jede, denn das 'feindliche Leben' war männliches Territorium. Was dies für den Mann bedeutet haben mochte, beschreibt Günther Anders so:

> Der Hochmut, den jeder Mann *als* Mann gehabt hatte, wenn er nach Hause kam, ist heute kaum mehr vorstellbar: Er war Herrscher, nicht Herr; und zwar nicht nur, weil er hinaus mußte ins feindliche Leben, sondern weil er *hinausdurfte*; und nun gewissermaßen mit der Weltbeute in der Spinnstube erschien.[22]

Dazu paßt dann recht gut, daß sich Lasarus in Wickrams *Nachbarn*-Roman die Maske des Odysseus vorsteckt, seiner Amelia aber die der geduldig und treu im Hause harrenden, ewig spinnenden Penelope. Wenn schon nicht jeder 'haushäbige' Bürger ein Odysseus sein konnte, so sollte doch jede Frau eine Penelope sein. Männersicht, nicht Frauensicht. Schlag nach bei Shakespeare: Im *Coriolan* erklärt Valeria dem *holden Schweigen* Virginia, der stillen, tugendhaften, häuslichen Gattin des Helden:

> *You would be another Penelope; yet they say all the yarn she spun in Ulysses' absence did but fill Ithaca full of moths.*[23]

Was gut ist für den Mann, ist auch gut für die Motten. – England hieß im 16. Jahrhundert 'das Paradies der Ehefrauen'[24], was von Deutschland nicht gesagt werden kann. Hier war »die topographische Differenz der Eheleute (...): 'sie drinnen, er draußen'«[25] schärfer in die Landkarte eingezeichnet. Und wo nicht – für *Ausfraun* (Fischart) hatte schon Thomas Murner 'schlagende' Argumente parat:

Darumb ich bit üch, lieben mann,
wenn üwre wib so lang dus gan,
Biß sie zů letst ein besen kauffen,
so sollendt ir den stil vß rauffen
Vnd ir den vber die lenden messen,
zwo, dry elen nit vergessen.
Spricht sie: lieber mann, hőr vff!
so bit ich dich, gib noch ein puff,
Laß redlich vff sie bengel regen,
darnach küß sie von mynen wegen.[26]

Diese Art von Intimkommunikation hat der Protestantismus keineswegs abgeschafft, aber doch, wie es so schön heißt, zu 'mildern' gesucht:

Vnd weil das weib auß seiner seytten genommen / sie nicht für einen fůßschemmel sondern als seine mitgehülffin zůhalten.[27]

Oder, wie es bei Luther in seiner *Predigt vom Ehestand* von 1525 heißt:

'Ihr Männer, liebet eure Weiber als eure eigenen Leiber. Wer sein Weib liebet, der liebet sich selbst.' Da höret ihr, wie fein der Apostel lehret, wie sich der Mann gegen sein Weib halten soll, also, daß er sie nicht soll achten, als wäre sie ein Fußtuch, wie sie denn auch nicht aus einem Fuße geschaffen ist, sondern aus des Mannes Rippe mitten im Leib, daß sie der Mann nicht soll anders halten, als sei sie sein eigen Leib und Fleisch.[28]

VI

Nun ist unbestritten, daß die reformatorische Theologie, indem sie auf der Ehe als einziger Berufung bestand, auch die Stellung der Frau als Ehefrau, Hausfrau und Hausmutter aufwertete; doch auf das Wörtchen **als** kommt es an. Die Aufwertung galt vornehmlich insofern, als sie 'Funktion' von etwas anderem war, zuallererst 'Funktion' des Mannes:

(...) das weib ist vmb des Mannes willen da / gleich wie der Knecht vmb seines Herren willen / (...)[29]

Diese 'Funktion' hatte sie vollständig zu habitualisieren, zu ihrer 'Natur' zu machen. Da griff der Priester in der Brautpredigt schon mal zum Mittel der semantischen Nötigung:

Was heisset aber freündtlich sein? Warlich nichts anders / dann das sich das Weib nach dem manne richte / in gebården / worten vnd wercken / sich in seine weyse schicke / sich behåglich vnnd zůthåtig mache / in feiner Demůt vnnd Sanfftmůt.[30]

Damit nicht genug; sie hatte nun im Dienst an diesem ihren 'natürlichen' Herrn aufzugehen, in ihn ihr komplettes Potential an Gefühlen zu investieren. Das wurde ihr in *gewaltige(n) exempel(n)* vor Augen gestellt:

Ein heüßlich Weib ist jrem Manne ein freüde / vnd machet jm ein růwig leben. (...) Ein Weib soll auch fromb vnd mildt sein / Proverb. xxxj. / Item / Holdtselig / wie die Abigail / Nabals weib. Item / Stillschweigend. Item / Sie soll jrem Manne in der Ehe / treüw vnd glauben halten (...). Summa / ein Weib soll jren Ehemann vber alles lieben / das inn der welt ist. Welche gewaltige exempel findet man in der Heyden bůchern / von solcher Ehelichen liebe vnd treüwe. Penelope hat jren Mañ Vlyssem / so lieb gehabt / das sie zwentzig gantzer Jar nach jm geharret hat / ehe er wider zů Hauß kommen ist. Julia des Pompei weib / als jres Mannes kleidt / mit blůt besprenget / heimbracht ward / erschrack sie so sehr / das sie daruon starb. Hipsicratea ist bey jhrem Herren / dem Kônig Mithridate / in allen kriegen vnnd gefahr gewesen. Sulpitia / als jr Mann auß Rom vetriben worden / vnnd die Můtter sie nicht wolt folgen lassen / hat sie sich in einer Magd rock verkleidet / vnnd ist also heimlich zů jrem Manne gelauffen. Flacilla vnnd Egnaria / haben lieber groß gůt vnd gantze lånder / wôllen faren lassen / dann jre Månner / Wie auch Isabella / des vertribnen Kônigs Christierni zů Dennmarck Gemahel / gethon. Als Robertus der Kônig zů Engellandt / mit einer gifftigen wehre / tôdtlich verwundet worden / vnnd niemandt die wunde wolt außsaugen lassen / damit nicht ein anderer auch vergifftet würde / hat sein Gemahel stillschweigend jhm im schlaff / die gifft außgezogen / mit jres lebens gefahr / Aber Gott belohnet jhre treüwe / das jr solches nichts schadet.[31]

Die Exempelkette[32] deutet an, daß sich solche Sakrifizien ehelicher Liebe tief ins Herz senken sollten; sie zeigt aber auch, wie unterschiedslos Traditionen hergenommen wurden, um das Frau-Sein *vmb des Mannes willen* einzuschärfen. Was immer Bräute in Stadt und Land sich dabei gedacht haben mögen: Die Exempel aus der hohen Sphäre der 'Regenten' paßten wohl wenig auf die *privatam domum*, die der zeitgenössischen Poetik – anders als Wickram, aber vielleicht mit mehr Recht – als die Sphäre des Komischen galt (Caselius: *Pro arte poetarum*, 1568).

Es war vom »Ideal der Ehefrau« die Rede, »die isoliert von eigenen Freunden und Verwandten (...) ganz in der Befriedigung männlicher Bedürfnisse aufgehen und selbst einem 'vngeschlachten Man' untertan sein soll wie einer 'Tiranischen Oberkeyt'.« Das ist die Konsequenz der Ehe als moralischer Anstalt. Nur scheint mir da die Einschließung der Ehefrau noch weiter getrieben als in dem nun schon mehrfach zitierten (und offenbar von Fischart kräftig geplünderten) *Ehespiegel* Cyriacus Spangenbergs[33], der in seiner neunten Regel für den Ehestand, gleichsam als Ersatz für die consanguinische Allianz und die heiligen Nothelfer, forderte:

Eheliche leüte sollen mit allem fleiß darnach arbeyten / das sie besondere Freünde gewinnen / zů denen sie in jren anligen / ein gewissen vnnd sicheren zůgang haben / bey jnen hülff vnd raht zů sůchen.[34]

Das wirft noch einmal ein helles Licht auf Wickrams Pathos der Freundschaft im *Nachbarn*-Roman: (...) *das ir fründschafft nimermer ausgelest werden mag.*[35]

VII

Nach diesen kursorischen Hinweisen auf weitere Kontexte, aus denen eine Intimisierung und Intensivierung des emotionalen Feldes in der unmittelbaren Familie und ihrem engeren Umkreis abgeleitet werden kann, möchte ich mich nun etwas eingehender der sprachlichen Seite zuwenden.

Ich versuche, den Gedanken in zwei Richtungen fortzuführen: einmal möchte ich zeigen, daß der Begriff 'Kommunikation' in der Regel nur asymmetrisch auf das normativ gefaßte Geschlechterverhältnis bezogen werden kann; zum andern möchte ich das Augenmerk darauf lenken, daß sich die Liebessemantik durchaus auch in sozialen Räumen entfaltete, die sich dem kontrollierenden Zugriff entzogen; daß also der Eros im Prokrustesbett der Ehe noch einen unordentlichen Verwandten hatte. Beide Aspekte berühren das Problem von Sprache und Sprechen in der zunehmend literarisierten Lebenswelt der frühneuzeitlichen Städte.

Einmal abgesehen von den spezielleren Fragen nach Inhalt und Form ist Lesepraxis in dieser Zeit nicht irgendeine beliebige 'Freizeit'-Beschäftigung, sondern in hohem Maße Einübung in ein Sprach- und damit Sozialverhalten. Sie geht häufig auf eine die Vorbilder imitierende Sprechpraxis aus, die wiederum als sozial signifikant erscheint und das gesellschaftliche Ordnungsmodell im ganzen wie auch die Verteilung und Hierarchisierung der Geschlechterrollen ins Spiel bringt.[36] Mit anderen Worten: Lesepraxis und Lebenspraxis sind offenbar viel enger verzahnt, als man zunächst annehmen möchte.

Fischart ist auch in diesem Sinne 'sprachbewußt'. Er verfolgt im *Ehzuchtbüchlein* eine Diktion, die sich nach oben hin von dem als *hochtrabend* und *hochtragend* klassifizierten Redestil des prunkend-pathetischen Schauspiels (meint die Tragödie) und nach unten hin von der niederen *schlechtfügige(n) Red* abgrenzt. Das eine gilt ihm als *vnburgerlich*, das andere als *veråchtlich.*[37] Da er hier im Kollektivum spricht, intendiert er ganz offensichtlich eine auf 'Maß und Mitte' gerichtete Sprechpraxis, die den gehobenen urbanen Mittelschichten soziale Ortsbestimmung qua Sprache sein soll, Ortsbestimmung vor allem im ehelichen Verkehr.

Die Kultivierung ehelicher Sexualität ist bei ihm, um dies noch einmal hervorzuheben, denn auch in erster Linie eine Frage des angemessenen sprachlichen Handelns. Anempfohlen wird eine moderate Liebesrhetorik, die vom Pathos der Leidenschaft ebensoweit entfernt ist (und daher kaum passionierte Liebe genannt werden kann) wie vom plebejischen Pochen und Trotzen auf eheliche Rechte. Mit seiner Assoziierung der *Libmåchtigen Venus* und des *Gespråchkünstlichen Mercurij* greift Fischart indes ein schon der protestantischen Ehepredigt geläufiges Rezept auf:

Vnd vmb der vrsache willen / haben auch die alten Weisen / den Mercurium / den sie für einen Gott des wolredens hielten / vnd die Venerem / die Gőttin der liebe / zůsammen gesetzt vnnd gestellt / damit zůlehren / das die Eheliche liebe am meisten / ein geschickliche / freündtliche vnnd demůtige rede bedőrffe / damit beider wille desto besser vereynigt werden mőge. [38]

Die der *Eheliche(n) liebe* amalgamierte *ars rhetorica* – Ovid gleichsam für den Hausgebrauch – zielt hier weniger aufs Erotische als auf eine 'Verbesserung' der Willensvereinigung, des *concubitus*, und diese Kunst hat nicht umsonst einen männlichen Gott, der, wie bekannt, für jede Art von 'Verkehr' zuständig ist.

Wie moderat sich im übrigen die Fischartsche Didaxe gibt, sie hält doch mit allem Nachdruck am männlichen Primat der Rede fest, während umgekehrt gilt, daß die Frau, wie eben die Schnecke mit ihren angeblich 'großen Ohren', ganz aufs Gehör gestellt sei. Das Hören – der passivste aller Sinne – sei nachgerade der Frauen hohe Zier. (Eine Kuriosität am Rande: Die Abalone genannte Meeresschnecke aus der Gattung der 'Seeohren' darf noch heutigentags bei keinem südostasiatischen Hochzeitsessen fehlen.) Insofern darf man die auf das sinnvoll-nutzreiche bürgerliche 'Maß und Mittel' herabgestimmte Gesprächskunst einer männlichen Sprachstrategie der 'Verkehrsverbesserung' zuordnen.

VIII

Im Geschlechtersymbolismus des 16. Jahrhunderts entspricht dem Gegensatz weiblich/männlich ja nicht nur das Gegensatzpaar drinnen/draußen bzw. häuslich/öffentlich oder unten/oben, Untertan/Regierer, Knecht/Herr, Leib/Kopf, Gehilfin/Meister etc., sondern auch die grundsätzliche Asymmetrie der Kommunikation: still/beredt bzw. hörend-gehorchend/sprechend-befehlend. Wo man auch hinschaut in der frühneuzeitlichen Literatur: Die Polemik gegen die vielredende oder geradewegs schwatzhafte Frau ist notorisch, während als

En tel estat que uoyez, noz ancestres,
Dame Venus iadis uoulurent paindre,
Bien cognoist on, que les souuerains maistres
En la faisant, ne se uoulurent faindre,
Et pour l'effet du sens misticque attaindre
Par la tortue, entendre est de besoing,
Que femme honneste aller ne doit pas loing,
Le doigt leue, qu'a parler ne s'auance,
La clef en main, denote qu'auoir soing
Doit sur les biens du mary, par prudence.

Emblem von Guillaume de La Perrière, Paris 1539

Daran, wie einst die Alten Venus malten, erkennt man wohl, daß jene vortrefflichen Meister sich alle Mühe gaben, als sie sie darstellten. Und damit man den geheimen Sinn versteht, muß man begreifen, daß die Schildkröte bedeutet, die tugendhafte Hausfrau solle sich nicht weit vom Hause entfernen. Sie hebt den Finger, denn sie muß verschwiegen bleiben, und der Schlüssel in der Hand deutet darauf, daß sie für die Güter des Gatten mit Umsicht sorgen muß.

Idealbild die Frau hingestellt wird, die ihr Schweigen nur unterbricht, wenn sie gefragt wird.

Das setzt sich fort bis in die gelehrten Modelle eines christlichen Utopia: In Johann Valentin Andreaes *Christianopolis* von 1619 heißt es von der als *Gewissen* allegorisierten Gattin des Theologen: *Sie spricht nur, wenn es nötig ist; im übrigen liebt sie das Schweigen.* Und der Erzähler, der als Gast in dieser frommen Inselrepublik weilte, fährt fort: *Wenn ich an sie zurückdenke, wie graut mir dann vor den Frauen dieser Welt (...).*[39] Die Insel der Glückseligkeit ist ein Reich des weiblichen Schweigens. Frau-sein und Still-sein fällt hier fast schon in eins.

Seine autoritative Geltung bezog dieser Lehr- und Hauptsatz seit jeher aus der Bibel (1. Tim. 2, 11-12). Im buchstäblichen Glauben des Protestantismus entfaltete das Pauluswort indes seine ganze autoritäre Macht, zumal dann, wenn es nun in der Brautpredigt von der Kanzel herab verkündigt wurde:

Einem Weibe gestatte ich nicht / das sie lehre / auch nicht / das sie des Mannes Herre sey / sondern stille sey (...).[40]

Daß Sprache nicht einfach ein 'Werkzeug der Kommunikation', sondern selbst Werkzeug zur Ausübung von Herrschaft sei, ist ein Gemeinplatz der Eheliteratur dieser Zeit. Weibliche Beredsamkeit gefährdet den männlichen Sprach- und Herrschaftsprimat:

Aber die Beredsamkeit bei Frauen ist nicht zu loben. Für sie ziemte es sich vielmehr, nur zu stammeln und zu lallen; das stünde ihnen wohl besser an.[41]

Für bestimmte Situationen wurden im übrigen genauere Anweisungen zum 'kommunikativen Verhalten' gegeben:

(...) / ein Weib soll jren Mann die geschåffte / ausser Hauses / außrichten lassen / vnnd nichts drein reden / Sie derweil der Haußhaltung warten / vmb die dinge / die jhr zůwissen nicht gepüren / nicht vil fragens machen / würde er aber jhres rahts begeren / soll sie seine meynunge anhören / aber nicht schwinde sein noch eylen / mit der antwort / sondern seinen fürschlag hören / nicht treiben noch begeren / das man jhres rahts folgen můste (...).[42]

Wenn die der ehelichen Sexualität beigesellte *Gespråchkunst* das Herrschaftsverhältnis qua Sprache nicht tangiert, wie steht es dann aber mit der *ars erotica*, der Erotisierung der Ehe insgesamt, die Marlies Müller zu Recht in den Mittelpunkt ihrer Analyse gestellt hat? Sie scheint ein Fortschritt gegenüber der *force de nature* zu sein. Aber könnte es nicht sein, daß die ihren *huldreyzenden Venusgürtel* ins Spiel bringende und auf ihn als ihre *stårkste kraft vnd bestes Laufmir-nach* verwiesene Ehefrau eben dieselbe Frau ist, die keine andere Macht mehr hat oder haben soll?

Wenn die Frau keine andere Rechts- oder Machtquelle hat als die erotische und durch nichts anderes Chancen hat, dann hat sie diese Mitgift bis ins Subtilste auszubilden. Vermutlich steht Kultur der Sinnlichkeit im umgekehrten Verhältnis zu den Rechten der Frau.[43]

IX

Die in der Eheliteratur aufgerichtete Ordnung der asymmetrischen Kommunikation hatte ihren Ursprung, so vermute ich, in höchst un-ordentlichen Verhältnissen, die zu Teilen wenigstens wiederum mit Literatur zu tun hatten, genauer: mit der Literarisierung der frühneuzeitlichen Gesellschaft.

Das Buch – sächlich – hat kein Geschlecht; die Literatur – weiblich – ebensowenig; anders die, die sie schreiben und lesen. Wer aber Schriftkenntnis und verfügbare Zeit zum Lesen hat, nimmt an einer kulturellen Praxis teil, die erst einmal frei ist von der Geschlechtsfixierung. Das kann zum Skandalon werden, wie jede kulturelle Praxis, die auch die Frau »über die Gegensatztatsache der Geschlechtlichkeit hinweghebt«[44].

Man darf aus einer Reihe von Zeugnissen auf lesende Frauen als ein gewichtiges, den Männern gewiß nicht nachstehendes Publikum schließen. Und gelesen wurden in den gehobenen urbanen Mittelschichten und Oberschichten besonders auch die *vulgares libri*[45] bzw. *pestiferi libri*[46], jene volkssprachlichen Erzähltexte, die mit *bůlschafften*[47] nicht sparten. Daß mit diesen Büchern dem nutzlosen und letztlich verderblichen Müßiggang Vorschub geleistet würde, ist ein stereotyper Vorwurf, der beide Geschlechter trifft. Entscheidend scheint mir im Hinblick auf die spezifisch frauenorientierte Polemik etwas anderes zu sein: Besonders im fiktionalen Medium der Erzählkunst wird das Geschlecht zum Spiel, und die Lektüre stimulierte offenbar wiederum einen spielerischen Umgang mit dem Geschlecht. Erotische Sprachspiele entfalteten sich, gingen hinüber und herüber und ließen beides hinter sich: die Ordnung 'Still'/'Beredt' und die dem freien Spiel abholde Sittenordnung der frühneuzeitlichen Kommunitäten überhaupt:

(....) auß welchen bůchlein auch die jungen Diernlein also gelehrt werden / daß sie mit spott vnd sprichwőrtel vmb sich werffen / auch mit den bulern vnd zunichtigen buben darauß / auff etliche stund disputieren / schnadern / schwatzen / vnd lange bulbrieff schreiben kůnden / vnd welche solches kan / die wird erst fůr erbar / geschickt / freundlich vnd hőflich gehalten.[48]

Die Lektüre machte nicht nur 'beredt' und bedrohte somit die Grenzlinien zwischen den Geschlechtern, sie förderte auch die Ausbildung einer Liebessemantik, die im Wortsinn 'herrenlos' vagierte. Schon von daher bestand für Fischart

Grund genug, sie in die Zucht der Ehe zu nehmen. Im ganzen freilich bleiben die Folgen der Literarisierung für das Geschlechterverhältnis erst noch zu untersuchen.

X

Ich möchte behaupten, daß die für das 16. Jahrhundert charakteristische gelehrte, theologische und didaktische 'Ordnungs'-Literatur als eine Antwort auf die zunehmende Komplexität der Gesellschaft verstanden werden muß. Ihr Umfang und ihre Massivität sprechen für einen hohen 'Regelungsbedarf' in allen Bereichen des öffentlichen und vermehrt auch des privaten Lebens, nicht zuletzt in den Fragen von Ehe- und Hausstand.

Symptomatisch scheint mir in dieser Hinsicht bereits die Vorrede zu Spangenbergs *Ehespiegel*, die *die gantze handlunge / vom heyligen Ehestande / in eine gewisse ordnunge getheylet*[49] ankündigt und dem Verfasser Gelegenheit gibt, sich folgendermaßen über sein Predigt-Regelwerk auszusprechen:

Das ich also verhoffe / man soll nicht leicht ettwas vom Ehestande / sagen vnd lehren kǒnnen / des ich nicht in disen Brautpredigten gedacht hette.[50]

In nicht weniger als siebzig Predigten wird denn auch so gut wie alles 'geregelt', was irgend mit diesem Stand in Verbindung steht – ob es um den *Tischgang auff Hochzeyten* (44. Predigt) oder um Schwangerschaft und Geburt geht (56. bis 59. Predigt). Die ordnende Dreizahl der Trinität strukturiert das Ganze und seine synthetisch aufgebauten Teile. Daß jedoch Norm und Realität mitunter weit auseinanderklafften, selbst in dem Angelpunkt des Geschlechterverhältnisses, wird gelegentlich nicht weniger massiv als 'Regelverstoß' zur Sprache gebracht. Hierzu möchte ich einige abschließende Hinweise geben.

Der im 16. Jahrhundert breit geführte männliche Diskurs über die häusliche Zurichtung der Frauen ist – ob Predigt, Traktat oder Didaxe – immer auch 'gegen den Strich' zu lesen, als sicheres Indiz für den ungebrochenen weiblichen Eigensinn:

(...) dann die erfarunge gibts / das man wenig Weiber findet / die jhren Ehemǎnnern gehorsam vnnd underthǎnig sein wǒllen / sondern seind des mehrern theyls stoltz / frǎch / hartnǎckig vnnd eigensinnig / wǒllen sich nicht regieren lassen / sondern allzeyt selbst Doctor Sieman sein / (...)[51]

Schon in Luthers *Predigt vom Ehestand* von 1525, dem Jahr des Aufstands nicht nur des 'gemeinen Mannes', sondern auch mancher 'gemeinen Frau' gegen die Herrschaft[52], liest man über die weibliche 'Leidensbereitschaft':

Und ich will glauben, daß die Weiber die vorigen beiden Strafen, wiewohl sie schwerer sind, nämlich Schmerz und Kümmernis, wenn sie schwanger gehen, eher und lieber, ja auch williger und geduldiger leiden wollten, denn daß sie sollen den Männern untertan und gehorsam sein, so gerne herrschen und regieren die Weiber von Natur, ihrer ersten Mutter Eva nach.[53]

Der Mann Luther hatte, wie bekannt, eine ausgesprochen starke Frau an seiner Seite und sprach denn auch einmal über Tisch hin:

Wenn ich noch einmal freien sollte, wollte ich mir ein gehorsam Weib aus einem Stein hauen; sonst hab ich an aller Frauen Gehorsam verzweifelt.[54]

Wir, hat er für das angeblich 'starke Geschlecht' gesagt, *fürchten uns alle vor dem Eigensinn der Frauen (...)*[55]. Darum schlage ich vor, nun auch im einzelnen zu untersuchen, wie und unter welchen Umständen sich dieser weibliche Eigensinn behaupten konnte. Bei der Frage nach dem Wie spielen m.E. sprachliche Zeichen und andere Symbole eine wichtige Rolle (und schon aus diesem Grunde kann die Frauenforschung auf sprach- und literarhistorische Untersuchungen nicht verzichten). Werden sie einerseits gebraucht, um Männer 'oben' und Frauen 'unten' zu halten, so schließt das andererseits nicht aus, dieser sprachlichen Unterwerfungsstrategie eine sprachliche Widerstandsstrategie entgegenzusetzen. Schriftkenntnis, im protestantischen Raum zumal die Kenntnis der Heiligen Schrift, konnte da von einigem Nutzen sein:

Jha eben darumb tragen die Weiber Schleyer / Hauben / Mützen / vnd andere decken vber jren Heüptern / das man daran sehen soll / das sie nicht frey vnd jre eygne herren / sonder einem anderen vnderworffen seind / S. Paulus nennet solche bedeckung des haupts / eine macht / das ist / ein zeychen dabey man mercken soll / das daß Weib vnder des Mannes macht sey. Das aber etliche Weiber hiewider sagen / die heylige Schrift gebe jnen den Nammen / das sie Mänin heissen / darumb jnen die Herrschafft vnnd regierung gleich so wol / als dem Manne / gebüre / faren derhalben zů / vnnd vnderstehen sich des Regiments / vnd wöllen keiner vnderthänigkeit geständig sein / solches ist ein fräuel / (...)[56]

Es lohnte den Versuch, einmal den Spuren von *Doctor Sieman* und der *Männin* in der Geschichte des 16. Jahrhunderts nachzugehen. Das Selbstbild der Frauen scheint jedenfalls ein anderes gewesen zu sein – als **Schneckengeist im Venusleib.**

Anmerkungen

1 Murner, Die Geuchmat (1519), 1931, S. 198 (Vs. 4513 ff.).
2 Ortner 1974; zum Verhältnis 'weiblich'/'männlich' hat übrigens schon der Arzt und Philosoph Heinrich Cornelius Agrippa von Nettesheim (1486 – 1535) in seiner 1509 erschienenen Schrift »De nobilitate et praecellentia feminei sexus« eine gegenteilige Auffassung vertreten (cf. jetzt den Nachdruck der deutschen Ausgabe Jena 1736: Agrippa von Nettesheim 1987).
3 Andreas Capellanus ²1972, S. 15 f.
4 Cf. Bumke ²1986, S. 527 ff.
5 Luther, Ein Sermon von dem ehlichen Stand (1519), in: Luther, Vom ehelichen Leben, 1978, S. 4 f.; cf. im ganzen Suppan 1971.
6 Cf. Benton 1968; Schnell 1985.
7 Keil 1986, S. 121.
8 Luther, Vom ehelichen Leben (1522), in: Luther, Vom ehelichen Leben, 1978, S. 39 f.
9 Hess 1971, S. 299.
10 (Heinrich Bebel:) Triumphus Veneris sex libris conscriptus Heroico carmine (1509), zit. nach Hess 1971, S. 299.
11 Luther, Vom ehelichen Leben (1522), in: Luther, Vom ehelichen Leben, 1978, S. 22.
12 Spangenberg 1563, 6. Predigt, Bl. XVIII^{v}; nachweisbar sind folgende teils erweiterte Ausgaben: Straßburg 1561, 1563, 1567, 1570, 1577, 1578; Eisleben 1562, 1567 [VD 16].
13 Luther, Eine Predigt vom Ehestand (1525), in: Luther, Vom ehelichen Leben, 1978, S. 68 f.
14 Davis, Gesellschaft und Geschlechter (zuerst engl. 1976), in: Davis 1986, S. 132.
15 Alberti 1986, S. 138.
16 Cf. Luther, Welche Personen verboten sind zu ehelichen (1522) und ders., Vom ehelichen Leben (1522), in: Luther, Vom ehelichen Leben, 1978, S. 11 f. und S. 19 ff.
17 Davis, Die Geister der Verstorbenen, Verwandtschaftsgrade und die Sorge um die Nachkommen (zuerst engl. 1977), in: Davis 1986, S. 44.
18 Zit. nach Schücking 1964, S .31.
19 Kartschoke 1982, S. 739 (mit Verweis auf Müller 1980).
20 Wickram 1969, IV, S. 6, 4.
21 Kartschoke 1982, S. 741.
22 Anders 1986, S. 49.
23 Shakespeare 1966, S. 832.
24 Zit. nach Schücking 1964, S. 37.
25 Anders 1986, S. 50. – Der Gegensatz 'häuslich'/'öffentlich' zeigte sich auch im städtischen Schauspiel. Da dies als öffentliches Handeln im gesellschaftlich-politischen Raum verstanden wurde, blieben die Frauen in der Regel von der Spielbühne ausgeschlossen. Für Basel sind indes zum Jahr 1546 zwei Ausnahmen bezeugt (cf. Platter, Tagebuch, 1976, S. 83 f.).
26 Murner, Die Mühle von Schwindelsheim (1515), 1923, S. 30 (Vs. 681 ff.).
27 Spangenberg 1563, 13. Predigt, Bl. XXXVII^{r}.

28 Luther, Eine Predigt vom Ehestand (1525), in: Luther, Vom ehelichen Leben, 1978, S. 66.
29 Spangenberg 1563, 14. Predigt, Bl. XLI^{r}.
30 Ibid., 13. Predigt, Bl. XXXIX^{v}.
31 Ibid., 12. Predigt, Bl. XXXVI^{r}
32 Zum Predigtexempel bei protestantischen Theologen cf. Rehermann 1977; s. auch Wolf 1960/1962.
33 Zur Biographie cf. Beste 1858; Schröder 1893; G. Kawerau 1906; zum »Ehespiegel« cf. W. Kawerau 1892; Schreier-Hornung 1984; Tschimpke 1984.
34 Spangenberg 1563, 6. Predigt, Bl. XIX^{r}.
35 Wickram 1969, IV, S. 6, 3.
36 Cf. Kleinschmidt 1982, S. 183 f.
37 Fischart 1895, III, S. 293 f.
38 Spangenberg 1563, 12. Predigt, Bl. XXXIIII^{r}.
39 Andreae 1975, S. 54 f.
40 Spangenberg 1563, 12. Predigt, Bl. XXXII^{r} (1. Tim., 2, 12).
41 Luther, Tischreden, 1981, S. 290.
42 Spangenberg 1563, 47. Predigt, Bl. CLXXXIIII^{r}.
43 Anders 1986, S. 69.
44 Simmel, Das Relative und das Absolute im Geschlechter-Problem (1911), in: Simmel 1985, S. 205.
45 Juan Luis Vives, Von vnderweysung ayner Christlichen Frawen (Augsburg 1544), Bl. IX^{v}, zit. nach Kleinschmidt 1982, S. 119.
46 Juan Luis Vives, De Institutione foeminae Christianae (Basel 1538), S. 24, zit. nach Kleinschmidt 1982, S. 120 Anm. 175.
47 J.L. Vives, Von vnderweysung (wie Anm. 45), Bl. IX^{v}, zit. nach Kleinschmidt 1982, S. 119.
48 Tractat Herrn Gabriel Putherbeien von Thuron / etc. Von verbot vnnd auffhebung deren Bůcher vnd Schrifften / so in gemain one nachtheil vnnd verletzung des gewissens / auch der frembd vnd erbarkeit / nit mögen gelesen oder behalten werden (...) in das hoch Teutsch getrewlich vnd verstendlich tranßferiert durch Johann Baptista Fickler (München 1581), Bl. 32^{r}, zit. nach Kleinschmidt 1982, S. 184.
49 Spangenberg 1563, Vorrede, S. 1.
50 Ibid., S. 2.
51 Spangenberg 1563, 12. Predigt, Bl. XXXI^{v} - XXXII^{r}.
52 Cf. Strobach 1975, S. 242 ff.; eine nähere Untersuchung zum Verhalten und zum Anteil der Frauen an der Aufstandsbewegung der Jahre 1524 – 1526 fehlt.
53 Luther, Eine Predigt vom Ehestand (1525), in: Luther, Vom ehelichen Leben, 1978, S. 70.
54 Luther, Tischreden, 1981, S. 291.
55 Ibid., S. 279.
56 Spangenberg 1563, 12. Predigt, Bl. XXXII^{v}.

Quellen

Agrippa von Nettesheim: Von dem Vorzug und der Fürtrefflichkeit des weiblichen Geschlechts vor dem männlichen. Hrsg. von Gerd Kimmerle. Tübingen 1987 (Fotomechan. Nachdr. d. Ausg. Jena 1736).

Leon Battista Alberti: Vom Hauswesen (Della Famiglia). Übers. von Walther Kraus. Eingel. von Fritz Schalk. Mit Anmerkungen sowie einem Namen- und Sachregister. München 1986 (Zuerst Zürich 1962).

Andreas Capellanus: Andreae Capellani Regii Francorum De Amore libri tres. Rec. E. Trojel. Ed. altera. München 1972.

Johann Valentin Andreae: Christianopolis. Aus dem Lateinischen übers., komment. und mit einem Nachw. hrsg. von Wolfgang Biesterfeld. Stuttgart 1975.

Johann Fischart: Werke. Eine Auswahl. Teil I - III. Hrsg. von A. Hauffen. Stuttgart o.J. (1895) (DNL 18, I - III).

Martin Luther: Tischreden. Hrsg. von Kurt Aland. Stuttgart 1981 (Zuerst Stuttgart 1960).

Martin Luther: Vom ehelichen Leben und andere Schriften über die Ehe. Hrsg. von Dagmar C.G. Lorenz. Stuttgart 1978.

Thomas Murner: Die Geuchmat. Hrsg. von Eduard Fuchs. Berlin/Leipzig 1931 (Thomas Murners Deutsche Schriften. Bd. V.).

Thomas Murner: Die Mühle von Schwindelsheim und Gredt Müllerin Jahrzeit. Hrsg. von Gustav Bebermeyer. Berlin/Leipzig 1923 (Thomas Murners Deutsche Schriften. Bd. IV.).

Felix Platter: Tagebuch (Lebensbeschreibung) 1536 – 1567. Hrsg. von V. Lötscher. Basel/Stuttgart 1976.

William Shakespeare: The Complete Works. A new edition, ed. with an introduction and glossary by Peter Alexander. London and Glasgow 1966 (Zuerst 1951).

Cyriacus Spangenberg: Ehespiegel: Das ist / Alles was vom heyligen Ehestande / nützliches / nŏtiges / vnd trŏstliches mag gesagt werden. In Siebentzig Brautpredigten: zůsammen erfasset. Durch M. Cyriacus Spangenberg / im Thal Manßfeldt. Vnd jetzunde auffs neüw vom Authore selbst fleissig vberlesen / vnd an vilen orten trefflich gemehret vnd gebessert. Getruckt zů Stratzburg / durch Samuel Emmel. Anno M.D. LXIII (Straßburg 1563).

Georg Wickram: Von Gůten und Bŏsen Nachbaurn. Hrsg. von Hans-Gert Roloff. Berlin 1969 (Georg Wickram: Sämtliche Werke. Hrsg. von H.-G. Roloff. Bd. IV.).

Sekundärliteratur

Günther Anders: Lieben gestern. Notizen zur Geschichte des Fühlens. München 1986.

John F. Benton: Clio and Venus. A Historical View of Medieval Love. In: The Meaning of Courtly Love. Hrsg. von F.X. Newman. Albany, N.Y., 1968.

Wilhelm Beste: Die bedeutendsten nachreformatorischen Kanzelredner der lutherschen Kirche des XVI. Jahrhunderts: in Biographien und einer Auswahl ihrer Predigten. Bd. 2. Leipzig 1858.
Joachim Bumke: Höfische Kultur. Literatur und Gesellschaft im hohen Mittelalter. 2 Bde. 2. Aufl. München 1986.
Natalie Zemon Davis: Frauen und Gesellschaft am Beginn der Neuzeit. Studien über Familie, Religion und die Wandlungsfähigkeit des sozialen Körpers. Aus dem Amerikanischen von Wolfgang Kaiser. Berlin 1986.
Günter Hess: Deutsch-lateinische Narrenzunft. Studien zum Verhältnis von Volkssprache und Latinität in der satirischen Literatur des 16. Jahrhunderts. München 1971 (MTU. Bd. 41).
Dieter Kartschoke: »Bald bracht Phebus seinen wagen ...« Gattungsgeschichtliche Überlegungen zu Jörg Wickrams »Nachbarn«-Roman. In: Daphnis 11 (1982), S. 717-741.
Gustav Kawerau: Cyriacus Spangenberg. In: Realencyklopädie für protestantische Theologie und Kirche. Hrsg. von Albert Hauck. 3. und verm. Aufl. Leipzig 1906, Bd. 18.
Waldemar Kawerau: Die Reformation und die Ehe: Ein Beitrag zur Kulturgeschichte des sechzehnten Jahrhunderts. Halle/S 1892 (Schriften des Vereins für Reformationsgeschichte. Bd. 39).
Gundolf Keil: Seuchenzüge im Mittelalter. In: Mensch und Umwelt im Mittelalter. Hrsg. von Bernd Herrmann. Stuttgart 1986, S. 107-128.
Erich Kleinschmidt: Stadt und Literatur in der Frühen Neuzeit. Voraussetzungen und Entfaltung im südwestdeutschen, elsässischen und schweizerischen Städteraum. Köln/Wien 1982 (Literatur und Leben. N.F. Bd. 22).
Jan-Dirk Müller: Frühbürgerliche Privatheit und altständische Gemeinschaft. Zu Jörg Wickrams Historie »Von Gůten und Bősen Nachbaurn«. In: IASL 5 (1980), S. 1-32.
Sherry B. Ortner: Is Female to Male as Nature is to Culture? In: Woman, Culture and Society. Hrsg. von Michelle Zimbalist Rosaldo und Louise Lamphere. Stanford 1974, S. 67-88.
Ernst Heinrich Rehermann: Das Predigtexempel bei protestantischen Theologen des 16. und 17. Jahrhunderts. Göttingen 1977.
Rüdiger Schnell: Causa amoris. Liebeskonzeption und Liebesdarstellung in der mittelalterlichen Literatur. Bern/München 1985 (Bibliotheca Germanica. Bd. 7).
Antonie Schreier-Hornung: Familie – Bilder aus der Vergangenheit. In: PD 66 (1984), S. 62-68.
Edward Schröder: Spangenberg, Cyriacus. In: ADB. Bd. 35. Leipzig 1893.
Levin L. Schücking: Die puritanische Familie in literar-soziologischer Sicht. Bern/München 1964 (2., verb. Aufl. der »Familie im Puritanismus«).
Georg Simmel: Schriften zur Philosophie und Soziologie der Geschlechter. Hrsg. von Heinz-Jürgen Dahme und Klaus Christian Köhnke. Frankfurt am Main 1985.
Hermann Strobach: Die Bauern sind aufrührig worden. Lieder aus dem Bauernkrieg. In: Der arm man 1525. Volkskundliche Studien. Hrsg. von Hermann Strobach. Berlin (DDR) 1975 (Akad. der Wiss. der DDR / Zentralinstitut für Geschichte: Veröffentlichungen zur Volkskunde und Kulturgeschichte. Bd. 59).

Klaus Suppan: Die Ehelehre Martin Luthers: Theologische und rechtshistorische Aspekte des reformatorischen Eheverständnisses. Salzburg 1971.
Petra Tschimpke: Das Bild der Familie im »Ehespiegel« Cyriacus Spangenbergs. Hausarbeit für das Erste Staatsexamen/Lehramt an Gymnasien. Universität Hannover/ Seminar für Deutsche Literatur und Sprache. 1984. Masch. (unveröffentl.).
Herbert Wolf: Das Predigtexempel im frühen Protestantismus. In: Hessische Blätter für Volkskunde. Bd. 51/52. Gießen 1960.
Herbert Wolf: Predigterzählgut. In: DU 14 (1962), S. 76-99.

Personenregister

Zusammenstellung der Register: Walter Behrendt

Abbildungsnachweis

S. 6f., 170, 184, 217: Emblemata. Handbuch zur Sinnbildkunst des XVI. und XVII. Jahrhunderts. Hrsg. v. Arthur Henkel und Albrecht Schöne. Ergänzte Neuausgabe Stuttgart 1976, Sp.1631 f., 1749, 460, 1750. *S. 60, 67:* Geoffrey Chaucer: Die Canterbury-Erzählungen. Frankfurt 1987 (insel tb 1006), S. 296, 301. *S. 83:* Kupferstichkabinett SMPK, Berlin, KdZ 533. *S. 102:* Kupferstichkabinett SMPK, Berlin. *S. 107:* Herzog August Bibliothek, Wolfenbüttel. *S. 116:* Bibliothèque Nationale, Paris. *S. 126:* Walter Hollweg: Heinrich Bullingers Hausbuch. Eine Untersuchung über die Anfänge der reformierten Predigtliteratur. Neukirchen 1956, S. IV. *S. 160, 163, 173, 176, 179, 180, 183:* Johann Fischarts Werke. Eine Auswahl. Hrsg. v. Adolf Hauffen. 3. Teil. Stuttgart 1895, S. 153, 206, 182, 246, 198, 218, 215. *S. 162:* Sapienza Figurata. 2. Aufl. Bergamo 1967, Tav. 111, 112, 113. *S. 165 o.:* Staatsbibliothek Preußischer Kulturbesitz, Berlin. *S. 165 u.:* Bibliothek des Fachbereichs Germanistik der FU Berlin. *S. 166, 182:* Thierbuch [Gesner/Forer, Zürich 1563], Faksimiledruck Zürich 1965. *S. 167:* Kleines Weiberlexikon. Von Abenteurerin bis Zyklus. Hrsg. v. Florence Hervé, Elly Steinmann, Renate Wurms. Dortmund 1985, S. 100. *S. 171:* Andreas Alciatus: Emblematum Libellus. Paris 1542. Reprogr. Nachdr. Darmstadt 1987, S. 222. *S. 174:* Vogelbuch [Gesner/Horst, 1669], Nachdr. Hannover 1981. *S. 177:* Die Welt des Hans Sachs. Ausstellungskatalog 30.7.-3.10.1976. Hrsg. v. den Stadtgeschichtlichen Museen. Nürnberg 1976, S. 75, Abb. 65.

»Frauenalltag und Frauenbilder im Mittelalter«

Symposion der Edition »Ergebnisse der Frauenforschung an der Freien Universität Berlin« vom 13. bis 15. November 1986

Tagungsprogramm:

Do 13.11., 18 – 20.30 Uhr
Begrüßung der Teilnehmer/innen und kurze Einführung: Hanna Beate Schöpp-Schilling, Berlin (Herausgebergremium der Edition)
Öffentlicher Vortrag Claudia Opitz:
Allein gegen alle? Identität, Interessen und Konflikte von Frauen in hagiographischen Quellen des späten Mittelalters
Co-Referat: Petra-Karina Kellermann-Haaf

Fr 14.11., 10 – 13.00 Uhr
Projekt *»Frauen in Spätantike und Frühmittelalter«*
Vorträge und Diskussionen:
1) Einführung: Elke Krüger
2) Vortrag Werner Affeldt: Formen weiblicher Existenz im Frühmittelalter. Probleme und Perspektiven ihrer Erforschung
3) Vortrag Birgit Dübner-Manthey: Soziale Gruppierungen im Spiegel frühmittelalterlicher Frauengräber (mit Lichtbildern)
4) Vortrag Sabine Reiter: »Mutterliebe« im Frühmittelalter

Fr 14.11., 14 – 17.00 Uhr
Projekt *»Bilder von Liebe, Ehe und Familie in der Literatur des 15. und 16. Jahrhunderts«*
Vorträge und Diskussionen:
1) Vortrag Erika Kartschoke: Familienbilder in der Literatur des 15. und 16. Jahrhunderts
2) Vortrag Hans-Jürgen Bachorski: Zur Reflexion von Liebe und Ehe in Autobiographien des Spätmittelalters
3) Vortrag Kyra Heidemann: Gehorsam gegen Gewalt – Die Griseldis-Figur im Rahmen ehedidaktischer Entwürfe

Fr 14.11., 18 – 20.00 Uhr
Öffentlicher Vortrag des Projekts »Bilder von Liebe, Ehe und Familie in der Literatur des 15. und 16. Jahrhunderts«:
Maria E. Müller: Schneckengeist im Venusleib. Zur Zoologie des Ehelebens bei Johann Fischart
Co-Referat: Hubertus Fischer

Sa 15.11, 10 – 13.00 Uhr
Vortrag Michael Schröter: Erotik der Blicke.
Beobachtungen an einigen Texten des 13. Jahrhunderts
Fortsetzung der Arbeitstagung